U0451077

张晓晶　李广子◎等著

科技金融

历史、理论与现实

中国社会科学出版社

图书在版编目(CIP)数据

科技金融：历史、理论与现实 / 张晓晶等著.
北京：中国社会科学出版社，2025.5. -- ISBN 978-7
-5227-5162-7

Ⅰ．F832

中国国家版本馆 CIP 数据核字第 2025GP3914 号

出 版 人	赵剑英
责任编辑	黄　晗
责任校对	赵雪姣
责任印制	张雪娇

出　　版	中国社会科学出版社
社　　址	北京鼓楼西大街甲 158 号
邮　　编	100720
网　　址	http://www.csspw.cn
发 行 部	010-84083685
门 市 部	010-84029450
经　　销	新华书店及其他书店

印　　刷	北京明恒达印务有限公司
装　　订	廊坊市广阳区广增装订厂
版　　次	2025 年 5 月第 1 版
印　　次	2025 年 5 月第 1 次印刷

开　　本	710×1000　1/16
印　　张	13.5
插　　页	2
字　　数	221 千字
定　　价	88.00 元

凡购买中国社会科学出版社图书，如有质量问题请与本社营销中心联系调换
电话：010-84083683
版权所有　侵权必究

目 录

做好科技金融这篇大文章(代序) ······ (1)

前 言 ······ (1)

第一章 科技金融发展的理论基础 ······ (1)
  第一节 金融在促进科技创新中的作用 ······ (2)
  第二节 科技金融发展生态的构建 ······ (12)
  第三节 科技金融发展的路径 ······ (25)

第二章 科技金融发展的历史考察 ······ (28)
  第一节 古代科技金融的供需主体分析 ······ (28)
  第二节 古代金融对科技创新支持的具体表现:以宋代为例 ······ (31)
  第三节 古代科技金融的风险防范与收益机制 ······ (39)
  第四节 古代科技金融发展的借鉴意义 ······ (41)

第三章 科技金融发展的政策演进 ······ (43)
  第一节 宏观政策框架 ······ (43)
  第二节 科技部门 ······ (45)
  第三节 货币政策部门 ······ (51)
  第四节 金融监管部门 ······ (52)
  第五节 财税部门 ······ (57)
  第六节 小结 ······ (58)

第四章 科技金融需求 (60)
　　第一节　基于不同板块的分析 (60)
　　第二节　基于新质生产力视角的分析 (69)

第五章 科技金融供给 (78)
　　第一节　资本市场 (78)
　　第二节　金融机构 (84)
　　第三节　金融产品和服务 (93)

第六章 科技金融发展的地方实践 (100)
　　第一节　北京 (100)
　　第二节　上海 (106)
　　第三节　深圳 (111)
　　第四节　杭州 (118)
　　第五节　苏州 (121)
　　第六节　青岛 (126)
　　第七节　合肥 (131)

第七章 科技金融发展的国际经验 (136)
　　第一节　美国 (136)
　　第二节　英国 (148)
　　第三节　德国 (150)
　　第四节　日本 (154)
　　第五节　以色列 (158)
　　第六节　启示与借鉴 (163)

第八章 发展科技金融的着力点 (165)
　　第一节　大力发展资本市场 (165)
　　第二节　发挥银行业基础性支撑作用 (167)
　　第三节　促进股权投资机构发展 (170)

第四节　优化科技金融产品和服务 …………………………（172）
第五节　以国有资本带动社会资本 …………………………（174）
第六节　总结地方经验，构建地方政府竞争新模式 …………（177）

主要参考文献 ……………………………………………………（180）

做好科技金融这篇大文章*（代序）

中央金融工作会议明确指出，"做好科技金融、绿色金融、普惠金融、养老金融、数字金融五篇大文章"①。科技金融位列"五篇大文章"之首，足见其重要性。金融服务实体经济，首要的是服务好科技创新。从国际比较看，我国绿色金融、普惠金融走在世界前列，科技金融则是亟待补齐的短板。发展科技金融，既是加快实现高水平科技自立自强、保障国家安全的现实需要，也是发展新质生产力、建设金融强国的必然要求。

一　准确理解金融与科技创新的关系

金融和科技创新具有天然联系。对科技创新而言，最大的问题是如何应对创新所面临的风险和不确定性、如何跨越"死亡之谷"；而对金融体系而言，其最基本、最重要的功能是风险识别、风险定价与风险配置。科技创新所面临的风险和不确定性需要金融制度安排来帮助化解。可以说，风险和不确定性使得金融与科技创新产生了天然的联系，也为金融支持科技创新提供了完美理由。

金融是推动科技创新和产业发展深度融合的关键一环。马克思在《资本论》中指出："假如必须等待积累使某些单个资本增长到能够修建铁路的程度，那么恐怕直到今天世界上还没有铁路。但是，集中通过股份公司转瞬之间就把这件事完成了。"② 无独有偶，诺贝尔经济学奖得主

---

*　原文发表于《学习时报》2023年12月27日头版。
①　《政府工作报告（2024）》（视频图文版），人民出版社2024年版，第19页。
②　《马克思恩格斯选集》第二卷，人民出版社2012年版，第283页。

约翰·希克斯也提出过类似的观点，"金融革命先于工业革命"。回顾历史可以发现，每一次重大产业革命的发生，不仅源于重大科学技术的突破，也离不开与技术发展相适应的金融体系的有效支持。从金融功能观的视角来看，在"科技"迈向"产业"的过程中，金融至少可以发挥风险管理、定价和融资等多个方面的作用。在风险管理方面，金融可以通过合约的有效安排实现创新活动的风险社会化；在价格发现方面，金融可以通过促进交易来显示科技成果的市场价值；在资金融通方面，金融以提供流动性的方式支持"科技企业"① 实现产能扩张，最终实现"科技"到"产业"的良性循环。

发展科技金融，是建设金融强国的题中应有之义。中央金融工作会议提出"加快建设金融强国"，强调推动我国金融高质量发展，为以中国式现代化全面推进强国建设、民族复兴伟业提供有力支撑。"金融强国"的提出，不仅强化了金融对实体经济的支撑作用，也对金融保障国家安全提出了更高要求。习近平总书记指出："关键核心技术是国之重器，对推动我国经济高质量发展、保障国家安全都具有十分重要的意义。要时不我待推进科技自立自强，只争朝夕突破'卡脖子'问题，切实提高我国关键核心技术创新能力，把科技发展主动权牢牢掌握在自己手里，为我国发展提供有力科技保障。"② 发展科技金融，是加快实现高水平科技自立自强、保障国家安全的现实需要，也是建设金融强国的必然要求。

二　科学把握科技金融的发展原则

发展科技金融，就是通过对金融工具、金融市场、金融制度作出系统性、创新性的安排，为科技创新提供与其发展相适应的金融服务。实践中，创新活动通常具有"不确定性强、回报周期长、迭代速度快"等特点，这就要求我们在发展科技金融时，准确把握科技创新的特点，坚持科学的发展原则。

坚持中国特色道路。从国际经验看，不同国家的科技金融发展路径不

---

① "科技企业"和"科技型企业"的概念被混用于一些文献和政策文件之中。为方便起见，本书对"科技企业"与"科技型企业"的表述不加区分。

② 习近平：《论科技自立自强》，中央文献出版社2023年版，第191页。

尽相同。美国的科技金融体系为资本市场主导模式，资本市场、创投基金在科技创新的融资活动中发挥着主导作用；德国和日本的科技金融体系由银行主导，混业经营的"全能银行"模式使得银行在支持科技创新方面优势显著；以色列的科技金融体系则依靠政府主导，政府通过引导基金等形式为科技企业的融资活动提供支持。党的二十大报告明确指出，中国式现代化"既有各国现代化的共同特征，更有基于自己国情的中国特色"①。对科技金融来说，坚定不移地走中国特色金融发展道路，既要做到"博采众长"，广泛吸收各国发展科技金融的成功经验；更要坚持"以我为主"，把党的领导政治优势和社会主义市场经济制度优势转化为科技金融创新突破的发展势能。

树立现代金融思维。在传统金融的思维里，资本价值取决于过去业绩，即现在是历史累积的结果。现代金融理论则强调，现在的经济不过是未来的资本化。资本价值取决于未来预期而不是过去业绩。树立现代金融思维，就是突破传统金融的思维惯性，从"未来"看"现在"，基于对于科技创新"未来价值"的预期，来认识和推动科技金融活动。

遵循市场化、法治化原则。创新融资是一项风险极高的市场活动，正因如此，要坚定推进金融市场化改革，破除隐性担保、兜底幻觉和所有制歧视，完善金融在风险定价和风险配置中的决定性作用。与此同时，金融市场是按规则行事的市场，科技金融的稳定长远发展离不开高水平的法治保障。以科创板的设立为例，无论是市场纪律的建设，还是交易制度的完善，都需要相配套的法制体系来支持。依法治理是最可靠、最稳定的治理，科技金融的发展只有在法治化的轨道上运行才能行稳致远。

把握科技创新规律。经验表明，新技术的采用对生产率增长的影响存在期初低估、期末高估的现象，大体呈"J曲线"模式。科技创新转化成生产力的"J曲线"效应，使得金融支持科技创新往往呈现"过犹不及"现象，即在期初低估阶段是资金供给"不及"，出现研发投入不足，而在期末高估阶段则是资金供给"过剩"，产生泡沫。因此，在金融支持科技

---

① 习近平：《高举中国特色社会主义伟大旗帜　为全面建设社会主义现代化国家而团结奋斗——在中国共产党第二十次全国代表大会上的报告》（2022年10月16日），人民出版社2022年版，第22页。

创新的机制安排上，要着力平滑前期的投资不足与后期的投资过度，避免出现过量的投资潮涌、"一窝蜂"式的投资热潮。

三 扎实推进科技金融体系建设

科技金融是一项复杂的系统工程，推进科技金融体系建设需从优化金融供给、创新体制机制、营造金融生态等多个方面入手。

优化金融供给。一是提供良好的货币环境。当前，我国已由高速增长阶段转向高质量发展阶段，实现质量变革、效率变革、动力变革迫切需要更多高质量的科技创新供给。作为现代经济的血脉，金融在实现资源配置方面功能突出。发展科技金融，就是要着力解决创新融资高风险、融资需求多样性的问题，把更多的生产资源从旧有的生产方式中提取出来，配置到新科技、新赛道、新市场中，加快培育新动能新优势。二是建设多层次的科技金融体系。加快设立银行业科技金融专营机构，鼓励商业银行设立专业性、独立性更强的科技子行。持续推进创业板、科创板、新三板和区域性股权市场等多层次资本市场的制度创新，支持天使投资基金、创业投资基金发展壮大，培育一流投资银行和投资机构。注重发挥社保基金、保险资金、年金基金等长期资金优势，拓宽金融支持科技创新的资金来源。三是提供多元化接力式金融服务。不同发展阶段的科技企业，其融资需求各有不同。这就要求科技金融体系能够提供覆盖科技企业全生命周期的金融服务，为科技企业持续输送"养分"。对于种子期和初创期的科技企业而言，其规模小、资产轻、估值难而资金渴求度高，追求"高风险、高收益"的天使投资基金、创业投资基金可以较好地匹配其融资需求；对于成长期的科技企业而言，其商业模式初步形成且已具备一定盈利能力，商业银行可为其提供包括专利权融资、商标权质押融资、订单融资等在内的灵活多样的科技信贷服务；对于营收稳定并已建立完善信息披露制度的成熟期科技企业，创业板、科创板、新三板等资本市场融资平台可帮助其获得更多的融资机会、实现更高的企业价值。

创新体制机制。一是创新信贷市场的风险缓释机制。传统信贷基于现金流、抵押品的风控机制对于创新融资活动并不适用。国际经验表明，商业银行与创投机构的业务联动，可在一定程度上降低科技信贷活动的风险。如在信贷资金的投放环节，商业银行可向创投基金提供风险贷款，再以创投机构进行风险投资的形式间接为科技企业提供信贷支持，这样既可以借助创投机构的专业能力来甄别科技企业，又可以在一定程度上实现信贷资金的风险隔离；而在信贷资金的回收环节，商业银行也可将科技企业后期所募集获得的风险资本，即企业融资性现金流，而非企业经营性现金流作为主要还款来源。二是畅通资本市场的流通机制。市场转板机制作为联系各市场板块的纽带，不仅可以为科技企业实现不同阶段的融资需求提供通道，更重要的是，科技企业对于"转板升级"的追求，也在很大程度上激励其深化创新发展。与成熟资本市场相比，我国现行的转板机制不够流畅，科技企业通过升板进入更高市场融资的需求受到一定程度的抑制。未来，可进一步完善转板机制设计，构建从场外到场内、从二板到主板、从创业板到科创板乃至不同交易所之间的转板机制，提高资本市场的资源配置功能和市场活跃程度。三是优化政府引导基金的考核机制。在国有资产保值增值的政策导向下，部分引导基金要求不能出现亏损，由此导致的结果是，政府引导基金的投资决策比社会资本更为保守，为规避损失而出现的资金沉淀现象普遍存在，这些做法和现象严重背离了引导基金设立的初衷。对于政府引导基金的考核，宜采用"长周期""算总账"的考核办法，在关注经济绩效的同时，更要侧重政策绩效，切实"引导"引导基金回归初心本源。

营造金融生态。一是完善科技金融中介服务体系。科技企业的创新活动专业性强、可比照性弱，金融机构普遍缺少衡量科技企业价值的"锚点"。为此，需加快建立健全知识产权的评估和交易市场，充分发挥科技市场、产权市场的创新服务功能，帮助金融机构以较低的成本获得科技成果的公允价值，促进科技企业核心"知产"的资本转化与价值实现。二是建立健全风险分担机制。科技创新是代价昂贵的试错活动，市场化金融机构对创新融资普遍存在"风险回避"的态度。对此，可借鉴相关国家的经验做法，推动建立中央与地方风险共担、担保与保险有机结合的信用保证体系，设立科技金融风险补偿资金池，完善和发展再担保体系，有效发挥政府性融资担保体系的"增信""分险""引领"功能，着力解决市场的"风险回避"问题。三是增强科技金融服务整体合力。商业银行、资本市场、创投基金等在支持科技创新方面都各有所长，但亦各有短板。举例来说，商业银行资金体量大，但其对稳健经营的追求与科技创新的高风险特征相矛盾；创投基金具有技术和管理专长，但其资金体量有限，难以为科技创新提供充足的、跨阶段的和持续性的资金支持。从这个角度上说，深化科技创新的金融支持，需强化政策性金融对于商业性金融的补充，优化权益类投资与债务性融资的组合，加强保险保障与资金融通的配合，通过业务融合、产品联动和工具创新等形式，增强科技金融的整体服务合力。四是建立包容性监管。金融功能的发挥是在波动中实现的，强化科技创新的金融风险防范，并不意味着对风险"零容忍"。正如价格机制的作用是价格围绕价值波动实现一样，"科技—产业—金融"循环中也难免出现阻滞、波动。因此，对于金融监管部门而言，要充分考虑科技金融的发展规律，提高监管的包容性。

张晓晶

前　言

习近平总书记指出，中国式现代化关键在科技现代化。作为一种有效的资源配置方式，金融业可以在支持科技创新方面发挥重要作用。中央金融工作会议把科技金融作为"五篇大文章"之首，党的二十届三中全会将构建同科技创新相适应的科技金融体制确定为一项重要改革任务，凸显了发展科技金融、完善科技金融体制在推进中国式现代化中的极端重要性。

从科技金融角度看，一方面，科技创新面临较大的不确定性，由此决定了科技创新活动具有高风险的特征，金融机构在支持科技创新时将面临较高的风险；另一方面，我国金融体系以银行体系为主导，总体风险偏好相对较低，与科技创新所具有的高风险特征无法匹配。因此，发展科技金融的关键在于通过有效的制度安排使得金融机构的风险偏好与科技创新活动的风险特征更好地匹配。

本书尝试从风险匹配视角对科技金融相关问题进行探讨。本书的特色主要体现在：一是将历史视角与现实视角相结合。本书不仅从政策支持、地方实践、科技金融供给与需求等角度全面分析了我国科技金融发展现状，还深入分析了我国古代的科技金融发展特点及其借鉴意义。现有文献中，从历史视角对我国科技金融发展的研究还不多见。二是将理论分析与实证研究相结合。本书不仅从理论层面归纳出科技金融发展的主要路径，还基于实际数据对我国科技金融的需求与供给进行分析。特别是以专精特新企业为例，分析了发展新质生产力的金融需求特点，为提高金融支持新质生产力发展的效率提供依据。三是将国内视角与国际视角相结合。本书既对我国科技金融发展进行系统探讨，也分析了主要国家在科技金融发展方面的经验。

全书共分为八章。第一章为"科技金融发展的理论基础"。在对已有文献进行梳理的基础上,从金融因素和外部生态两个方面对影响科技创新的因素进行了总结,重点关注这些因素在提高科技金融供求双方风险匹配程度方面的作用,并从理论角度归纳出科技金融发展的主要路径。第二章为"科技金融发展的历史考察"。主要从历史维度讨论我国科技金融的发展。在分析我国古代科技金融供需主体特征的基础上,以宋代为例,从财政激励和民间金融支持角度分析古代科技金融发展特点,以及古代科技金融的风险防范与收益机制。第三章为"科技金融发展的政策演进"。从宏观政策框架以及科技部门、货币政策部门、金融监管部门、财税部门等不同角度对我国科技金融发展相关政策进行系统梳理,涉及科技企业认定政策、信贷政策、金融监管政策、财税政策等,并分析这些政策如何影响科技金融供求双方之间的风险匹配程度。第四章为"科技金融需求"。基于上市公司数据分析科技企业的金融需求特点,讨论企业风险因素对其金融需求的影响,为从供给端优化科技金融供给提供依据。特别是,以专精特新企业为切入点,对发展新质生产力的金融需求特点进行归纳总结。第五章为"科技金融供给"。从金融市场、金融机构、金融产品和服务等不同维度对我国科技金融供给的现状进行分析,讨论不同类型科技金融供给与科技企业金融需求风险特征之间的匹配情况。第六章为"科技金融发展的地方实践"。系统梳理北京、上海、深圳、杭州、苏州、青岛以及合肥等代表性城市在科技金融发展中的特色与经验,重点分析这些城市在促进科技金融供求双方风险匹配方面采取了哪些举措,包括顶层设计、政策扶持、组织架构创新、金融产品和服务优化以及风险防控机制建设等,为其他地区科技金融发展提供参照。第七章为"科技金融发展的国际经验"。以美国、英国、德国、日本和以色列为例,分析主要发达国家金融体系在支持科技创新中的特色、优势以及对我国的参考价值。第八章为"发展科技金融的着力点"。围绕风险匹配这一关键以及现阶段科技金融发展方面存在的突出问题,从六个方面提出我国发展科技金融的主要着力点,包括大力发展资本市场、发挥银行业基础性支撑作用、促进股权投资机构发展、优化科技金融产品和服务、以国有资本带动社会资本、总结地方经验构建地方政府竞争新模式等。

本书是集体智慧的结晶。张晓晶负责总体框架设计和全书统稿。各章撰写分工如下：第一章，张晓晶、李广子、李艺华；第二章，王增武、唐嘉伟、王庆；第三章，李广子；第四章，李广子；第五章，李广子；第六章，张珩；第七章，李艺华、李广子；第八章，张晓晶、李广子。李俊成、汪勇、李晶晶参与了书稿部分内容的讨论，使得本书增色不少。本书为中国社会科学院智库基础研究项目"金融支持科技创新理论与政策研究"的研究成果之一，同时得到了中国社会科学院学科建设"登峰战略"资助计划优势学科"金融与发展"（编号：DF2023YS28）的资助，在此一并表示感谢。最后，感谢中国社会科学出版社编辑黄晗老师的大力支持，黄老师勤勉敬业、认真细致，没有她的帮助，本书将无法顺利出版。

需要指出的是，科技金融涉及的内容千头万绪，且实践发展迅速。囿于作者的学识和时间限制，本书难免存在纰漏之处，部分内容也具有一定的时效性，恳请读者批评指正。

第一章　科技金融发展的理论基础

科技金融是指通过创新金融产品，改进服务模式，搭建服务平台，实现科技创新链条与金融资本链条的有机结合，为科技企业提供融资支持和金融服务的一系列政策和制度安排。科技金融的服务对象是科技企业的科技创新活动。一项科技创新的生命周期通常包括研发期、上升期、成熟期和衰退期四个阶段。科技创新活动的风险性总体上随着生命周期的延后呈现递减趋势。在科技创新活动的早期，其风险通常比较高；随着进入生命周期的后期，科技创新活动的风险会下降。

就科技金融而言，一方面，科技创新面临较大的不确定性，由此决定了科技创新活动具有高风险特征，金融机构在支持科技创新时将面临较高的风险；另一方面，我国金融体系以银行为主导，总体风险偏好相对较低，与科技创新所具有的高风险特征不相匹配。因此，从理论上说，发展科技金融的关键在于通过有效的制度安排使得金融供给主体的风险偏好与科技创新活动的风险特征更好地匹配。

国内外大量文献从不同视角对科技创新的主要影响因素进行了探讨，为从理论视角分析如何促进科技创新提供了丰富素材。本章将基于已有文献，从理论层面对科技创新受哪些因素影响进行探讨。具体地，本章将立足于金融供求双方风险匹配这一基本出发点，首先讨论金融在促进科技创新中的作用，同时从科技金融生态构建角度讨论影响科技创新的其他外部因素。在分析过程中，本章将沿着降低科技创新活动的风险和提高金融供给主体风险偏好的路径对现有文献进行总结梳理，为从理论层面探究科技金融的发展路径奠定基础。

第一节 金融在促进科技创新中的作用

这一部分中，我们将讨论金融在促进科技创新中起到什么样的作用。具体地，我们首先讨论一般意义上的金融发展，在此基础上，分别讨论银行、风险投资、金融科技等外部因素如何影响科技创新。其次，从企业内部角度讨论公司治理与科技创新之间的关系。其核心是引入更多具有高风险偏好的金融供给主体，或者通过有效的金融制度安排增加企业的创新激励，降低企业开展创新所面临的风险。

一 金融发展与科技创新

金融是国民经济的血脉，金融体系的结构和发展程度会影响到经济发展的各个方面，相应地，也会对科技创新产生影响。增加金融供给对科技创新的促进作用得到很多研究的证实。比如，Amore et al.（2013）研究表明，美国银行业跨州经营管制的取消对创新活动的质量和数量都起到重要的促进作用，Chava et al.（2013）得到了类似的研究结论。从其他国家情况看，Wellalage 和 Fernandez（2019）基于东欧和中亚国家的研究表明，中小企业的产品和工艺创新与外部融资的发达程度呈正相关关系，对于处于创业早期阶段的中小企业来说尤其如此。Ayyagari et al.（2011）基于47个发展中国家数据研究发现，外部融资的便利性有助于促进中小企业创新。作为金融体系的主体，银行业发展在很大程度上决定了金融发展水平。Benfratello et al.（2020）基于意大利银行业的研究表明，银行业发展能够有效促进企业的工艺创新，但对产品创新的影响并不明显。一些研究从相反的角度证明，一旦金融发展水平下降，会对创新产生阻碍作用。比如，Nanda 和 Nicholas（2014）发现，在大萧条期间，一个区域的银行陷入危机的程度越严重，这个区域企业创新受到的负面冲击就越大。与之类似，Hardy 和 Sever（2021）的跨国研究表明，金融危机特别是银行业危机对那些外部融资依赖程度高的企业创新行为产生了长期的负面影响。

国内研究总体上也证实了金融发展在促进科技创新方面的作用。邵宜航等（2015）通过区分引进模仿和自主研发的技术创新，考虑了在不同经济发展水平下金融深化和金融宽化对创新的影响，并提出在经济发展程度越低、技术进步越多地选择模仿时，金融宽化对经济增长的作用越显著；

而随着经济发展、自主创新比重增加，金融深化对增长的促进作用开始显现。在金融发展促进企业创新的影响机制方面，很多学者也进行了大量的探索。庄毓敏等（2020）在一般均衡模型中引入银行部门，分析发现在均衡状态下，金融发展可以提高经济中储蓄向投资转化的效率、缓解信息不对称，有效降低研发部门的外部融资成本，从而促进企业增加研发投入，并推动经济实现更高速的增长。易信和刘凤良（2015）通过将经典熊彼特内生增长模型扩展为包含金融中介部门的多部门熊彼特内生增长模型，研究发现金融发展所带来的技术创新，还可以通过水平效应和结构效应加速产业结构转型与促进经济增长。毛盛志和张一林（2020）研究发现，给定一国的发展阶段，不仅存在最优技术进步方式和最优产业结构，还存在一个对于金融深化程度的"最低要求"，低于这一临界值的国家将难以实现下一阶段的产业升级。同时，产业升级对金融深化程度的要求并非一成不变，而是随着经济发展呈现先快速上升、在达到中等收入水平后缓慢递减的特征。熊灵等（2023）认为，金融发展可以为工业部门的研发投入提供融资动力，但无法引导其进行偏向性绿色技术创新。贾俊生等（2017）的分析表明，我国信贷市场可得性虽然对创新有显著的促进作用，但资本市场融资功能的不完善将限制其作用发挥。钟腾和汪昌云（2017）也认为股票市场相比于银行业确实更有利于促进企业专利创新，特别是对创新含量较高的发明专利影响更为显著，且这种促进作用在知识产权保护程度更高的地区更显著。

二　银行业竞争与科技创新

作为金融体系的主体，银行业竞争如何影响科技创新是学术界普遍关心的一个问题。现实中，我国银行信贷卖方强势依然存在，银行体系长期由国有大银行主导，将大量信贷配置给受政府支持的大企业和部门，富有效率的小企业却长期面临信贷难问题，难以满足创新需求（Wei et al., 2017）。为提高金融服务实体经济的质量和效率，我国政府推出放松银行进入管制等一系列政策措施，中小银行不断壮大，银行业竞争态势不断增加。如何通过银行业结构的良性变迁，将资金引入实体企业创新，实现金融服务实体经济效率的提升，是深化金融供给侧结构性改革的重要目标之一。

目前银行业竞争对企业创新的影响研究主要基于融资约束视角从"信

息假说"和"市场力量假说"展开，其结论在理论和实证上并未取得一致（Petersen 和 Rajan，1995；Love 和 Perīa，2012）。针对中国的实证研究大多发现，竞争性银行业市场结构有助于促进中国企业创新，其内在逻辑在于竞争促使商业银行增加对企业的信贷配置，企业的融资约束得以缓解，创新投入由此提高（Chong et al.，2013；巫岑等，2016；蔡竞和董艳，2016），这种影响在民营、外部融资依赖度较高的高科技、中小企业，以及位于市场化水平高和法治环境好的地区的企业中表现得更加显著（唐清泉和巫岑，2015；张璇等，2019）。李波和朱太辉（2020）认为这种银行间的竞争主要表现为价格竞争，同时还可能提高银行的风险容忍度，直接增加 R&D 投资的信贷供给意愿。戴静等（2020）从新进入企业和在位企业双重视角研究发现，在银行业竞争提高的条件下，更多的高效率企业将进入创新部门，更多的高效率在位企业将增加创新投入，且上述影响在非国有企业和中小企业中更为明显。这意味着银行业竞争不仅能在整体规模上缓解企业创新的融资约束，还能改善企业间信贷资源的结构性配置，引导高效率非国有企业和中小企业增加创新投入而推动整体层面的创新产出。也有学者认为，银行业竞争对企业创新产生的促进作用具有一定门槛效应。张杰等（2017）基于中国银行异地市场准入管制放松政策的特定背景，实证研究发现银行结构性竞争对企业创新活动具有二重性作用效应，具体表现为显著的"U"形影响效应，即当银行结构性竞争尚未超过临界值时，竞争对企业创新造成抑制效应，而当银行结构性竞争超过特定临界值时，竞争才会对企业创新产生促进效应，并在进一步机制分析中发现，银行业自身结构性变化所蕴含的垄断特征是产生这种显著"U"形关系的内在动因。

还有学者认为，国内银行业结构性竞争不仅来源于银行管制放松带来的地级市层面的股份制商业银行和城市商业银行的进入以及营业网点数量扩张，外资银行的进入也将进一步加剧本土银行的竞争，进而显著提升本土企业的创新水平，且随着进入时间的增加这种积极作用将不断强化（白俊等，2018）。盛斌和王浩（2021）发现，外资银行进入可以显著提升进驻区域内企业出口产品质量，而创新促进渠道是其背后的一种重要机制。诸竹君等（2020a）则认为这种对企业创新行为的促进作用不仅体现为城市企业创新总量的提高，即专利申请增长率和概率的增加，还将显著改善企业专利的通用性和原创性，两者之间呈倒"U"形关系。此外，诸竹君等（2020b）发现外资进入所带来的影响还将通过溢出效应、锁定效应和竞争效应沿着产业链上下游作用于其他企业的创新行为。

三　风险投资与科技创新

已有研究表明，风险投资支持的公司往往具有更强的创新能力。这种创新能力主要来源于两个方面：一是公司在接受风险投资之前本身就具有的创新能力，二是在风险投资的促进下提升的创新能力。前者体现了风险投资的筛选作用，即通过对目标公司的审慎考察，挑选出有潜力的初创企业并进行投资，而目标公司的创新能力和技术优势是选择的重要标准之一（Baum 和 Silverman，2004）。后者体现的是风险投资对企业创新能力的影响，此方面的奠基之作来自 Kortum 和 Lerner（2000）。他们研究了风险投资对美国 20 个行业专利发明的影响，结果发现从行业的角度看，风险投资活动的增加往往伴随专利数目的增长。

近年来，随着数据的完善，微观化的研究成为主流。Hellmann 和 Puri（2000）研究了硅谷 173 家高新技术企业，得出的结论是风险投资能够刺激被投资公司的创新行为，而且接受风险投资的初创企业将产品推向市场所用的时间更短，提高了企业上市的可能性。Bottazzi et al.（2008）也认为，风险投资"高风险高回报"的特性会促使风险资本家成为积极的投资者，他们会深入参与企业的经营管理，更加关注企业长期收益，干预效率也会更高。限于数据的可得性，国内该领域的文献相对较少。付雷鸣等（2012）比较了风险投资与其他机构投资者，发现风险投资能够显著地提高创业板企业的创新投入水平。Guo 和 Jiang（2013）以 1998—2007 年的中国制造业企业为样本，进一步证实了风险投资对企业研发投入密度有显著的正向影响。除此之外，风险投资家还参与企业的经营管理，并通过影响企业研发决策来促进企业创新以及创新的商业化。

还有部分研究从风险投资的组织形式、发展阶段、投资经验等视角来进行分析。在组织形式方面，Lerner（2012）指出最好的促进创新的组织形式是"混合机构"，即像公司创业投资一样结合研发实验室和企业的双重属性。Chemmanur et al.（2014）直接对比了独立创业投资和公司创业投资这两种形式，发现后者支持的公司虽然年龄更小、风险更高、盈利能力更低，但创新能力更强、专利产出更多，原因是公司创业投资拥有更好的专业知识以及更高的失败容忍度。陆瑶等（2017）发现，在接受了风险投资的上市公司中，被联合投资的公司比被单独投资的公司往往表现出更强的创新能力，且联合投资机构数目越多，被投资公司的创新能力越强。王兰芳和胡悦（2017）发现，非国有风险投资对企业创新绩效的促进作用显著大于国有风险投资，同时风险投资机构的高声誉、高网络资本可以进一步提高这种促进作用。在发展阶段方面，Kerr et al.（2014）采用断点回归的方法，发现天使投资能够使得被投资公司的表现更好、存活率更高、创新能力更强，同时成功退出的概率也更高。Lerner et al.（2011）发现杠杆收购不会牺牲长期投资利益，因此公司创新的质量有所提升。在投资经验方面，Tian 和 Wang（2014）发现，年轻的、缺乏经验的风险投资对失败容忍度更低，这不利于对公司创新的孵化。

在正式制度尚不健全的背景下，中国风险投资行业仍经历了数十年的高速发展，促进了大量实体经济创新，这背后的原因和机制是什么？有学者认为，一方面，VC 的进入有利于被投企业引入研发人才，扩大研发团队；另一方面，VC 的进入为被投企业提供了行业经验与行业资源，从而有利于企业创新能力的提高（陈思等，2017）。例如，有研究表明，大科技平台的风投对以发明专利为代表的实质性创新所产生的显著促进作用，不能完全归因大科技平台事前的投资策略选择，而更多地来自大科技平台投资后的支持，具体包括财务资源、技术协同、数字生态带来的多样化知识等（王诗桦等，2023）。陈德球等（2021）则认为联合投资主体间通过过往合作经历、共同求学和工作经历建立起的关系网络充当了缓解代理冲突的非正式制度，可以在正式制度缺失时有效补偿可能产生的短视行为，进而促进这类风险投资在推动企业创新中发挥作用。

四　金融科技与科技创新

金融科技作为重塑传统金融业务模式和竞争格局、推动金融机构与服务方式全面数字化转型的深刻变革，得到了学术界的广泛关注。其中部分学者针对金融科技对企业创新的影响进行了深入探讨，普遍发现金融科技的发展对企业创新具有正向的促进作用，但是这些文献对于企业创新的度量主要还是以企业的专利数量作为代理变量（李春涛等，2020；Ding et al., 2022）。大量研究表明，专利数量并不能够反映创新质量，许多企业存在为了获取政府补贴而进行扩大专利申请的策略性创新行为（黎文靖和郑曼妮，2016；龙小宁和张靖，2021）。因此，金融科技的发展是否能够促进企业创新质量的提升？特别地，金融科技是否能够鼓励企业加大知识探索，促进更多突破性创新成果的产生？金融科技通过何种渠道促进企业突破性创新成果的产生？这些都是值得进一步分析验证的重要命题，对于促进我国企业高质量创新和经济高质量发展具有重要意义。已有研究认为，金融科技可能通过融资优化、知识积累、数字转型等机制促进企业创新。

第一，融资优化效应。科技创新具有长周期、高风险与高不确定性的特征，需要企业或科研单位投入大量资金和人力资源，因此往往会受到较强的融资约束（鞠晓生等，2013；Manso，2011）。已有研究表明，金融科技能够依靠科技"赋能"传统金融机构，通过降低金融机构与企业之间的信息不对称，既在"量"上缓解企业融资约束，也在"质"上提高信贷资源配置效率，优化信贷资源配置，从而拓宽了企业的融资来源，更好地服务实体经济（宋敏等，2021）。大数据、人工智能等技术的应用，提高了信贷服务效率，减少了单笔贷款上耗费的处理成本，也降低了人为干预，减少了贷款审批过程中的寻租空间，满足了中小微企业"短、小、急、频"的融资需求（盛天翔和范从来，2020）。因此，数字金融的发展能够有效矫正传统金融中存在的"属性错配""领域错配""阶段错配"等问题，发展数字金融是解决企业"融资难、融资贵"问题的重要路径，并能够积极驱动企业去杠杆、稳定财务状况，进而有助于企业增加技术创新产出（唐松等，2020）。从区域层面来看，聂秀华等（2021）认为，数字金融依然可以通过缓解融资约束、优化产业结构等途径显著提高区域技术创新水平，且在数字金融发展较成熟、地区制度质量较好、人力资本水平较高区域效果更为明显。

第二，知识积累效应。数字经济的崛起使得数据成为一种新的生产要素，同时也赋予金融科技更大的发展活力。数据要素的产生可以通过加快信息交互等途径强化知识的外溢性，为金融科技有效提升创新主体的创新效率提供了可能（徐照宜等，2023）。一方面，金融科技在降低企业外部信息搜寻成本的同时，也加速了知识在企业内部的传播，从而提升了企业将知识转化为创新成果的能力（沈国兵和袁征宇，2020）。另一方面，大数据等手段帮助企业基于消费数据构建消费者画像，精准识别用户对产品的需求，实现产品研发由经验驱动到数据驱动，推动了产品供需双方的双向交流（郭家堂和骆品亮，2016），增强了技术开发与用户市场之间的联动（李东红等，2021），改善了企业创新研发的信息不对称（Demertzis et al.，2018）。现有文献中，大数据可以促进技术进步的作用已成共识。如大数据促进技术交叉融合和驱动技术创新，形成技术加速迭代和产业整体升级的生态体系（陈晓红，2018；Zhang et al.，2018）。大数据引起的技术转型如同历史上多次一般通用技术变革，使发明新产品和实现新的生产过程变得容易，带来新的次生创新并促进长期经济增长（Aghion 和 Howitt，1998；Schaefer et al.，2014）。在相关理论研究中，徐翔和赵墨非（2020）提出大数据可加速资源流通速度，优化资源配置，提高经济增长速度；许宪春等（2019）从绿色发展和大数据出发，从经济、社会、环境三个角度分析了大数据在高质量发展中的作用；Goldfarb 和 Tucker（2019）认为数字经济能够降低经济运行成本进而影响经济活动。

大数据如何影响技术进步？其中的路径和机制是什么？杨俊等（2022）针对大数据的生产要素属性提出，一方面，大数据将引起生产研发模式转型。大数据可以为探索产业转型提供更好的度量指标，为研究者提供更前沿的研究边界和科学的研究工具（Einav 和 Levin，2014）；大数据为研发过程发掘因果关系界定以外的发现，避免仅依据部分信息进行因果判断的决策思路（何大安，2018）。刘淑春等（2021）则认为，在大数据驱动的研发模式转型过程中，由于研发企业内部组织结构、资源配置和调度管理等都需要随之转变，将会造成数字化管理动态波动"阵痛期"。另一方面，大数据将对技术进步产生"乘数作用"。大数据的"乘数作用"体现了大数据促进效率、驱动技术创新等观点的本质特征。海量数据中隐藏着巨大的潜力和价值，通过数据挖掘带来资源合理配置和效率优先（Glaser et al.，2018）。大数据带来要素重组升级、再配置与效率变革（柏培文和张云，2021），数据分析助力各行业提高效率和创新服务决策（Lynch，2008）。基于数据的管理决策为管理实践创造新范式，破解传统企业转型面临的异质性需求和决策失误等问题，大数据影响人工智能、机器学习的准确性，成为创新的重要原动力（陈国青等，2021）。

第三，数字转型效应。现有大多数研究认为，企业进行数字化（互联网）转型可以显著提升企业创新能力，虽然因所有制的不同而存在差异，但是低生产率企业和中小企业仍能从中获益（沈国兵和袁征宇，2020）。数字技术通过嵌入传统的生产要素或生产条件，可以在一定程度上颠覆传统的创新过程，使得创新方式更多地依赖于复杂的数字化连接。数字技术的快速发展还为解决突破性创新难题提供了许多潜在的有效路径和手段。企业通过数字化转型在实现生产经营管理自动化的同时可以释放出更多资源投入高创造力的知识活动，在整合、重组与深度挖掘海量数据的基础之上，为企业寻找技术突破空间提供了更加快捷、经济的途径，更有可能激发出具有前瞻性的突破性创意（徐照宜等，2023）。冀云阳等（2023）认为数字化转型能够通过提高研发投入和研发效率促进企业创新，其中，研发投入的提高得益于数字化转型情形下的利润保障机制和成本控制机制，研发效率则源自规模效应和溢出效应的影响。还有研究关注了合作伙伴（如客户）数字化转型对供应商企业创新决策的影响。杨金玉等（2022）认为客户数字化转型主要通过倒逼效应（供应商响应客户创新需求和供应商数字化转型）和资源效应（知识溢出和创新溢出）影响供应商创新，但客户集中度对上述关系可以起到显著的正向调节作用。陶锋等（2023）也创新性地从产业链供应链韧性视角考察了下游企业数字化转型对上游企业生产率的影响及其传导机制，提出下游企业数字化转型可以通过优化供需匹配、稳定供需关系、提高供应商创新能力三个层面增强产业链供应链韧性，牵引上游企业全要素生产率增长，进而表明数字化转型在产业链供应链纵向关系中存在后向溢出效应。李雪松等（2022）通过构建数字化转型促使企业融入全球创新网络进而提升创新绩效的理论分析框架研究发现，企业的数字化转型可促使其融入全球创新网络，同时将显著提升企业的创新绩效。

五 公司治理与科技创新

公司治理是现代企业制度的核心，会对企业技术创新产生重要的影响（冯根福和温军，2008；鲁桐和党印，2014）。那么，公司治理如何影响企业技术创新？影响程度如何？由于公司治理涉及内容的复杂性，已有文献对此问题研究主要从股权结构安排（股权性质和股东持股比例）、双重股权结构、企业 IPO、股权激励与质押等角度积累了丰富的研究成果。

股权结构安排是影响家族企业创新投入的重要因素（Calabrò et al.，2018），在控股家族一股独大的情形下，家族企业投入创新活动的意愿与资源普遍有所不足。从家族企业投入创新活动的意愿来看，虽然家族企业对管理层的监督效果更好（Anderson 和 Reeb，2003），更追求企业的基业长青与代际传承（Chua et al.，1999；Sharma et al.，2003），进而有利于提高家族企业投入创新活动的意愿，但同时控股家族内部的利益冲突将产生新的代理成本（Block，2012）、更明显的风险厌恶（Chen 和 Hsu，2009）、企业内部结构僵化（Roessl et al.，2010）等问题，从而降低家族企业投入创新活动的意愿，并最终导致家族企业创新投入低于非家族企业（De Massis et al.，2018）。如何提高家族企业投入创新活动的意愿是解决家族企业创新不足问题的关键。针对家族企业自身经济资源较少、创新意愿不足的问题，罗宏和秦际栋（2019）强调国有股权参股能够提高家族企业投入创新活动的意愿，增加家族企业可投入创新活动的资源，促进家族企业的创新投入，且当家族企业属于高新技术企业、所处环境的政策不确定性更高时更为显著。与之相反，陈林等（2019）在"熊彼特假说"的基础上，考察了终极控制权与企业规模对创新的交互效应，发现对于全体混合所有制企业，国有资本的终极控制权在平均意义上对企业创新不具有显著影响。

围绕不同的股权结构以及潜藏在其下的微观治理机制对公司创新存在何种影响，当前学术界开展了广泛研究。唐跃军和左晶晶（2014）基于终极控制权理论，从第二类代理问题与大股东制衡视角研究发现，虽然终极控股股东两权偏离在一定程度上有损于公司创新，但是家族或自然人控股的上市公司其他大股东制衡有助于提高研发与创新投入。也有学者认为，虽然存在多个大股东的股权结构可以降低经理人的代理问题和控股股东的私利行为，但多个大股东的存在也可能导致监督过度，从而将减少那些从长远来说可以为公司创造价值的行为（朱冰等，2018）。李姝等（2018）还从非控股股东视角研究发现，非控股股东投票率与企业研发投入和专利申请数量均具有显著的正相关关系，其可以通过抑制控股股东的掏空行为促进企业创新。

此外，双重股权结构也是学者们研究的重要内容之一。Chemmanur 和 Jiao（2012）从理论上证明，在高短期不确定性项目的内在价值远高于低短期不确定性项目的行业中，双重股权结构可以通过提升经理人控制权与职位安全促进企业创新。郑志刚等（2016）基于通过合伙人制度变相建立"同股不同权构架"的阿里巴巴的案例研究发现，投票权配置权重向创业团队倾斜有助于将股东和创业团队之间的短期雇佣合约转化为长期合伙合约，从而实现专业化深度分工，提升经营管理效率。石晓军和王骜然（2017）的理论分析表明，尽管在全球意义上双重股权制度（即将股份划分为高、低两种投票权）对企业创新有显著的促进作用，但在外部制衡机制不完善的新兴国家中，采用双重股权制度且创始人任 CEO 或董事长时反而会减少创新投入。针对这一问题，郑志刚等（2021）认为日落条款对双重股权结构可以起到重要调节作用；李云鹤等（2022）也提出可以通过引入科技董事作为双重股权结构的配套机制，使两者能够发挥协同治理功能，从而促进企业创新。

随着资本市场的发展与完善，企业 IPO、股权质押的创新效应也是学术界的研究热点之一。孔东民等（2015）从制度激励的视角，证实了管理者激励、信息披露激励以及发明者激励均会在 IPO 后导致企业的 TFP 降低。张劲帆等（2017）却认为企业通过股票市场 IPO 可以缓解融资约束，促进企业创新人才队伍建设，显著增加创新产出。同时，已有研究表明企业 IPO 后，控股股东的股权质押行为将在股权质押率较高和距离平仓线越近时会显著抑制企业创新，且这种作用在控股股东持股比例较低和两职合一的公司中会更加显著（李常青等，2018）。姜军等（2020）还发现，当第二类代理问题越严重，或质押风险越大时，控股股东股权质押将伴随掏空效应及短视效应，对抑制企业创新效率的作用越明显。

在股权激励与企业创新方面，目前国外有关研究主要集中于高管层面。经典的代理理论认为，股权激励使得高管与股东之间的利益趋同，从而激励其进行长期投资（Jensen 和 Meckling，1976）。然而，Manso（2011）认为传统的股权激励方式可能无法有效激励风险厌恶的代理人。Parrino et al.（2005）也认为，当高管风险厌恶程度越高或者其财富与企业更加相关时，研发投资决策越有可能被扭曲。在实证研究方面，已有文献主要依据高管股票期权数据检验股权激励对企业创新的影响。国外研究普遍发现，高管股票期权价值越高、未解锁股票期权越多、股票期权行权规模越大，越能够有效激励其增加研发支出，形成更多高质量专利产出（Edmans et al.，2017），但这种激励效应受到会计政策变化的影响（Mao 和 Zhang，2018）。从国内文献看，已有研究也表明 IPO 后激励机制的变化会促进企业创新活动（王姝勋等，2017；田轩和孟清扬，2018）。近些年，非高管员工股权激励对企业创新的影响逐渐引起了学者的关注。比如，基于美国上市公司的数据，Chang et al.（2015）发现普惠型非高管员工股票期权能够显著提升企业创新数量和质量，而 Bova et al.（2014）发现股票期权以外的其他员工长期股权激励越多，公司研发支出越少。基于国内上市公司数据，孟庆斌等（2019）认为尽管员工持股计划可以通过"利益绑定"功能，提升员工在创新过程中的个人努力、团队协作和稳定性，进而提高创新效率，但持股人数的扩大却可能引发"搭便车"问题，反而不利于创新产出。虽然总体上股权激励计划能够显著促进企业创新，但非激励员工因薪酬不公平而产生的消极行为在一定程度上会削弱股权激励计划的激励效果，因此适当扩大股权激励覆盖的范围可以减少激励员工与非激励员工之间因激励错配导致的薪酬不公平问题（郝项超和梁琪，2022）。此外，资金规模越大、锁定期越长越有利于企业创新能力的提升（周冬华等，2019）。曹春方和张超（2020）进一步从产权权利分割（partitioning of property rights）视角，以央企分红权激励改革为准自然实验研究发现，分红权激励改革可以通过改善预期、强化监督以及提高员工风险承担意愿等机制，显著提升试点央企的创新水平。

第二节 科技金融发展生态的构建

科技金融发展离不开良好的外部生态环境。这一部分主要从法律和政府行为等方面讨论外部生态环境对科技创新的促进作用，其核心是通过加强法治建设、引入政府干预、完善基础设施等方式降低科技企业在开展创新活动中所面临的不确定性，同时通过提供财政补贴、税收优惠等方式降低科技企业风险，进而使得金融供求双方实现更好的风险匹配。

一 知识产权保护与科技创新

党的二十大报告指出，要加强知识产权法治保障，形成支持全面创新的基础制度。龙小宁等（2018）使用"知识资本"价值评估模型研究发现，专利的平均价值约为685万元/件，且发明专利的价值明显高于实用新型与外观设计专利，同时省区知识产权保护强度每提升1%将可以使上市公司发明、实用新型、外观设计专利的价值分别提升128万元、10万元、15万元。关于知识产权保护的相关研究，最早起源于封闭静态环境下其对不同主体所具有的激励与抑制两面性的讨论。如果将创新看作知识的生产过程，那么模仿行为的存在会导致创新者由于无法获取自己付出努力的全部回报而缺乏激励去从事创新活动。可见，从制度上保障创新者能从其创新行为中获取部分垄断租金，以增强对其的创新激励就变得很有必要

(Arrow，1962)。更强的知识产权保护所提供的垄断利润虽然能激励创新者进行更多的创新，但是这种垄断性制度在短期会损害消费者利益，即知识产权保护的"双刃剑"效应(Nordhaus，1969)。Ordover(1991)将上述论断系统概括为知识产权的动态有效性和静态无效性，认为最优的知识产权保护应是上述两种特征的利弊权衡折中的结果。由此，知识产权保护通常存在最优区间，既不能过低也不能过严，这已得到学术界广泛认可(Chu et al.，2014)。以上研究涉及的知识产权保护主要基于立法规制保护维度展开，而一国知识产权保护制度通常还包括司法保护和行政保护，已有文献对后者也开展了广泛研究。

强有力的知识产权司法保护往往是激励创新的重要保障(王海成和吕铁，2016)。具体来看，在司法保护方面，潘越等(2016)首次聚焦于专利侵权诉讼，发现其对原被告双方企业的创新都有激励作用。如果基于原告视角，诉讼将会对行业领导者的研发决策产生促进作用，但对行业追随者会产生抑制作用。总体上，行业领导者的研发活动不受判决结果的影响，而行业追随者和被告都会根据诉讼结果对研发投资进行调整。黎文靖等(2021)利用北上广2014年试点设立知识产权法院的准自然实验研究发现，设立知识产权法院虽然不会显著影响高质量专利申请，但会减少低质量专利的申请，促使整体专利结构向高质量专利偏移，进而表现为公司的研发投入和专利申请受到抑制。不过，设立知识产权法院总体上显著提高了专利的引用价值、应用价值以及市场价值，有助于企业创新形成长效激励机制。许年行等(2023)基于我国设立清算与破产审判庭的准自然实验研究发现，审判专业化改革可以通过提高破产案件的审判质效，更好地保护债权人来降低财务困境成本，提高其对企业创新的失败容忍度，使其愿意给予企业支持来推动企业创新，推动当地企业研发投入和产出的显著增加。代昀昊等(2023)则从经济社会全面绿色转型的视角，强调各地中级人民法院自2007年开始陆续设立的环保法庭，能够通过提升企业面临的诉讼风险和预期违法成本促使企业进行绿色转型，显著提升企业的绿色创新水平。但也有研究表明司法地方保护主义可能会干扰公司诉讼的结果，从而对企业创新活动产生负面影响，即司法地方保护主义不仅会大大加剧资金类诉讼对被诉企业创新活动的抑制作用，而且会显著削弱产品类诉讼对被诉企业创新活动的激励作用(潘越等，2015)。曹春方等(2024)也认为在区域知识产权监管不平衡下，集团内公司所在地的知识产权监管增强后，受直接冲击影响的公司专利申请将显著减少，但未被管辖的集团异地公司专利申请显著增加，并且增加的主要是"擦边球"专利，这种企业集团内部策略性的专利转移规避了区域监管，势必将削弱区域知识产权保护的效果。因此，即使一国知识产权保护的立法较为完善，但如果司法保护效率较低，创新仍可能经常被竞争对手模仿而使私有回报低于社会回报，最终弱化个体创新的激励效应（Ang et al.，2014）。同时要想实现整体创新驱动的高质量发展，在知识产权保护上推进监管"基础制度规则统一"的大市场建设是不可忽视的一环。

中国知识产权发展40年来，知识产权行政保护为健全知识产权治理体系、强化知识产权保护作出了巨大贡献（董涛，2022）。已有研究发现，加强知识产权行政保护能够有效降低专利被侵权的风险，增加企业研发投入，降低信息不对称，缓解融资约束（吴超鹏和唐菂，2016）。甄红线等（2023）发现具有中国特色的知识产权行政保护不断加强能够显著增加企业研发支出和数字专利申请，进而促进企业数字化转型，这种促进作用在低研发补贴和低税收优惠的企业中更加显著。

在此基础上，进一步研究发现，知识产权立法规制保护、行政保护、司法保护以及社会服务等协同配合，将有利于知识产权全链条保护。戚聿东等（2022）建立"技术专利化—专利标准化—标准商业化—标准开源化"的制度协同循环，将知识产权与技术标准的多元协同模式与数字产业创新不同阶段交互适配，驱动"知识产权涌现—技术标准开发—技术标准竞争—技术标准扩散"的创新过程螺旋式迭代升级。周泽将等（2022）也强调地区多维度知识产权保护能够显著提升企业创新信息披露意愿并降低披露成本，进而有效纾解企业创新信息困境，即知识产权保护强度越大，企业创新信息披露水平越高。

在经济全球化大背景下，知识产权保护的相关研究逐渐从封闭条件过渡到开放条件。基于南北贸易框架，已有研究认为南北双方的利益在南方国家是否执行较好知识产权保护上是存在冲突的（Chin和Grossman，1988；Helpman，1993）。这类研究通常假设模仿是外生且无成本的，然而这与现实存在较大出入。因此，后续研究通过将模仿内生化后发现，短期南方国家强化知识产权保护会损害南北双方的福利水平（Glass和Saggi，2002），但长期会通过FDI促使资源重新配置，最终促进全球创新率的快速增长（Branstetter et al.，2007）。余骁等（2023）将知识产权保护与全球生产分工纳入异质性企业分析框架，发现技术后发国家强化知识产权保护，一方面能够充分发挥本国劳动力成本优势，有效降低生产成本；另一方面使企业承接更多的高技术生产环节，两者协同提升企业的出口国内增加值率，且当与技术前沿越近时促进效应越大。在实证研究方面，已有文献大多是研究国内知识产权保护通过本国进出口贸易影响企业创新。魏浩和巫俊（2018）认为知识产权保护水平提高，能够通过扩大民营企业、专利密集型行业企业以及出口企业的进口规模，增加民营企业和专利密集型行业企业的进口产品种类，提升出口企业的进口产品质量，进而促进创新。李俊青和苗二森（2018）强调，加强知识产权保护可以激励企业的人力资本投资高技术活动，激活企业创新动力，提升企业出口技术复杂度。也有学者考察了国外知识产权保护对本国企业创新的影响。例如，魏浩和王超男（2023）发现，一方面，出口目的地加强知识产权保护能够显著加剧市场竞争程度，进而导致质量竞争型企业增加出口产品种类、成本竞争型企业扩大出口核心优势产品；另一方面，也能够显著降低贸易成本，进而导致两类企业同时增加出口产品种类和扩大出口核心优势产品。

二 政府补贴与科技创新

创新活动存在较强的正外部性，因而企业通常缺乏足够的动力进行创新，导致企业的创新活动低于社会最优水平（Arrow，1962）。同时，由于创新活动存在较高的收益不确定性，以及信息不对称导致的逆向选择和道德风险问题，企业管理者也缺乏足够的动力进行创新。而且，在不完善的资本市场中，企业往往难以从外部渠道获得有效的资金支持创新，也会导致创新投入不足（Nelson，1959；Arrow，1962；Aghion and Howitt，1990）。因此，各国政府广泛采用补贴等方式鼓励企业创新（Klette et al.，2000）。从风险匹配角度看，政府补贴有助于降低科技企业创新风险。

国外已有研究基本揭示了政府补贴对于创新的积极作用：第一，政府补贴能够降低企业的创新成本，使原本净现值为负的创新项目变得有利可图（Lach，2002；Hall，2002a、2002b），因此政府补贴可能激励企业投入之前不愿意开展的项目。第二，当企业由于经费不足而无法继续开展创新活动且面临较强的外部融资约束时，政府补贴能够缓解企业的"燃眉之急"，从而加速企业的创新进程（Jaffe，2002；Wallsten，2000）。例如，Guo et al.（2015）基于中国的中小科技企业面板数据研究发现，科技企业在创新方面（专利数量、新产品销售额、出口额）都远胜非科技企业，它们获得了政府补贴之后，创新产出会显著增加。第三，若政府补贴直接针对企业购买或更新研究设备，那么创新活动的固定成本或长期成本就会降低，企业未来开展创新活动的可能性就会提高（Holger 和 Strobl，2007）。第四，企业由于获得补贴而开展的创新活动可能对其他创新项目带来外溢效应（如知识的获取、专家团队的建立、因当前创新项目而带来的资源等），从而提高其他项目当前或未来的成功率（Lach，2002）。有不少研究提供的证据表明，政府补贴可以提高企业的创新投入与创新产出，例如 Levin 和 Reiss（1984）、Leyden 和 Link（1991）利用美国的数据研究发现，政府补贴能够提高企业创新活动的收益、降低创新项目的风险。这一结论在欧洲部分国家也得到了验证（Duguet，2004；Czarnitzki 和 Hussinger，2004）。Jaffe 和 Le（2015）基于新西兰的企业数据研究发现，政府补贴能够显著提高制造业和服务业企业申请专利的概率，几乎使得企业引进新产品和新服务的概率翻倍，但对于加工革新和产品革新的刺激效果则小很多。

　　政府虽然总是期望通过财政补助提高企业研发积极性，但在激励企业创新投资上究竟"如其所愿"还是"事与愿违"？国外研究对政府补贴的效果仍未达成一致结论（David et al.，2000），因为政府补贴有可能产生挤出效应。许多企业在没有政府补贴的情况下依然有动力有能力进行创新，此时的政府补贴无异于企业内外部融资的替代品，且政府补贴的"融资成本"更低，因此补贴未必会推动企业创新的额外增加。另外，虽然政府补贴能够降低项目成本，但也可能通过改变企业在不同创新项目间的投资决策而挤出企业的创新投入（David et al.，2000），这种情形在创新投入要素的供给弹性较低时更容易发生（Goolsbee，1998）。例如，Wallsten（2000）利用美国的数据研究发现，企业在获得创新补贴之后缩减了自身的研发投入；而 Busom（2000）利用西班牙的数据研究发现，30% 的企业获得政府补贴后显著削减了其自身的研发投入。Catozzella 和 Vivarelli（2015）利用意大利企业数据展开研究发现，创新生产率与政府补贴呈负相关关系。

　　政府补贴是促进企业创新的重要政策工具，在我国长期施行并获得了显著成效。国内聚焦于政府补贴与企业创新关系的相关研究比较丰富，但也仍未达成共识。已有文献主要形成了四种观点：一是政府补贴能够促进企业创新（朱平芳和徐伟民，2003；白俊红，2011；秦雪征等，2012；李汇东等，2013；张杰等，2016；王昀和孙晓华，2017；林菁璐，2018；章元等，2018）；二是政府补贴会抑制企业创新（廖信林等，2013；李万福等，2017）；三是政府补贴对企业创新具有非线性影响，政府补贴具有显著的双重门槛效应和最适补贴区间（周亚虹等，2015；毛其淋和许家云，2015；安同良和千慧雄，2021；王永贵和李霞，2023）；四是比较了政府补助不同方式的创新效应差异。吴伟伟和张天一（2021）提出政府补助中研发补贴和非研发补贴对新创企业创新产出具有不同的作用效果，前者呈倒"U"形影响，而后者仅具有积极影响。柳光强（2016）强调税收优惠、财政补贴政策两者之间的创新激励效应差异明显，且对于不同产业、不同政策目标的激励效应也具有差异。张杰（2021）则重点研究了政府创新补贴、高新技术企业减税、研发加计扣除三种政府创新政策对中国企业私人性质的创新投入的激励效应。还有学者考虑了所有制（黎文靖和郑曼妮，2016）、企业规模（张杰等，2015）、金融化水平（吴伟伟和张天一，2021）、内部控制（陈红等，2018）、研发风险阶段（何晴等，2022）、融资约束（王刚刚等，2017；赖烽辉等，2021）等企业自身因素对政府补助创新效应的调节作用。蒋冠宏（2022）分析了政府补贴的空间溢出效应，认为政府补贴导致被补贴企业的产出扩张和要素配置扭曲将通过市场竞争和投入品价格指数溢出到未被补贴企业。

研发补贴的主要目的在于促进企业开展能够为社会带来高回报的创新活动，推动产业发展，这类活动往往是企业没有能力或不愿意开展的。政府补贴对企业创新影响机制的理论逻辑主要可以总结为资源属性（资源获取）和信号属性（信号传递）两个通道（杨洋等，2015）。

首先，从资源属性角度看，政府补贴具有激励效应或挤出效应。一种观点认为政府公共投资增加了企业获得的资源，进而通过激励企业创新投入促进创新绩效提高。政府补贴可以通过补充企业创新资源（Tether，2002）解决企业创新积极性不高和创新成果外部性强等问题（任曙明和吕镯，2014），激励其开展创新活动（Romano，1989；Beugelsdijk 和 Cornet，2002；Romijn 和 Albaladejo，2002；Carboni，2011；Kang 和 Park，2012），帮助企业分散创新不确定性导致的风险（Hewitt-Dundas 和 Roper，2010），增加企业研发投入（Bruno Van 和 Henri，1997；Busom，2000；解维敏等，2009；顾元媛和沈坤荣，2012），也能够提高企业的创新能力并促进创新质量升级（Clausen，2009）。另一种观点认为政府补贴不仅无法提升企业的创新投入水平，反而会减少企业投入。政府补贴可能导致企业过于依赖政府，挤出企业自身的研发费用（Bozeman，2000），导致交易成本上升（周燕和潘遥，2019），对企业创新投入发挥替代作用（Lach，2002；白俊红和李婧，2011）。

其次，从信号属性角度看，政府补贴会向外部投资者传递积极或消极信号（Chen et al.，2018）。一方面，政府补贴能够传递"认可标签"的积极信号。作为重要的信号传递媒介，政府补贴有助于改善企业与外部投资者之间存在的信息不对称（Brealey et al.，1977）。政府补贴是来自声誉较好的机构的认可，相当于给企业贴上了"认可标签"，这对外部投资者来说是一种投资利好信号（Takalo 和 Tanayama，2010），能够证明企业具有较强的创新能力和良好的创新项目（Feldman 和 Kelley，2006），有助于债务融资和风险投资的增加，缓解企业融资约束，从而补充企业创新资源（Kleer，2010）。此外，以中国为背景的研究还发现，获得政府补贴可以使外部投资者认为该企业与政府具有良好关系，表明企业具备充分的政府资源，符合政府政策导向且顺从政府指引方式（杨洋等，2015），从而使外部投资者更愿意为企业提供投资（Wu 和 Cheng，2011）。另一方面，政府补贴也可能传递具有与风险相关的消极信号。技术创新具有周期长、投入高和风险大的特征（郭玥，2018）。少量研究指出研发补贴对企业外部投资具有消极信号效应，认为针对研发活动的政府补贴可能向外部投资者传递企业具有高度不确定性的消极信号，阻碍外部投资者向企业提供投资，不利于企业的外部融资。与之相比，非研发补贴对企业外部融资的消极信号效应则不明显（Chen et al.，2018）。

三　税收政策与科技创新

税费是政府从企业生产经营收益中取走的份额，直接影响企业现金流。那么，税收激励是否有助于企业创新？这一议题长期备受学者们关注。从税负对企业创新的影响看，既有文献主要包括两类：一类是针对研发（R&D）的税收激励对创新活动的影响，另一类是一般税负变化（即面向所有企业的普遍性税改）对创新活动的影响。

首先，在税收激励效应上，大部分研究表明对研发的税收激励可降低研发的边际成本，能够有效刺激企业提高研发投入（Hall 和 Van Reenan，

2000；Bloom et al., 2002），带来更多创新产出（如专利的取得和新产品开发）（Czarnitzki et al., 2011）。这种创新效应还可能沿着供应链向上下游溢出。蔡宏波等（2023）借助 2008—2016 年全国企业税收调查数据与企业供应链数据，认为下游企业的减税激励不仅能导致对其自身经营绩效的优化，而且可通过供应链传导带动中游企业现金流优化与规模扩张，促进产业链供应链内部数据共享，使中游企业拥有充裕的资金进行数字化相关的人力资本升级与投资。也有研究表明，这种刺激作用可能是局部或阶段性的，甚至是无效的。Cappelen et al.（2012）研究了挪威 2002 年开始实施的研发税收抵免政策对企业创新的影响，发现它对新工艺的开发有效果，但对市场新产品开发和专利获取并未有显著的贡献。Chiang et al.（2012）对台湾电子企业的研究发现，研发税收抵免政策对企业创新活动（研发投入）的影响取决于企业在生命周期中所处的阶段：对处于萧条阶段的企业影响最大，对处于成长阶段的企业影响最小。Tassey（2007）的研究却认为，对研发的税收激励从来就没有有效过，甚至认为美国的税收抵免政策对研发激励的效应是负的。此外，还有学者比较了税收激励对研发数量和质量的影响差异以及不同方式和不同税种类别的激励作用差异。如 Ernst et al.（2014）的研究表明，尽管税收激励能够提高研发数量，但也会扭曲研发项目的质量即创新程度和收益潜力。他们利用欧洲专利局的公司专利申请数据，发现对专利所得实行低税率有利于吸引具有高收益潜力和高水平的创新项目；而通过税收抵免和加计扣除等激励手段对研发项目质量的影响并不明显。李林木和郭存芝（2014）运用全国高新技术产业减免税调查数据研究发现，减免税能有效刺激企业增加研发投入，其中流转税（间接税）的刺激作用大于所得税，但短期内减免税对研发产出与产业发展并没有明显影响。刘诗源等（2020）认为，税收激励的作用仅集中体现于成熟期企业，对成长期和衰退期企业的影响不显著。

针对中国的研究也未取得一致结论。特别是，《高新技术企业认定管理办法》确立的公司研发投入占销售收入之比这一"一刀切"的微观认定门槛，使得研究公司是否会操纵研发投入以满足相关标准成为重要的研究议题。基于研发收入之比的分布在法规门槛附近不连续，杨国超等（2017）确认了公司研发操纵行为的存在，认为高新技术企业认证的税收激励会诱使企业策略性地调整研发费用数据而非切实提升研发强度，进而可能导致企业创新绩效下降。杨国超和芮萌（2020）也认为这种产业政策的变化既可能会激励公司创新，也可能导致公司仅仅为表面迎合政策要求，而无意于真正进行创新。汪冲和江笑云（2018）还讨论了包括高新技术企业在内的企业资格认定型研发税收减免的可持续性问题，认为企业选拔和税收激励共同作用下的企业营收规模扩张将显著提高企业下一年度不能持续获得税收减免的可能性。

其次，与旨在促进研发的特定减税类似，已有研究表明，面向所有企业的税负变化也会影响企业创新。普遍的观点认为，增税会减少企业创新，因为它可能减少企业内部的现金流，而现金流正是企业创新融资的主要来源。无论是总体税费负担还是直接、间接税费负担的增加都会降低企业的创新能力，减少创新成果（李林木和汪冲，2017）。尤其是提高公司所得税负后，来自创新项目税后利润的减少会使创新者减少努力，而强调累进性的增税则可能抑制风险更高的创新项目（Howell，2016；Mukherjee et al.，2016）。Mukherjee et al.（2016）考察了美国各州1990—2006年公司所得税变化情况，发现高的公司所得税确实减少了企业未来的创新活动：研发投入、专利申请和投入市场的新产品都会减少，尽管他们的研究并没有发现减税能够有效提高创新水平。Cai et al.（2018）以2002年中国企业所得税分享改革为自然实验，发现实际税率的下降能提高企业的研发投入和创新质量，影响途径为减轻融资约束和降低避税成本。冯海波和刘胜（2017）通过建立一个关于所得税与投资风险偏好的理论模型分析表明，个人所得税与企业所得税都对中国现阶段整体创新存在显著的负效应，且个人所得税对创新的负向影响要大于企业所得税。

除所得税外，还有学者对其他税种对创新的影响进行了探讨。聂辉华等（2009）以2004年在东北地区实行的增值税转型改革为自然实验研究发现，尽管减税提升了企业效率，但主要通过促使企业加大固定资产投资力度来实现，并未显著激励技术创新。严成樑和胡志国（2013）在一个创新驱动的内生增长模型中对比了资本所得税和劳动所得税的扭曲性，得出了与传统经典理论相反的结论：劳动所得税的扭曲性可能高于资本所得税，这意味着对劳动所得的税负重将不利于创新。刘金科和肖翊阳（2022）以中国环境保护税改革实施为自然实验研究发现，环境保护税改革可以有效促进企业绿色创新活动，但主要激发的是企业提高化石能源使用效率和在末端降低污染物排放的绿色创新活动。

在我国，社会保险费也是企业劳动力成本的重要组成部分，其本质上是政府向企业和在职劳动者强制征收的一种社会保险税，用以保障退休劳动者的基本生活支出。因此，实际上以养老保险为代表的社会保险也作为一种广义的"雇佣税"，深刻影响着企业创新活动。赵健宇和陆正飞（2018）认为当前中国基本养老保险缴费比例偏高，给企业造成了沉重的负担，同时企业为员工支付的养老保险占员工总薪酬的比重与全要素生产率负相关，因此较高的缴费比例不利于企业创新。但汪佩洁等（2022）利用2008—2016年中国非金融上市企业数据实证检验，发现企业社保缴费率每提高1个百分点，全要素生产率提高1.78%，发明专利数量提高5.30%，即提高社保缴费率对创新具有"倒逼"效应。夏太彪等（2024）也从转型（对内转型和对外转型）和升级（研发创新和人力资本升级）两个维度，进一步证实社保缴费负担对企业转型和升级产生了显著的"倒逼"效应。

四　开发区设立与科技创新

开发区是指一个国家或地区为吸引外部生产要素、促进自身发展而划出一定范围并在其中实施特殊政策和管理手段的特定区域，设立开发区是政府为推动科技创新而采取的一种常见举措。开发区通过基础设施建设和政策优惠增强了区域的集聚功能，不仅有助于企业获取外部资源，更有利于企业通过充分竞争提升资源利用效率，提升企业的创新能力或降低创新成本。获取开发区内的"政策租金"往往是企业入驻开发区的主要原因之一（郑江淮等，2008）。此外，开发区的设立更体现为一种政府引导下的经济主体在空间上的集聚，也是各种生产要素在区域内的集聚（Wennberg 和 Lindqvist，2010）。

首先，设立开发区会带来资本、劳动力和企业主体在地区层面的迁移和集聚，从而能为企业的创新活动提供至关重要的资金和人才支持。例如，茅锐（2017）提出产业集聚能通过缓解企业的融资约束促进其创新活动和生产力进步，进而加快地区整体层面上向技术前沿的收敛速度。其次，经济活动在空间上的集聚意味着市场中企业之间的竞争将更为激烈，竞争加剧有助于促进市场筛选机制的发挥（Melitz 和 Ottaviano，2008；Combes et al.，2012；邵朝对等，2018），郑江淮和师磊（2023）从企业研发选址的动态博弈过程分析揭示出，企业研发选址的决策依据是企业自身技术需求与各地区本地化创新能力的匹配程度。本地化创新能力已成为创新经济中企业研发选址的重要区位因素，能持续吸引高技术行业企业的进入。在这种背景下，竞争力较弱的企业将会更容易在市场优胜劣汰的机制下通过"被动选择效应"而被驱逐出市场，而创新能力是企业保持竞争力、避免被市场淘汰的核心要素。因此，开发区设立带来的企业间竞争加剧也能够促进企业的创新活动。最后，开发区的集聚效应将增强马歇尔外部性，为企业间的信息扩散提供了有利条件（邵宜航和李泽扬，2017）。企业在地理距离上的接近有助于形成差异化技术知识池，通过产业关联和区域内市场之间的相互作用，实现知识与技术的快速共享，提升企业的创新能力或降低创新成本，进而提高企业的创新积极性（彭向和蒋传海，2011；陈露和刘修岩，2024）。

根据集聚经济理论，除了制造业企业集聚有利于创新，作为上游产业的生产性服务业空间集聚也可通过中间投入的规模经济效应和知识外溢效应等机制推进制造业专业化分工、延伸产业价值链、降低交易成本、提高技术进步水平（Venables，1996；刘奕等，2017）。具体来看，一方面，生产性服务业专业化集聚所形成的中间服务市场能够为制造业厂商提供专业化的生产性服务，利用位置邻近等便利条件，节约运输成本和交易成本，形成规模经济和范围经济；另一方面，专业化集聚促使掌握相似生产性服务技术的员工在生产性服务行业内部以及生产性服务业与制造业之间展开正式或非正式的学习交流，传递信息和技术，促进制造业企业技术创新、生产效率提高和竞争力提升（韩峰和阳立高，2020）。还有研究从空间视角出发，认为经济集聚不仅有利于企业层面的创新，区域创新也存在显著的空间集聚和空间相关（Guastella 和 van Oort，2015；白俊红和蒋伏心，2015）。张玉梅等（2022）以粤港澳大湾区为例，从资源"集聚"与"辐射"视角探索发现，粤港澳大湾区既能够将纽约、旧金山、东京湾区的技术资源引入湾内，还带动"周边"地区的技术进步。张可（2019）指出，经济聚集与区域创新间存在显著的空间溢出效应和地区交互影响，即两者之间存在内生的双向促进作用，忽略区域创新对经济集聚的反向影响将会高估经济集聚对区域创新的促进作用。

关于开发区设立究竟是否能对区内和区内企业的创新活动起到正向激励效应，学界观点不一。吴一平和李鲁（2017）认为开发区政策不仅无法对开发区内的企业创新能力发挥积极影响，且对于开发区之外的企业也没有产生明显溢出效应。袁航和朱承亮（2018）也发现国家高新区虽然能显著促进产业结构高度化的量,但未能促进产业结构高度化的质和产业结构合理化,即实际上并不能推动中国产业结构转型升级。

设立不同层级的开发区对科技创新的影响存在显著差别。首先,与国家级开发区相比,省级开发区缺乏国家层面的政策支持和规划建制,区内企业所获取到的政策优惠也存在较大差距;同时,较小的规模和市场体量也会导致省级开发区内的基础设施相对不完善,集聚效应不明显(李贲和吴利华,2018)。因此,省级开发区对企业创新行为的"政策效应"和"集聚效应"会明显弱于国家级开发区。其次,不同层级开发区在成立动机、战略定位和地方发展战略影响方面也存在区别。省级开发区一般由地市级、县区级地方政府提出申请,经由省级人民政府批准设立。作为地方引领驱动区域经济发展的重要工作抓手,省级开发区在成立伊始往往就肩负着促进地方经济增长、吸引外来投资、发展优势产业和提升区域竞争力的重要使命。蔡庆丰等(2021)通过对比研究国家级和省级开发区对区内企业创新活动的影响后发现,国家级开发区可以通过税收优惠、政府补助和融资支持等"政策效应",以及金融资源、研发人才和经济主体的"集聚效应"激励企业创新;而省级开发区的发展更容易受地方经济竞争的影响从而挤出企业的创新投入。张杰等(2021)基于2009年"加快审批省级高新技术产业开发区升级为国家级高新技术产业开发区"政策出台的准自然实验条件,验证了高新区升级政策能对城市层面企业创新水平产生显著的促进效应。

五 基础设施建设与科技创新

交通基础设施在经济增长中发挥着重要作用,被誉为国民经济运行的"轮子"。创新是决定国家或地区经济可持续增长的重要驱动因素,因此交通基础设施与创新之间的关系一直是国内外学者以及政策制定者的关注焦点(Foster et al.,2018;Carlino 和 Kerr,2014)。然而,既有文献对交通基础设施与创新关系的研究结论尚未达成一致。

总体上看,交通基础设施对创新的促进效应得到大量来自发达国家和发展中国家的宏微观层面经验证据的支持。便利的交通基础设施之所以会促进科技创新(Angrawal et al.,2014),是因为潜在的作用机制包括扩大市场规模,促进区域间劳动力及高素质人才自由流动、信息流动、资本流动以及加剧创新型企业集聚和竞争等(Aghion et al.,2009;吉赟和杨青,

2020；刘修岩等，2022）。但有研究认为基础设施建设产生的影响具有时间动态效应，即其带来的产品市场规模效应和金融市场挤出效应，短期内将通过金融市场挤出企业研发投资。从长期来看，随着基础设施资本存量增加，产品市场规模扩大才会提高企业研发投资的资本回报，从而激励企业研发，但这种改善效应仅有利于大企业（蔡晓慧和茹玉骢，2016）。还有学者认为交通基础设施的这种促进作用在地域和行业层面也会存在显著的差异性特征。卞元超等（2019）认为相对于未开通高铁的城市来说，开通高铁城市的创新能力和创新速度将持续提升；部分地区估计结果显示，高铁开通虽然能够促进东部地区城市创新活动的开展，但由于人才流失，高铁开通对中部和西部地区创新活动及其差距的影响并不明显。王春杨等（2020）也发现，高铁开通显著提高了沿线城市的创新水平，但对东部城市和一、二线城市的创新促进效应更为明显，同时迁入人力资本来源地域的文化多样性也会对区域创新具有显著的正向调节效应。诸竹君等（2019）则强调高铁开通城市带来的企业专利申请数量和质量的显著提升存在空间维度的"U"形关系，距离创新中心更远的企业受到的正向影响更大。

也有文献认为交通基础设施给创新带来的可能是负面效应。交通基础设施的改善可显著降低企业运输成本，而当运输成本足够低时，将会导致创新要素资源的分散效应（Tabuchi，1998），从而对创新产生抑制效应（Faber，2013）。公路基础设施还可以通过企业创新信息交流成本的降低和企业创新人力资本的逆向流动抑制企业创新活动。例如，张杰和郑姣姣（2023）以公路密集度为衡量指标研究发现，从全国层面来看，公路基础设施对微观企业创新投入存在显著抑制效应，而从区域层面来看，这种抑制效应仅发生在人均实际 GDP 大于均值的城市或者省会城市。

随着数字经济成为驱动经济发展的重要力量，近年来有不少研究关注了网络基础设施对企业创新的影响。李磊等（2022）借助"两化融合试验区"的准自然实验，提出信息化建设能够通过机会识别、创新平台建设和创新组织形式三个渠道对科技创新产生影响：既可以显著改善企业专利质量，促进发明专利而非"短平快"的实用新型和外观设计专利的增长，也能提高企业发明专利的产出效率。沈坤荣等（2023）则进一步探讨了网络基础设施如何促进企业选择开发新技术，从影响机制看，网络基础设施不仅可以降低市场信息不对称，提高企业的市场信息可得性，还可以使企业获得更多的技术溢出，提高了技术信息可得性，并且相比于交通基础设施，网络基础设施更有利于技术溢出突破行政边界和地理距离的限制，更大程度地扩大企业获取技术溢出的范围。还有一些研究则关注了互联网建设和普及对中国区域层面的技术创新与进步的可能影响机制。互联网不仅能直接促进区域创新效率，还可通过加速人力资本积累、金融发展和产业升级间接对区域创新效率产生积极影响，进而有利于提高城市整体和制造业整体生产率（韩先锋等，2019；黄群慧等，2019）。

第三节 科技金融发展的路径

如前所述，发展科技金融的关键在于通过有效的制度安排，使得金融机构的风险偏好与科技创新活动的风险特征更好地匹配。基于这种逻辑以及文献梳理，我们认为，可以从政府支持、金融供给、金融需求等多方面着手，提高金融供求双方的风险匹配程度，促进科技金融发展。具体来看，科技金融发展的路径至少有以下五个方面。

第一，发挥政府在促进科技创新方面的作用。政府可以在匹配金融机构和科技企业风险之间发挥重要作用，从而弥补市场机制的失灵。潜在的措施包括：一是营造良好的法治环境。健全的法制是市场运行的基础，能够有效保护科技企业和金融机构的合法权益，减少金融机构在支持科技企业过程中所面临的不确定性。其中，知识产权是处于初创期的科技企业最重要的一项资产，加强知识产权保护能够有效降低科技企业经营风险，增加科技企业创新的动力。二是通过财税优惠政策鼓励企业创新。具体包括为科技企业从事科技创新活动提供财政补贴、实施优惠的税收政策等，以此降低科技企业运营成本和风险，提高其风险抵抗能力。三是发挥国有资本的带动作用。与社会资本主要追求经济效益不同，国有资本具有一定的政策性属性，需要兼顾经济效益和社会效益，体现国家意志，其风险偏好可以根据经济社会发展总体需要进行灵活调整。国有资本的这种特点决定了其可以在支持科技创新方面发挥重要作用，弥补市场失灵。

第二，通过提高金融发展水平增加对科技企业的资金供给。从金融供给角度看，提高金融发展水平有助于提升金融机构整体风险偏好。原因在于，当金融发展水平较低时，金融业竞争程度一般也比较低，资金供给主体相对较少。在这种情况下，金融资源是一种稀缺资源，往往处于供不应求的状态。金融机构作为金融资源的拥有者，会更愿意选择那些风险相对较低的资金需求主体，风险偏好会比较低，那些风险较高的科技企业很难从金融体系中获得金融资源。随着金融发展水平的提高，资金供给主体会增多，金融业竞争更加充分。在低风险资金需求主体数量既定的情况下，会有更多的金融机构提高风险偏好，将资金投向那些风险相对较高的科技企业。换言之，金融发展水平的提高会增加金融业竞争，有助于提高金融机构的风险偏好，增加对科技企业的资金供给。

第三，通过适当的制度设计提高金融机构的风险偏好。金融机构作为金融供给的主体，适当提高金融机构的风险偏好，促使金融机构有意愿将资金投向那些不确定性较大的科技创新领域，对于满足科技企业金融需求具有重要作用。与金融有关的潜在制度设计包括：一是对科技企业的债务融资提供保险。这种保险可以在科技企业发生违约的情况下帮助债权人减少损失，进而提高债权人向科技企业提供融资的积极性。相关的保险产品包括贷款保证保险、信用违约互换（CDS）等。二是设立风险偏好相对较高的风险投资基金。与信贷资金相比，股权资金能够从科技企业的长期成长中分享收益，因此其风险偏好更高，能够更好地促进创新。三是在企业内部建立有效的内部资本市场。内部资本市场有助于减轻资金供求双方的信息不对称，提高资金供给方对科技创新活动的风险识别能力。对于那些拥有不同业务板块、分子公司数量较多的大型企业集团来说，完善企业内部资本市场、实现资金在企业集团内部不同部门之间的有效配置对于促进创新具有重要作用。四是通过优化金融机构的股权结构提高金融机构的风险偏好。从金融机构的角度看，不同股东拥有的风险偏好是不同的。股东的风险偏好又可以向金融机构传导，影响金融机构的风险偏好。因此，通过引入风险偏好较高的股东，比如引导科技创新类企业、民营企业等入股金融机构，能够适当提高金融机构的风险偏好，同时有助于提高金融机构对科技创新企业的风险识别能力和融资意愿。五是差异化的金融监管政策。差异化的金融监管政策对于提高金融机构的风险偏好也是非常重要的。比如，监管部门对于金融机构向科技企业提供的贷款设置不同的风险容忍度，提高金融机构服务科技企业的积极性。

第四，发展服务于科技企业的资本市场。从风险匹配的角度看，资本市场在服务科技企业方面至少可以起到以下两方面作用。一是引入风险偏好相对较高的投资者。资本市场上投资者数量众多，类型各异，不同投资者具有不同的风险偏好。通过发展主要服务于科技企业的资本市场，引入那些风险相对较高的投资者，进而更好地匹配科技创新活动的高风险特征。比如，我国资本市场中设立的创业板、科创板、新三板等对投资者资质均设置了一定要求，只有符合一定资质、风险承担能力较强的合格投资者才能够参与这些市场进行投资。二是发挥价值发现和风险定价功能。资本市场可以通过市场化反复交易发现有价值的科技企业，并基于其潜在价值形成公允定价，降低信息不对称程度，促进金融供求双方更好地匹配。

第五，通过特定的金融工具提高各类人才的创新积极性。从金融需求角度看，科技创新活动的关键是人才，充分发挥各类人才的创新积极性对于提高创新的效率、降低创新活动的不确定性至关重要。其中，可以发挥金融工具在激励人才方面的作用。潜在的金融工具包括：一是股票期权。科技企业可以向企业内部的关键人员提供股票期权，使得其能够分享到创新活动所产生的长期收益，从而提高其开展创新活动的积极性。二是高管责任险。通过为企业高管购买责任保险，使得企业高管在创新失败的情况下仍能够获得一定的物质保障，从而提高高管开展创新活动的积极性。

第二章 科技金融发展的历史考察

考察科技金融发展对实践具有重要借鉴意义。在中国发展的历史长河中,科技发展贯穿于整个历史时期,如先秦时期有了世界上最早的指南仪器"司南",东汉时期的《九章算术》是当时世界上最先进的应用数学,唐朝的《大衍历》已经可以比较准确地反映太阳运行的规律,而被不少研究者认为中国科技史上最巅峰时期的宋代更是有活字印刷术、指南针、火药技术等享誉世界的科技发明,也出现了沈括等伟大的科学家。李约瑟(2003)也称:"中国的科技发展到宋朝,已呈巅峰状态,在许多方面实际上已经超过了18世纪中叶工业革命前的英国或欧洲的水平。"鉴于此,本章中我们将重点考察历史维度的科技金融系统,首先从古代科技金融供需主体可以发现明显的二元特征,即国家财政与民间资本的相辅相成;其次进一步以宋代为例从财政激励和民间金融支持角度简析古代科技金融交相发展的现象,可以发现财政奖励活动在历史时期占据主导地位,但民间的金融活动也日趋丰富,成为支持科技发展的有力补充;基于上述分析,我们观察国家财政与民间资本对于科技创新的风险防范与收益机制可以发现,古代国家财政奖励大部分具有导向性、滞后性以及低风险性的特征,而从缺点来看,奖励的非制度性以及过度集中于应用也从一定程度上抑制了基础科学的发展,民间资本则有明显的收益与风险补偿需求,无论是高利贷、担保机制还是合伙关系等模式均表现出一定的风险对冲特征。基于上述分析,我们对现代科技金融协调发展提出了相关建议。

第一节 古代科技金融的供需主体分析

古代科技与金融的供需关系有着鲜明的时代特征,并深受儒家文化价值观的影响,最早时期的需求主要来自农耕和战争,后续统治阶层出于维护统治与提升国力的需求将激励活动进一步拓展到天文、航海、医学等更多元的领域,而从民间的科技创新需求来看,主要是基于提升生产力水平的实践总结与创新需求。从金融供给端来看,古代并没有现代意义上的金融体系,就当时的政治体制、金融发展水平而言,金融对科技的支持主要体现在政府财政和民间资本两大方面。

一 科创需求

对于古代的科技创新需求,主要着眼于两方面:一方面是统治阶层维护统治与提高国家综合实力,另一方面是民众基于实践的经验总结与创新以提高生产力。前者主要是涉及天文、算学、农学、军事技术等学科,学者也习惯将其称为"大一统"技术;后者则涉及各类生产技术,包括农业技术、手工业技术、金属冶炼技术等。二者合流,最终推动形成了我国传统科技"天算农医"四大学科。

统治阶层对科技的需求集中体现在天文、农学和军事技术上。第一,中国古代政治讲究"天命"。统治者作为"天子"代天牧民,天命是其统治合法性的最重要来源。因此,统治者对于天算一直有着极大兴趣,并进行长期垄断。潜伟和吕科伟(2007)对《宋史·本纪》中的科技内容进行统计,发现天文、大气、水利、农业是宋代帝王最关心的问题。而在总计3033次的出现频次中,天文学占958次,占比超过了30%,凸显其在传统中国的核心地位。第二,传统中国是一个传统小农社会,农业发展关乎统治根基。因此早在战国时期,奖励耕战就成为各诸侯国的政策之一。《管子·山权数》提出了具体的奖励办法"民之能明于农事者","能蕃育六畜者","能已民疾病者","置之黄金一斤、直食八石"。商鞅更是认为"国之所兴者,农战也",并提出"君修赏罚以辅壹教,是以其教有所常,而政有成也"(《商君书·农战第三》)。这些延续的激励政策推动了农田水利方面的科技创新,比如李冰在蜀郡主持修建了闻名中外的都江堰水利工程。第三,"国之大事,在祀与戎",除天、农二学外,统治者还高度重视军事技术的发展。战争也为科技活动创造了大量的需求。① 因改良、发明军事装备而获得政府嘉奖的案例屡见不鲜。如《元史·方伎工艺传》

---

① 按照默顿(2000)的说法,(科学技术的发现和发明)总存在一种"提供更廉价的杀敌方法这种军事上的功利"。

中,浑源州人孙威因发明"蹄筋翎根铠"得到元太祖铁木真的亲自嘉奖,并被其赐名"也可兀兰"(意即大工匠)。

至于民间的科技创新需求可谓无时不在、无处不在、无业不包。古代的农民和工匠都有通过提升技艺获取更高劳动回报的需要,商人群体则有着通过利用更先进的运输技术、储藏技术等牟利的意愿,至于知识分子阶层也存在通过观察研究从而格物致知的求知动因。薛凤(2015)指出,同工匠相比,学者更善于总结、提炼具有普遍性的知识。比如北宋学者程颢根据自己一年之中分别在怀州、泽州和并州三次吃到韭黄的经历总结出了南北方的物候差异(《程氏遗书·第二下》)。

总的来看,古代官方和民间对于科技创新都有着同样的需求意愿,但二者的主要差异在于前者的组织性更高、目的性更强,而后者则依靠自身实践总结积累,组织水平相对不高。

二 金融供给

通过分析,可以发现古代金融对科技的支持主要集中在政府财政和民间资本两方面。在古代封建统治的背景下,政府财政有更为明显的激励性,而因史料的缺乏以及科技发明受多因素影响,很难从民间资本的发展中直接得出对科技的重大作用,但由于民间资本的发达明显推动了生产活动,无形之中也会间接加快科技发明的进程。

(一)政府财政主导

古代政府对科技的金融支持实际上更偏向于财政端,历朝历代,财政对科技的支持长期占据主导地位。其主要方式有三种:一是财政直接供养科技教育。古代统治者出于统治需要,专门在官方教育机构中开设天文、算学、医学等学科。比如隋唐时期,国子监中设有算学一科,并使用李淳风编纂和注释的《算经十书》作为专业教科书。二是官营手工业直接推动技术革新。在古代,官营手工业长期居于手工业技术的领先地位,在陶瓷、冶炼、铸币等方面的技术远远领先于民间。财政供养的为宫廷服务的工匠是当时极具竞争力的技术革新群体。三是各种形式的财政奖励,主要包括降诏奖谕、授官赐爵、实物赏赐等。比如较早的实物赏赐可以追溯到舜帝对大禹治水的奖励,"禹锡玄圭,告厥成功"《尚书·禹贡》;古代的官本位思想更是使得授官赐爵成为可令人光宗耀祖的奖励行为之一,而古代的行政体制也使得部分有发明的人成为官员,如宋代的楚芝兰为汝州襄城人，当朝廷访求在方技上有造诣的人时，他毛遂自荐，被录为学生，后因占测天象较准，被提升为翰林天文，授乐源县主簿，迁司天春官正、判司天监事。除此之外，政府还会通过树碑立传、赐名、诗文等多样化的方式给予科技发明奖励。从奖励的方向上来看，也与上述科技创新需求相匹配，主要集中在天文、农田水利、医学、军事等方面。从奖励的特征来看，主要为君主个人意志的体现，政府财政激励缺乏制度性的依据。

（二）民间资本辅助

民间资本是政府财政的重要补充，最早的民间资本可以追溯到战国时期的"子钱家"。之后衍生发展出来的南北朝时期的质库、宋代的"交子"、明清时期的"钱庄和票号"等，都是民间金融发展的重要成就。民间资本在宋代以后尤为发达，金融体系的构建促进了生产力的发展，无形中推动了民间生产活动的活跃，虽然没有证据说明民间金融直接促进了科技的发展，但从大的层面来看，金融活动通过促进社会生产繁荣间接推动了科技创新，比如农业方面的借贷活动可以使更多的劳动力参与农业生产活动，而在农具的反复使用中，应用的发展创新也随之而来。到了明清时期，金融活动的日益活跃也加速了技术创新的市场化和空间拓展。尽管从总体上看，明清时期中国的科技水平逐渐被西方超越，但纵向比较前朝，中国科技成果的扩散速度实际上反有不小的提高。

第二节　古代金融对科技创新支持的具体表现：以宋代为例

本节进一步分析古代金融对科技创新支持的具体表现。由于宋代的金融活动在整个中国古代史上较为发达，已经有了金融机构、金融市场、金融工具的雏形，本节以宋代为例来分析金融市场的发展状况。通过分析可以看出，财政激励活动主要自上而下，且很多都具有一定的导向性、滞后性与随机性，因此对于科技创新活动的支持风险性较小，但也有一定的局限性。而宋代的金融除了借贷等一般关系，还存在信托、担保、股份关系等较为新型的创新支持活动，体现了新的风险—收益承担机制。

一 财政激励

古代的科技奖励活动基本上集中于官方,因此本节把自上而下的对于科技发明的奖励视作财政奖励。从历史维度看,财政奖励的类型随着生产活动的发展不断完善,主要包括降诏(敕)奖谕、授官赐爵、实物赏赐、其他荣誉等。

(1) 降诏(敕)奖谕。降诏奖谕即下发诏书或敕书予以表彰,诏书颁发给待制、大卿监、中大夫、观察使等五品以上官员,敕书颁发给少卿监、中散大夫、防御使等五品以下官员。降诏予以表彰的奖励方式在宋朝较为多见,大中祥符三年(1010年),京西提点刑狱官、知河阳高绅主持修筑黄河堤岸,将废弃石头堆砌成河堤,省工省料,且十分牢固,朝廷特下诏书加以表彰。降诏(敕)奖谕属精神鼓励,朝廷在下发的诏书或敕书中对科技工作者的成绩予以充分的肯定和褒扬,是一种极高的荣誉。降诏(敕)奖谕虽无物质刺激,但因其能够带来社会威望和普遍尊敬,仍能够满足科技工作者的高层次需求,即尊重需要和自我实现两个层次,强化科技工作者的角色意识,为科技工作者提供了强大的内部动力,具有很高的心理层面价值。

(2) 授官赐爵。中国古代的官职、爵位一直是重要的赏赐方式,比如隋朝何稠建造了战车万乘,钩陈八百连,被提升为太府卿。宋朝也有比较多的案例,自宋太祖建隆以来,近臣、皇亲、诸大校及重臣身患疾病,一般派遣内侍携医官前往诊治。若医治有效,医官便有迁秩机会。翰林医官刘翰因医术精湛,精通医理,升迁迅速。如开宝五年(972年),赵光义患病,刘翰与道士玄秘大师马志共同前往医治,治愈后刘翰升殿中省尚药奉御,获赐银器、缗钱、鞍勒马,马志则获赐通议大夫阶及器币、鞍马。中国古代价值观以"官"定位,获得一官半职被视为光宗耀祖之事,迁秩升官对科技工作者有较强的吸引力,可充分调动其积极性,激发其创造力。元符元年(1098年),张潜派张甲将《浸铜要略》献给国家,朝廷认为湿法炼铜有费时短、成本低、易操作等优点,授予张潜少保府君之衔,同时分别授予其子张盘、张甲少师府君和成忠府君之衔。

(3) 实物赏赐。实物奖励基本上贯穿于中国古代历史,也是最普遍的奖励方式,如唐代马重绩多次因观测天象、考证修订漏刻之法有功被赐以良马、器币。宋朝用于科技奖励的物品种类较多,包括缗钱、银、帛、章服、宅第等。缗钱是宋朝实行科技奖励的主要物品。熙宁六年（1073年），许州（今河南许昌市）百姓贾士明发明了新的烧制方法，以黑锡取代黄丹，成本低廉，省费颇多，朝廷奖励贾士明钱500贯。章服即官吏的服饰及佩饰，其目的在于区别官职之高下、地位之贵贱，"是以天下见其服而知贵贱，望其章而知其势"（《新书·服疑》）。赐章服是指凡官品未及，不能服紫、绯的官员，朝廷特赐改转服色，赐予紫、绯服，以及相对应的金、银鱼袋。北宋科技奖励品中还有宅第一项。北宋初期宅第并不轻易授予他人，"国家故事，执政大臣非有勋劳于社稷，不轻赐田宅"，寻常物品不足以表彰伟业时才赐宅第，"将相大臣有大勋大业，非寻常赏典所可报，赐第可也"，表彰对象的身份、地位、业绩均在考虑范围之内。康定元年（1040年），集贤校理苏舜钦于十月十八日、二十三日陆续接到两道圣旨，命赐宅第给医官副使柳尧卿及天文官杨可久，这也从侧面证明当时的技术官员所受的奖励幅度有了较大提升。物质奖励可满足人的最基本的物质需求，尤其在中国古代社会，绝大部分科技工作者为谋生而从事科学工作，他们对物质的需求相当强烈，与精神奖励相比，更希望能得到物质上的奖励和补偿。况且钱、帛等物质奖励还具有双重激励作用，不仅能够提供强大的外部刺激，具有短期的物质激励作用，而且可发挥长期的精神激励作用。

（4）其他荣誉。除上述三项之外，古代科技奖励还包括赐姓、立碑等措施。赐姓同样是褒赏的一种重要手段。在唐代，赐姓比较普遍，如制墨名家奚超，被南唐后主李煜赐予"李"姓。立碑也是一种比较重要的科技奖励，以宋朝为例，天禧四年（1020年）因滑州（今河南滑县）河道堵塞，朝廷动用9万名役兵，事成后奖励修河部署、钤辖、转运、都监、官吏使臣等衣服、金银带、钱帛等。宋真宗还亲自制文刻碑"以纪其功"。通过碑文对事迹进行颂扬，这种方式的影响力更为广泛和久远。

二　金融支持

中国古代类似现代意义金融活动的行为出现较早，早在战国时期就出现了放钱借贷的职业，被称为"子钱家"，但由于生产力的局限性，当时子钱家的借贷行为主要集中于农业方面，还没有形成普遍化的金融活动。唐代出现了"飞钱"，即商人在京师卖出货物后，把货款交付给诸道进奏院及诸军、诸使、富家，并从其处取得票券，回到地方后凭票取款。这种金融创新不仅方便了商业交易，也为科技项目创新提供了资金流动性支持。到宋代出现了"交子"，交子作为最早出现的纸币，极大地促进了社会经济活动与科学技术的发展。至明清时期金融工具进一步发展，考虑到真正的金融体系也是到宋朝才比较完善，因此本节重点分析宋朝的金融体系。

（一）金融机构

宋朝设立交子务、便钱务、市易司、榷货务、内藏库、抵当所、检校所、常平仓等。交子务是发行和管理交子（纸币）的机构，如益州的交子务就是发行和管理四川交子的机构，大观年间改为"钱引务"。设立于南宋临安的会子务，是印刷、储存、发放东南会子（纸币）的机构。便钱务提供汇兑服务，并收取2%的手续费，方便商人的长途贸易和异地结算。市易司创立于熙宁变法期间，总辖京师及地方交易业务，主要职能及分工为：市易上界负责官营贸易，市易下界主管汇票发行，抵当所则向城市、市镇商人提供抵押贷款、担保贷款等，每岁收息钱二分。常平仓本为粮食储备机构，但熙宁变法期间，朝廷推行青苗法，利用常平仓的储备金向农户提供小额抵押贷款，年息不得超过二分。

榷货务和内藏库是宋代的中央银行。榷货务是宋代重要的财经机构，一方面在茶、盐、矾等商品的禁榷专卖方面发挥很大的作用，另一方面还具有重要的金融职能，是宋代最主要的金融机构之一。榷货务的主要职能有三：第一，便钱业务，即现金汇兑业务。一则将顾客（主要是商人）的现钱从京城汇往地方州郡。宋初，此项业务由三司和便钱务负责。自景德三年（1006年）二月开始，改由京师榷货务主持官营便钱业。二则负责汇兑顾客从地方州郡汇到京师来的款项。北宋时商人在地方州县"入中"粮草而到京师榷货务领取现钱，类似银行兑换期票的业务性质。第二，货币兑换、回笼职能。榷货务的此项职能始于宋徽宗时期，至南宋时期尤为常见。乾道二年（1166年），地方上的镇江、建康二榷货务也兼有纸币兑换职能。第三，市籴粮草中的拨款与付款。榷货务不是直接经手市籴粮草的机构，它在这方面的职能是金融性的，一是拨款给地方市籴机构，二是兑付地方市籴机构购买粮草交易的钱款。

内藏库是战略储备库，主要开支用于国家的公共事务，包括且不限于：（1）赞助军费，如熙宁四年（1071年），河东军费不足，宋神宗"令三司借内藏库银二十万两付本路"（《续资治通鉴长编》卷二百十九）；

(2) 赞助官府购买,如大中祥符九年(1016年),"发内藏钱十二万贯,令三司预市绸绢,以济京东、西路之乏……"(《续资治通鉴长编》卷八十六);(3) 赞助国家福利,如北宋京师设东南西北四所福利院,"岁出内藏钱五百万给其费"(《宋史·乐志六》);(4) 赞助官营企业,如熙宁变法期间,宋神宗下诏:"天下商旅货物致京,多为兼并之家所困,宜出内藏库钱帛,选官于京师置市易务……遇有客人物货出卖不行、愿卖入官者,许至务中投卖。"(《宋史·仁宗本纪》)值得注意的是,内藏库还发挥了"中央银行"的部分功能:第一,内藏库掌握着铜钱货币的发行权,官府从坑冶课利所得的金银、商民入纳榷货务的金银、地方上供的金银,都存在内藏库;第二,回笼纸币和有价证券是内藏库发挥"央行"职能的第二个表现,当榷货务兑付钞引的储蓄不足,也需要内藏库放款资助,如皇祐二年(1050年),在京榷货务"积钱少,不能支入中之费",宋仁宗"出内藏库钱帛百万以赐三司(户部)"(《宋史·乐志十二》),用于兑付"入中"商人的钞引。

抵当所是宋代的商业银行,主营业务是抵押贷款,年利率约为20%。同时,抵当所也接受存款,当时京师许多政府部门都将公款存入抵当所生息,如熙宁五年(1072年)七月"诏给武学钱万贯,送检校所出息,以供公用"(《宋会要辑稿·职官二七》)。市易抵当的经营规模不小,遍布天下。根据崇宁二年(1103年)的一道诏书,凡万户以上的县,或者虽无万户却地处"要紧去处"的县,都要设抵当所,任命专职官员管理。向抵当所借贷的人,除了需要贷钱济困的贫民,主要是商贩,这也是抵当所为何设在"商贩要务处"的原因。商人借钱,通常用于经营与生产。元丰五年(1082年),宋神宗"诏内外市易务,在京酒户罚息钱并除之"(《宋会要辑稿·食货三七》)。罚息钱是因借款人逾期未还款而产生的罚金。简言之,抵当所通过"有息存款",将社会的闲置资金(主要是政府部门的闲置资金)集中起来,再通过发达的放贷网络,将一部分闲置资金转为商人的商业资本。

检校所是宋代的信托机构,原本是一个负责清点和管理遗孤财产、户绝财产、无主货物、有纠纷的财物、官府收缴的赃物的机构。根据宋朝立法,对亲人离世的遗孤,官府有责任将他们的财产核查清楚、登记在册,存入检校库代为保管,并定时从代管的财产中划出若干,发给遗孤作为生活费,等遗孤长大成人,官府再将贷款的财产返还给他们。官府希望通过官方的检校，使失去亲人的未成年人的权益得到保护，免遭他人侵夺。宋神宗时期，检校库的功能发生了一项重要的变化——熙宁四年（1071年）五月，开封检校库的勾当官吴安特向朝廷提了一个建议："本库检校小孩财物，月给钱，岁给衣，逮及长成，或至罄竭，不足推广朝廷爱民之意。乞以见寄金银、见钱，依常平仓法贷人，令入抵当出息，以给孤幼。"（《续资治通鉴长编》卷二百二十三）这建议可以简单地直译为：孤幼的财产存放在库里，只会越发越少，如果投资于资本市场，则将用之不竭，请朝廷批准京师检校所开展放贷业务，用利息收益来支付遗孤的生活费，这样就不存在坐吃山空的问题了。

综上而言，榷货务和内藏库承担中央银行的职能，而抵当所和检校库则分别对应于商业银行和信托机构。

（二）金融市场

宋代官府发行的票据、证券等大致可分为三类：一是商人纳入金银、现钱或粮草后官府发给的用于提取盐、茶、矾、香药、犀象等禁榷品的凭证，如盐引、茶引、矾引、香药钞、犀象引和钞引等，类似于期货仓单；二是商品从甲地存入现钱，然后到乙地兑取现钱的凭证，如便钱、见钱交引、见钱公据、见钱关子等，类似于汇票；三是以铜钱或铁或白银为本位的楮币，如交子、钱引、会子、银会子，早期类似于银行兑换券，后期发展为不可兑换的信用货币。

关子是宋代的债券，钱引和会子都有债券的影子，因其面值和价格存在差异且可以浮动，但吴钩（2021）认为关子才是债券，因为关子不是货币，如同便钱，用于资产汇兑而已，而会子和钱引的发行则需要准备金。此外，在榷货务本钱不足、无法随时兑付的情况下，官府通常会延期承兑关子，导致关子债券化。绍兴二十九年（1159年），官府发行了一种设定兑付期和面额的关子，为诸路屯驻大军筹集经费。"榷货务场印给公据，关子赴三路总领所，招诱客人等请。淮西、湖广各关子八十万缗，淮东公据四十万缗，皆自十千至百千，凡五等，内关子作三年使，公据作二年，许钱银中半入纳，依自来优润分数。"（《宋史·乐志九》）这次发行的见钱公据、见钱关子，有面值（从10贯到1000贯，分5种面值）、有利息（优润分数）、有兑付期（关子3年，公据2年），商民自愿入纳现钱与白银申领。

交引铺是宋代的债券交易所，是民营金融机构，多由金银锦帛铺演变而来，因为钞引交易都是大宗生意，金银锦帛铺才拥有雄厚的资本收购钞引。买钞机构是宋代钞引价格的调节机构，在钞引市场价太低时，以高于市场价的价格买入钞引；而当钞引的市场价过高时，又以低于市场价格的价格出售钞引，借此来平抑钞引买卖的市场价格，使钞引的交易价维持在合理区间，运作模式类似于"平准基金"。

(三) 金融工具

高利贷的主要形式有抵押贷款和信用借贷。抵押贷款又分为质库业以及一般、简单的抵押借贷两种，质库业即典当业，是抵押贷款中较高级、专业的形式，宋代将其称为解库、抵当免行所、抵当库、抵库等。根据抵押品的不同，可将简单的、一般的抵押贷款分为动产、不动产和人身抵押三种，王安石变法中市易法的"契书金银抵当"即以金银抵押进行的动产抵押贷款，《宋刑统》转引唐令所指出的"将产业等上契取钱"即不动产抵押贷款，而人身抵押贷款的案例如宋太祖时岭南民"或雨兼并之家假贷，则皆纳其妻女以为质"（《续资治通鉴长编》卷十三）。信用借贷即"无质而举者"，宋代的青苗钱和用于"结保赊清"放贷的市易本钱多为信用借贷。高利贷体系在宋代较为发达，如质库业的经营进一步深入农村，这一点与宋代地方小市场——草市镇的兴起地有密切关系。因商品经济发达，宋代各地形成了近 2000 个镇和 4000 多处集市，在这类以经济活动为中心的地点开设质库是有利可图的，就像徽宗时设立官营抵当所考虑的那样，这些地方"井邑翕集"，属于"商贩要会处"。高利贷的利率体系非常复杂，随机性也大，计息周期和利率高低也纷杂不一。第一，"倍称之息"及几倍利息的记载在文献中较为常见，所谓"倍息"几乎成了高息贷的代名词，如欧阳修说北宋佃户"举债于主人而后偿之，息不两倍则三倍"（《欧阳修集·原弊》）。第二，谷物等实物借贷利率由唐至宋变化不甚明显，而货币借贷利率则呈下降趋势，宋代虽然也不乏 5 分、6 分甚至倍称的货币借贷利率，但也出现了许多唐代十分少见的低利率，如北宋熙宁前后的 1 分半至两分的月利等。高利贷的经营方式分为官营和私营两种。官营的机构有抵当所或抵当库以及官府回易中的高利贷活动，为应对官府内部宴请、馈赠、迎送或赏赐等，官府设有公使钱，但这部分钱"正赐钱不多，而著令许收造利"（《文献通考·国用考二》）。州军利用这些钱进行各种营利性活动，取息以给公用，便是所谓的回易。私营高利贷的经营方又可分为由"库户"经营的质库资本和由"钱民"经营的信用借贷资本两部分。在质库业中,绝大部分是由"质库掌事"经营的。在这里,有的是富豪之家雇别人开质库,如《庆元条法事类》记载的淳熙十四年(1187年)六月二十七日尚书省批状所说就是这种情况。在一般的信用借贷中,很大一部分资本是由"行钱""干仆"经营的。据记载:"凡富人以钱委人圈其子而取其半,谓之'行钱'。富人视行钱如部曲也。或过行钱之家,设特位置酒,妇女出劝,主人皆立待。"(《说郛三种》卷十一)钱主与行钱有尊卑之分,但毕竟不是主仆关系。有的高利贷者还委托自己的仆人经营,如陆游记载的胡子远之父便是"委仆权钱",被称为"干仆"。这与土地经营管理中的"干人""庄干"是相似的。高利贷的借贷方多为农业、制茶、制盐的从业人员,用途主要有缴纳赋税、婚丧嫁娶、生活所迫等,官员在赴任、待阙或家有急事以及军人也会使用高利贷。我们特别需要提到的是宋朝实行科举制度,大批知识分子通过高利贷这一途径入仕。宋真宗时规定"新及第援官人无得以富家权钱倍出息利,至任所偿还",并要求"所在察举之"。熙宁五年(1072年)他还下诏:"赐新及第进士钱三千缗,诸科七百缗,为期集费"(《续资治通鉴长编》卷二百四十三),因为原来"进士诸科旧用甲次高下率钱,贫者或称贷于人,过于浮费"(《清波杂志》卷二)。这说明,新科进士诸科借高利贷者为数不少。

以矿冶开发为例,如果没有本钱,可以通过信用贷款向官府预借启动资金,包括灯油这样的采矿用品,等到炼出矿产品,再归还官府本钱。官府甚至还承担了贷款开矿的风险,"若开采不成及无苗脉,或虽有而微细,其所借官钱并与除破,即不得过三次"(吴钩,2021)。这表明坑户如果采矿失败,可以不用偿还贷款;只是三次采矿失败后,即失去贷款资格。后来,官府觉得坑户获利太大,又提出了一个利润分成方案:"诸处新坑有用管钱零坑户开发去处,若至矿宝浩瀚,还纳官钱了当外,有矿宝,除填纳,不问多少,并系元管开放新坑户卖钱入己,显属侥幸。今相度诸路坑场,如有坑户系用官钱开放坑垅,如遇矿宝,除填纳管钱了当外,有剩钱分给施行。"(《续资治通鉴长编》卷五二〇)这样,作为出资人的官府与矿冶户之间,结成了新型的股份关系,或者说,官府的身份就不再是贷款方,而是相当于风险投资人了。

权货是宋代的期货交易,其含义为"权卖货物"。宋朝对茶、盐、矾、香药、犀角、象牙等商品实行一种可以称为"间接专卖"的禁榷制度:商人要贩卖茶、盐、矾、香,通常需要先到京师榷货务缴纳现钱、褚币、金银，领到一张钞引，然后凭钞引到指定地点提取货物。榷货务签发的钞引，类似于特许经营兼提货凭证，但钞引的持有人并不一定要提货，也可以将钞引转卖出去。此时，钞引是既可兑换又可流通的有价证券。再者，接受"入中"商民粮食的机构会向商民开具一张面值超过入纳数目的"交引"，商民可凭这张交引到京师榷货务兑换现钱或在榷货务"翻换"盐、钞、茶引。

度牒是宋朝的纪念币，可以作为僧尼、道士的身份证明，拥有官府颁发之度牒的出家人，才是合法的出家人。但宋朝的度牒也是一种特殊的有价证券，朝廷通常将"空头度牒"（未登记出家人姓名的度牒）当成财政工具或货币工具（类似于当下的纪念币等）：（1）在财政紧张时，朝廷往往会印制一批空名度牒，直接鬻卖，借以弥补财政赤字；（2）当地方官府或某个部门需要中央财政拨款时，朝廷往往不是直接拨现钱，而是拨给若干道空名度牒；（3）有时候，朝廷还会利用空头度牒回笼超发的纸币；（4）官府购买物品时，有时也会直接用度牒支付；（5）榷货务在兑付商人的钞引时会搭配度牒。对普通民众而言，免征或减征赋税是度牒的经济特权，也是保值增值的一种理财工具。

如上可见，宋代金融系统已初具雏形，通过官方与民间的结合，金融触角已经伸向经济生活的各个方面，因此宋代经济的繁荣不仅体现在农业和手工业的发展上，还表现在商业的活跃、货币流通的增加、海外贸易的拓展以及城市化的进程中，这些也极大地促进了科学技术的发展。

第三节 古代科技金融的风险防范与收益机制

马克思认为在资本主义生产方式出现之前科学只是以十分有限的知识和经验的形式出现，是与生产劳动本身联系在一起的。与之相似的是，中国传统科学也有一个显著特点，即实用性，大部分科技著作也主要针对生产经验的直接记载，极少进行理论探讨。即使是数学，也主要以应用为主，如《九章算术》，分列方田、粟米、衰分、方程等九章，共计246个问题，都是有关当时生产生活中的实际问题，明代中后期出现的《农政全书》《天工开物》《本草纲目》等科技著作均属于实用科学。基于上述政府财政和民间资本对科技的支持，下文进一步分析其收益风险机制。我们发现，政府财政激励有明显的有效性且因大部分激励多发生在科技创新成果出现之后，因此没有巨额的资金投入，基本没有因为奖励科技创新而导致国库亏空的事情发生，甚至不如一些君王对文艺活动的赏赐。如唐代僖宗时，"赏赐乐工、伎儿所费动以万计，府藏空竭"。因此整体来看，财政激励的风险较小。对于民间资本而言，民间资本有明显的风险—收益自担机制，对应的风险承担往往需要有较高的收益补偿，因此古代高利贷性质的借贷行为也较为常见，同时出现了分散风险的信托机制、担保机制以及合伙人关系等具有现代理念的金融行为。

一 政府财政激励的收益与风险机制

就各个朝代普遍实行的财政激励而言，政府财政激励大部分时间都占据了主导地位，从当时的社会制度来看，这也带来了比较明显的激励作用，但这种方式对科技的支持也存在一些难以克服的缺陷。一是统治者或政府只关注重点的实用学科。现有历史记录中，政府对科技创新的奖励集中在天文、算学、医学、水利、军事技术等少数学科，对与百姓日常生活最为相关的农业技术和手工业技术几乎没有支持。二是缺乏市场转化。受财政激励的科技创新成果主要掌握在精英阶层手中，与民间的生产生活之间存在"隔膜"。这导致政府的财政支出难以直接带动民间经济的繁荣发展，大量财政资金实际上被投入统治者个人的喜好需求上，比如丹药炼制，客观上造成了浪费。三是奖励具有滞后性和随机性，对科技创新活动的激励不足。对于科技发明者来说，一个发明（或发现）需要反复实验，投入大量精力，并且承担巨大风险，但其能否最终获得财政激励却难以保证。因此在预期收益不明的情况下，贸然投入科技创新活动并不具有"经济性"。这在客观上导致财政对科技活动的刺激难以发挥更大的作用。

二 民间资本的收益与风险机制

传统金融理念是风险厌恶的，特别是信贷资金要综合考虑安全性、收益性以及流动性，古代民间资本的收益与风险机制主要体现在借贷的发展以及金融市场的不断完善。我们以宋代民间资本对科技的支持为例。宋代已经有比较健全的借贷体系，其中高利贷也有所发展，宋代高利贷的主要形式有抵押贷款和信用借贷。高利贷的经营有官营和私营两种形式。如前文所述，高利贷在官营和私营两种形式中都已出现。从借贷利率来看，宋代金融市场已经对风险和收益进行了区分匹配，如北宋熙宁前后有低至1

分半至两分的月利,而宋朝也不乏高至5分、6分甚至倍称的利率。因此,我们也能看到,针对高风险的投资,民间金融更需要有一定的收益进行补偿,而在市场化较为充分的情况下,市场利率也可以相应地自我调节。到明中叶以后,金融市场进一步发展,市场的均衡利率水平持续下降。伴随这一过程,民间金融对科技创新活动的支持力度达到了一个空前水平。较低的利率使得科技创新的成本有所下降,同时通过促进国内长途贸易的繁荣和商帮力量的形成,为技术创新的市场转化和成果扩散创造了有利条件。

第四节 古代科技金融发展的借鉴意义

虽然古代科技金融没有真正意义上对支持行为进行区分,但在金融体系不断完善后,国家财政与民间资本对科技的合作支持区分了一定的政府导向性与风险性定价,金融较为发达的宋朝也成了中国历史上科技璀璨的一个朝代,这也从侧面体现出了科技与金融的良性协调发展。相关借鉴意义思考如下。

第一,"政府+民间"的科技支持组合。古代科技金融在宋朝前基本还是以政府发起的财政激励为主,虽然已有零星的民间借贷行为,但还没有形成较为完善的社会金融体系。而到了宋朝,金融市场的发达增加了科技融资的可达性,民间资本开始大规模支持科技发展。从科技发展的目的以及风险性来看,对于目标导向性较强、周期较长、收益见效慢的项目可以由财政资金进行支持,比如古代的天文学,这就对应了财政政策需要重点支持的重大科技项目。而对于风险较高但收益也较高、退出灵活的科技项目,可以由民间高风险资金进行支持,这就对应了现代意义上的私募基金、PE/VC等。而对于风险较低、收益一般的科技项目,可以由关子等类似债券,或者抵当所等具有商业银行性质的机构进行补充,通过分层次的科技金融分配机制,实现资金需求主体与供给主体的风险—收益平衡。

第二,风险投资的可行性探讨。从古今中外的经验总结来看,破坏性的科技创新有生产力发展的需求,但同时具有较强的偶然性,因此科技创新本身具有一定的不确定性与风险性,尤其是非官方的科技行为更存在研发主体的道德风险、失败风险等,这就需要引入一定的风险投资予以支持。而目前我国金融市场缺少对小微科技主体的前、中期资金支持,因此参考宋代的高利贷运营模式，发展多层次债券市场体系，建立高收益债券市场，考虑到当前无风险利率较低的环境，通过主体组合、增信担保等方式引入相对高风险的科技主体债券，一定程度上可以控制融资成本，同时也可以为市场投资机构提供高收益资产。另外，考虑到风险投资的长期性、高收益及高风险并存性，需要发展科创私募基金等具有长期陪伴性质的股权基金，并完善其募、投、管、退机制，由市场自主培育潜在的新质生产力主体。

第三，基础科学与应用科学并重。中国古代的大部分科学技术都是基于实践，从实践中总结创新，这也导致了中国古代的科技主要着眼于应用科技，而中国科技奖励也主要集中在应用科学范围，所以会使科研人员把精力集中在应用学科上，基础科学以及理论部分相对较弱。从长远来看，这对科技发展十分不利。因此，我们需要在财政方面继续对基础科学给予支持，培养相应的人才，应用科学方面则需要加强校企合作，支持企业对产品和技术的迭代研发。另外，考虑到现阶段许多科技发展需要一定的仪器设备，因此也需要增强民企对大型科技设备的可得性，以发挥自古以来民营企业的主动创新性优势。

第四，引入试错与谅解行为机制。宋代的矿冶开发案例中，政府可以容忍基于信用贷款的初创企业失败三次，这对于现在也有一定的借鉴意义。目前我们发展新质生产力，就需要投早、投小，而这些又有非常大的失败概率，过去银行等金融机构不倾向于给科技企业发放贷款，也有一部分原因是责任制度，责任人员在这种背景下很难有放贷的主动性。因此可以尝试引入试错与谅解机制，探讨总量考核等手段，在控制风险的情况下，试错鼓励对科技企业的支持。另外，对于科技研发创业人员也需要配套完善破产机制，以鼓励其主动研发行为。

第三章 科技金融发展的政策演进

科技金融发展离不开政策的支持。近年来，我国在科技金融方面出台了一系列政策，推动科技金融实践不断发展。本章将从宏观政策框架以及科技部门、货币政策部门、金融监管部门、财税部门等不同角度对相关政策进行梳理，涉及科技企业认定政策、信贷政策、金融监管政策、财税政策等。

第一节 宏观政策框架

党的十八大以来，党中央、国务院陆续在国家层面出台了一系列文件，构成了我国宏观层面科技金融发展的顶层设计，也是各个细分领域支持政策的总纲领。

2012年9月，为全面落实《国家中长期科学和技术发展规划纲要（2006—2020年）》，中共中央、国务院印发了《关于深化科技体制改革加快国家创新体系建设的意见》，提出了加快国家创新体系建设的21条意见，这是党的十八大以来我国在加快建设国家创新体系方面的顶层设计。在科技金融方面，提出要加大对中小企业、微型企业技术创新的财政和金融支持，落实好相关税收优惠政策。扩大科技型中小企业创新基金规模，通过贷款贴息、研发资助等方式支持中小企业技术创新活动。建立政府引导资金和社会资本共同支持初创科技型企业发展的风险投资机制，实施科技型中小企业创业投资引导基金及新兴产业创业投资计划，引导创业投资机构投资科技型中小企业。此外，该意见还提出要促进科技和金融结合，创新金融服务科技的方式和途径。具体包括：推广知识产权和股权质押贷款；加大多层次资本市场对科技型企业的支持力度，扩大非上市股份公司代办股份转让系统试点；培育和发展创业投资，完善创业投资退出渠道，支持地方规范设立创业投资引导基金；积极开发适合科技创新的保险产品等。

2016年5月，中共中央、国务院印发《国家创新驱动发展战略纲要》，这是落实党的十八大提出实施创新驱动发展战略的总纲领。其中，明确提出要多渠道增加创新投入。加大对基础性、战略性和公益性研究稳定支持力度。改革中央财政科技计划和资金管理，提高资金使用效益。探索建立符合中国国情、适合科技创业企业发展的金融服务模式。鼓励银行业金融机构创新金融产品，拓展多层次资本市场支持创新的功能，积极发展天使投资，壮大创业投资规模，运用互联网金融支持创新。充分发挥科技成果转化、中小企业创新、新兴产业培育等方面基金的作用，引导带动社会资本投入创新。

在2014年提出"大众创业、万众创新"以后，国务院于2018年9月发布《关于推动创新创业高质量发展打造"双创"升级版的意见》。在金融支持创新方面提出的政策举措包括：建立完善知识产权评估和风险控制体系，鼓励金融机构探索开展知识产权质押融资；进一步发挥创业担保贷款政策的作用，鼓励金融机构按照市场化、商业可持续原则对农村"双创"园区（基地）和公共服务平台等提供金融服务；引导金融机构有效服务创新创业融资需求，运用科技化等手段，为本地创新创业提供有针对性的金融产品和差异化服务；充分发挥创业投资支持创新创业作用，充分发挥国家新兴产业创业投资引导基金、国家中小企业发展基金等引导基金的作用；拓宽创新创业直接融资渠道，支持发展潜力好但尚未盈利的创新型企业上市或在新三板、区域性股权市场挂牌，推动科技型中小企业和创业投资企业发债融资；完善创新创业差异化金融支持政策。依托国家融资担保基金，采取股权投资、再担保等方式推进地方有序开展融资担保业务，构建全国统一的担保行业体系等。

2023年6月，国务院通过《加大力度支持科技型企业融资行动方案》，从改善科技企业融资方面做出了更为明确的部署。强调要引导金融机构根据不同发展阶段的科技型企业的不同需求，进一步优化产品、市场和服务体系，为科技型企业提供全生命周期的多元化接力式金融服务。把支持初创期科技型企业作为重中之重，加快形成以股权投资为主、"股贷债保"联动的金融服务支撑体系。加强科技创新评价标准、知识产权交易、信用信息系统等基础设施建设。

推动大规模设备更新和消费品以旧换新，是加快构建新发展格局、推动高质量发展的重要举措。这一举措与科技创新直接相关。2024年3月，国务院印发《推动大规模设备更新和消费品以旧换新行动方案》，明确要求到2027年，工业、农业、建筑、交通、教育、文旅、医疗等领域设备投资规模较2023年增长25%以上；重点行业主要用能设备能效基本达到节能水平。在这一过程中，要优化金融支持。具体措施包括：运用再贷款政策工具，引导金融机构加强对设备更新和技术改造的支持；中央财政对符合再贷款报销条件的银行贷款给予一定贴息支持；发挥扩大制造业中长期贷款投放工作机制作用；引导银行机构合理增加绿色信贷，加强对绿色智能家电生产、服务和消费的金融支持。

除上述党中央、国务院层面出台的宏观政策框架之外，在部委层面也先后出台了由多个部委联合印发的政策文件，从国家层面推动金融支持科技创新。2014年1月，中国人民银行、科技部、银监会、证监会、保监会、知识产权局六部委联合印发《关于大力推进体制机制创新 扎实做好科技金融服务的意见》，从金融组织体系、信贷产品和服务模式、多元化融资渠道、保险产品和服务、信用增进机制、科技和金融结合试点等方面提出了23项政策措施，其中对产品和服务模式创新尤为强调。

2024年6月，中国人民银行、科技部、国家发展改革委、工业和信息化部、金融监管总局、中国证监会、国家外汇局七部门联合印发《关于扎实做好科技金融大文章的工作方案》，围绕培育支持科技创新的金融市场生态提出一系列有针对性的工作举措。主要包括：支持银行业金融机构构建科技金融专属组织架构和风控机制，完善绩效考核、尽职免责等内部制度；建立科技型企业债券发行绿色通道，从融资对接、增信、评级等方面促进科技型企业发债融资；强化股票、新三板、区域性股权市场等服务科技创新功能；打造科技金融生态圈，为科技型企业提供"天使投资—创业投资—私募股权投资—银行贷款—资本市场融资"的多元化接力式金融服务。

第二节 科技部门

一 科技企业认定

金融机构支持科技创新时通常要看一家企业是否为科技企业，如高新技术企业、专精特新企业等。因此，对科技企业进行准确认定是提高金融支持创新效率的前提。如果认定范围过于宽泛，会导致资金流向那些并未真正从事科技创新的企业；反过来，如果认定范围过于狭窄，则会使得那些真正从事科技创新的企业无法得到有效的金融支持。本节将对与主要类型科技企业认定有关的政策进行梳理，包括科技型中小企业、优质中小企业、高新技术企业、技术创新示范企业、制造业单项冠军企业等。

（一）科技型中小企业

2017年5月，科技部等三部委联合出台《科技型中小企业评价办法》，对科技型中小企业的界定和评价标准进行了规定。根据该办法，科技型中小企业是指依托一定数量的科技人员从事科学技术研究开发活动，取得自主知识产权并将其转化为高新技术产品或服务，从而实现可持续发展的中小企业。在认定标准上，科技型中小企业须同时满足以下条件：（1）在中国境内（不包括港、澳、台地区）注册的居民企业；（2）职工总数不超过500人、年销售收入不超过2亿元、资产总额不超过2亿元；（3）企业提供的产品和服务不属于国家规定的禁止、限制和淘汰类；（4）企业在填报上一年及当年内未发生重大安全、重大质量事故和严重环境违法、科研严重失信行为，且企业未列入经营异常名录和严重违法失信企业名单；（5）企业根据科技型中小企业评价指标进行综合评价所得分值不低于60分。该办法还从科技人员、研发投入、科技成果等方面建立了科技型中小企业的评价指标体系。

（二）优质中小企业

为提升中小企业创新能力和专业化水平，工业和信息化部于2022年8月出台《优质中小企业梯度培育管理暂行办法》，提出对不同类型的科技企业实施梯度培育管理，并对不同层次中小企业设置了不同的认定标准。优质中小企业是指在产品、技术、管理、模式等方面创新能力强、专注细分市场、成长性好的中小企业，由创新型中小企业、专精特新中小企业和专精特新"小巨人"企业三个层次组成。其中，认定为创新型中小企业需要评价得分达到60分以上或满足下列条件之一：（1）近三年内获得过国家级、省级科技奖励；（2）获得高新技术企业、国家级技术创新示范企业、知识产权优势企业和知识产权示范企业等荣誉（均为有效期内）；（3）拥有经认定的省部级以上研发机构；（4）近三年内新增股权融资总额（合格机构投资者的实缴额）500万元以上。评价指标包括创新能力、成长性、专业化三类六个指标，满分为100分。专精特新中小企业的认定需同时满足以下四项条件：（1）从事特定细分市场时间达到2年以上。（2）上年度研发费用总额不低于100万元，且占营业收入总额比重不低于3%。（3）上年度营业收入总额在1000万元以上，或上年度营业收入总额在1000万元以下，但近2年新增股权融资总额（合格机构投资者的实缴额）达到2000万元以上。（4）评价得分达到60分以上或满足下列条件之一：①近三年获得过省级科技奖励，并在获奖单位中排名前三，或获得国家级科技奖励，并在获奖单位中排名前五；②近两年研发费用总额均值在1000万元以上；③近两年新增股权融资总额（合格机构投资者的实缴额）6000万元以上；④近三年进入"创客中国"中小企业创新创业大赛全国500强企业组名单。与前两类企业相比，专精特新"小巨人"企业的认定标准更高，需同时满足专、精、特、新、链、品六个方面的指标。具体如下：（1）专业化指标。坚持专业化发展道路，长期专注并深耕于产业链某一环节或某一产品。截至上年末，企业从事特定细分市场时间达到3年以上，主营业务收入总额占营业收入总额比重不低于70%，近2年主营业务收入平均增长率不低于5%。（2）精细化指标。重视并实施长期发展战略，公司治理规范、信誉良好、社会责任感强，生产技术、工艺及产品质量性能国内领先，注重数字化、绿色化发展，在研发设计、生产制造、供应链管理等环节，至少1项核心业务采用信息系统支撑。取得相关管理体系认证，或产品通过发达国家和地区产品认证。截至上年末，企业资产负债率不高于70%。（3）特色化指标。技术和产品有自身独特优势，主导产品在全国细分市场占有率达到10%以上，且享有较高知名度和影响力。拥有直接面向市场并具有竞争优势的自主品牌。（4）创新能力指标满足一般性条件或创新直通条件。①一般性条件。需同时满足以下三项：第一，上年度营业收入总额在1亿元以上的企业，近2年研发费用总额占营业收入总额比重均不低于3%；上年度营业收入总额在5000万元至1亿元的企业，近2年研发费用总额占营业收入总额比重均不低于6%；上年度营业收入总额在5000万元以下的企业，同时满足近2年新增股权融资总额8000万元以上，且研发费用总额3000万元以上、研发人员占企业职工总数比重50%以上。第二，自建或与高等院校、科研机构联合建立研发机构，设立技术研究院、企业技术中心、企业工程中心、院士专家工作站、博士后工作站等。第三，拥有 2 项以上与主导产品相关的 I 类知识产权，且实际应用并已产生经济效益。②创新直通条件。满足以下一项即可：第一，近三年获得国家级科技奖励，并在获奖单位中排名前三；第二，近三年进入"创客中国"中小企业创新创业大赛全国 50 强企业组名单。(5) 产业链配套指标。位于产业链关键环节，围绕重点产业链实现关键基础技术和产品的产业化应用，发挥"补短板""锻长板""填空白"等重要作用。(6) 主导产品所属领域指标。主导产品原则上属于以下重点领域：从事细分产品市场属于制造业核心基础零部件、元器件、关键软件、先进基础工艺、关键基础材料和产业技术基础；或符合制造强国战略十大重点产业领域；或属于网络强国建设的信息基础设施、关键核心技术、网络安全、数据安全领域等产品。截至 2024 年上半年，我国已累计培育专精特新中小企业超过 14 万家，其中专精特新"小巨人"企业达到 1.2 万家（唐诗凝和王雨萧，2024）。

（三）高新技术企业

2016 年 1 月，科技部等三部委联合出台《高新技术企业认定管理办法》。根据该办法，高新技术企业是指在《国家重点支持的高新技术领域》内，持续进行研究开发与技术成果转化，形成企业核心自主知识产权，并以此为基础开展经营活动，在中国境内（不包括港、澳、台地区）注册的居民企业。其中，认定为高新技术企业须同时满足以下条件：(1) 企业申请认定时须注册成立一年以上。(2) 企业通过自主研发、受让、受赠、并购等方式，获得对其主要产品（服务）在技术上发挥核心支持作用的知识产权的所有权。(3) 对企业主要产品（服务）发挥核心支持作用的技术属于《国家重点支持的高新技术领域》规定的范围。(4) 企业从事研发和相关技术创新活动的科技人员占企业当年职工总数的比例不低于 10%。(5) 企业近三个会计年度的研究开发费用总额占同期销售收入总额的比例符合如下要求：①最近一年销售收入小于 5000 万元（含）的企业，比例不低于 5%；②最近一年销售收入在 5000 万元至 2 亿元（含）的企业，比例不低于 4%；③最近一年销售收入在 2 亿元以上的企业，比例不低于 3%。其中，企业在中国境内发生的研究开发费用总额占全部研究开发费用总额的比例不低于 60%。(6) 近一年高新技术产品（服务）收入占企业同期总收入的比例不低于 60%。(7) 企业创新能力评价应达到相应要求。(8) 企业申请认定前一年内未发生重大安全、重大质量事故或严重环境违法行为。截至 2024 年上半年,我国高新技术企业数量达 46.3 万家(王政、刘温馨,2024)。

(四)技术创新示范企业

根据工业和信息化部、财政部于 2010 年 9 月发布的《技术创新示范企业认定管理办法(试行)》,技术创新示范企业是指工业主要产业中技术创新能力较强、创新业绩显著、具有重要示范和导向作用的企业。技术创新示范企业认定需满足以下条件:(1)具有独立法人资格,财务管理制度健全,会计信用、纳税信用和银行信用良好;(2)在国内建有科研、生产基地且中方拥有控制权;(3)已认定为省级以上企业技术中心的企业;(4)技术创新成果通过实施技术改造,取得了较显著的成效;(5)具有一定的生产经营规模,从业人员 300 人以上,年销售收入 3000 万元以上,资产总额 4000 万元以上。国家技术创新示范企业实行动态管理,每三年复核评价一次。2011—2023 年,通过工信部认定和复核的国家级技术创新示范企业数量分别为 55 家、131 家、211 家、283 家、357 家、425 家、494 家、558 家、608 家、665 家、716 家、778 家、841 家,呈现逐年增长态势。

(五)制造业单项冠军企业

制造业单项冠军企业是指长期专注于制造业特定细分领域,生产技术或工艺水平国际先进,单项产品(生产性服务)市场占有率位居全球前列的企业。2023 年 8 月,工业和信息化部办公厅印发《制造业单项冠军企业认定管理办法》,要求制造业单项冠军企业认定,重点评估企业专业发展、市场竞争、自主创新、经营管理等方面指标。(1)专业发展指标。长期专注并深耕于制造业产业链某一环节或某一产品领域。截至上年末,从事相关领域时间达到 10 年及以上,属于新产品的应达到 5 年及以上;企业发展稳中向好,近 3 年平均主营业务收入须达到 4 亿元及以上;工业和信息化部认定的专精特新"小巨人"企业、国务院国资委认定的创建世界一流专业领军示范企业,优先推荐。(2)市场竞争指标。申请产品(生产性服务)市场占有率位居全球前 3 位;申请产品质量精良,生产技术或制造工艺国际先进,关键性能指标处于国际同类产品领先水平,主导产品能耗达到行业能耗限额标准先进值;重视并实施国际化经营和品牌战略,国际业务收入行业领先,全球资源配置能力强。(3)自主创新指标。重视技术和产品创新,拥有高水平研发机构,研发投入强度达到行业领先水平;拥有核心自主知识产权,国际、国内专利数量行业领先,主导或参与制定国际、国家和行业标准;科技成果转化成效明显，相关知识产权已实际应用并产生经济效益。（4）经营管理指标。经营业绩优秀，主营业务收入或利润行业领先；管理体系系统完善，积极开展管理创新，战略管理、运营管理、风险管理水平高，企业质量管理能力强；企业文化先进，企业家精神和工匠精神作用彰显；高层次人才引育能力强，拥有科技领军人才、高技能人才和高水平创新团队，建有校企合作人才培养载体。（5）加分项指标。参与国家重大创新平台建设，承担国家重大科技项目，编入《先进技术产品转化应用目录》及获得中国先进技术转化应用大赛奖项，主动服务构建国家科技创新体系，拥有国家级人才计划入选者；参与制造业强链补链行动、"卡脖子"技术攻关项目、"科技产业金融一体化"专项，支持大国重器建设，锻长板、补短板、强基础，提高制造业国产化替代率；扩大创新资源开放共享，带动产业链上下游、中小企业融通创新，共同发展。截至2024年，我国已先后培育遴选出8批共1557家制造业单项冠军企业（韩鑫，2024）。

总体上看，现阶段我国在科技企业认定方面已经形成了相对完整的标准体系，呈现"梯次培育"的特点，即基于科技企业的经营特点将其划入不同的类别，并配套相应的支持政策。在评价标准上，更加注重企业的研发费用投入、研发人员占比等指标；与此同时，营业收入、资产规模等指标在不同类型科技企业的认定标准中仍占有较大的权重。

二 创新积分制

除了对不同类型科技企业进行认定，为引导金融机构精准支持科技创新，科技部自2020年起在国家高新区率先以试点形式，探索建立一种基于数据驱动、定量评价、积分赋能、精准支持科技创新发展的新型科技金融政策工具——"创新积分制"。通过客观、可信的企业创新能力评价指标数据及科学、严谨的企业创新积分量化评价结果，引导科技创新资源、财政优惠政策、金融资源、创业投资等各类资源向科技型企业精准聚集。2024年8月，科技部办公厅印发《"创新积分制"工作指引（全国试行版）》，推动"创新积分制"提质扩面和规范实施，评价范围从2020年试点高新区扩展至2024年全国范围内的科技型企业。根据该指引，创新积分核心指标共涵盖3类一级指标和18个二级指标。第一类是技术创新指标，用于衡量企业在创新研发方面的投入以及最终创新结果；第二类是成长经营指标，用于衡量企业长期可持续的成长经营能力；第三类是辅助指标，用于对企业创新能力进行补充评价。"创新积分制"使用的所有数据须均是法定合规数据，由科技部门负责实施。截至 2023 年末，实施"创新积分制"的试点高新区已达 133 家，其中包括 101 家国家高新区和 32 家省级高新区，覆盖全国 25 个省份。2022—2023 年银行为积分企业对接授信超 2000 亿元，提升了企业获得金融产品和服务的便利度。

第三节 货币政策部门

一 科技创新再贷款

与科技创新有关的信贷政策主要着眼于金融供给方。科技创新再贷款是中国人民银行推出的一种再贷款，为金融机构发放符合要求的科技企业贷款提供资金支持。从风险匹配角度看，科技创新再贷款相当于中国人民银行以相对优惠的条件向银行提供资金，为银行支持科技创新提供补偿，有助于提高银行风险偏好。近期，与科技创新有关的再贷款主要包括：

2022 年 4 月，中国人民银行推出科技创新再贷款，支持范围包括高新技术企业、"专精特新"中小企业、国家技术创新示范企业、制造业单项冠军企业等科技企业。额度为 2000 亿元，利率 1.75%，期限 1 年。采取"先贷后借"的直达机制，金融机构向企业发放贷款后，中国人民银行向符合要求的、贷款期限 6 个月及以上的科技企业提供贷款，按本金的 60% 提供资金支持。

2022 年 9 月，中国人民银行设立设备更新改造专项再贷款，专项支持金融机构以不高于 3.2% 的利率向制造业、社会服务领域和中小微企业、个体工商户等设备更新改造提供贷款。设备更新改造专项再贷款额度为 2000 亿元以上，利率 1.75%，期限 1 年，可展期 2 次，每次展期期限 1 年，按照金融机构发放符合要求的贷款本金 100% 提供资金支持。

2024 年 4 月，中国人民银行进一步推出 5000 亿元科技创新和技术改造再贷款，利率 1.75%，期限 1 年，可展期 2 次，每次展期期限 1 年。

需要说明的是，上述再贷款的发放对象包括国家开发银行、政策性银行、国有商业银行、邮政储蓄银行、股份制商业银行等 21 家金融机构，主要均为大型金融机构，不包括其他中小金融机构，覆盖范围相对较窄。

二 科创金融试验区

科创金融试验区为探索金融支持科技创新的新路径提供了试验田，也是国家宏观政策框架在区域层面的具体实践。2021年11月，中国人民银行等八部委联合发布《山东省济南市建设科创金融改革试验区总体方案》，拉开了区域科创金融改革试验的序幕。2022年11月，中国人民银行等八部委联合发布《上海市、南京市、杭州市、合肥市、嘉兴市建设科创金融改革试验区总体方案》，将长三角地区的上海、南京、杭州、合肥和嘉兴纳入科创金融改革试验的范畴。该方案提出通过5年左右时间，将上海市、南京市、杭州市、合肥市、嘉兴市科创金融改革试验区打造成为科创金融合作示范区、产品业务创新集聚区、改革政策先行先试区、金融生态建设样板区、产城深度融合领先区。该方案从金融机构组织体系、金融产品、多层次资本市场、科技赋能、基础建设、金融风险防控等方面推出了一系列创新性政策。2023年5月，中国人民银行等八部委联合发布《北京市中关村国家自主创新示范区建设科创金融改革试验区总体方案》，北京市中关村国家自主创新示范区由此成为第七个科创金融改革试验区。科创金融试验区建设为我国自下而上推动科技金融体制改革积累了宝贵经验。

第四节 金融监管部门

一 资本市场

资本市场发展滞后是现阶段我国科技金融发展存在的主要短板之一。2023年10月中央金融工作会议后，金融监管部门在资本市场支持科技创新方面出台了一系列针对性政策。

2024年4月，《中国证监会关于资本市场服务科技企业高水平发展的十六项措施》发布，从上市融资、并购重组、债券发行、私募投资等领域提出支持举措。主要包括：一是建立融资"绿色通道"。加强与有关部门政策协同，精准识别科技型企业，健全"绿色通道"机制，优先支持突破关键核心技术的科技型企业在资本市场融资。二是支持科技型企业股权融资。统筹发挥各板块功能，支持科技型企业首发上市、再融资、并购重组和境外上市，引导私募股权创投基金投向科技创新领域。完善科技型企业股权激励的方式、对象和实施程序。三是加强债券市场的精准支持。推动科技创新公司债券高质量发展，重点支持高新技术和战略性新兴产业企业债券融资，鼓励政策性机构和市场机构为民营科技型企业发行科创债券融资提供增信支持。四是完善支持科技创新的配套制度。加大金融产品创新力度，督促证券公司提升服务科技创新能力。践行"开门搞审核"理念，优化科技型企业服务机制。

科创板是主要服务于科技创新型企业的市场板块。2024年6月，中国证监会发布《关于深化科创板改革　服务科技创新和新质生产力发展的八条措施》，就进一步发挥科创板在服务科技创新中的作用出台了针对性措施。主要包括：一是强化科创板"硬科技"定位。严把入口关，坚决执行科创属性评价标准，优先支持新产业新业态新技术领域突破关键核心技术的"硬科技"企业在科创板上市，支持具有关键核心技术、市场潜力大、科创属性突出的优质未盈利科技型企业在科创板上市。二是开展深化发行承销制度试点。优化新股发行定价机制，在科创板试点调整适用新股定价高价剔除比例。三是优化科创板上市公司股债融资制度。建立健全开展关键核心技术攻关的"硬科技"企业股债融资、并购重组"绿色通道"。探索建立"轻资产、高研发投入"认定标准，支持再融资募集资金用于研发投入。四是支持并购重组。支持科创板上市公司开展产业链上下游的并购整合，提升产业协同效应。五是完善股权激励制度。鼓励科创板上市公司积极使用股权激励，与投资者更好地实现利益绑定。六是完善交易机制，防范市场风险，促进科创板平稳运行。七是加强科创板上市公司全链条监管。从严打击科创板欺诈发行、财务造假等市场乱象，压实发行人及中介机构责任，更加有效地保护中小投资者合法权益。严格执行退市制度。八是积极营造良好的市场生态。

2025年2月，中国证监会发布《关于资本市场做好金融"五篇大文章"的实施意见》。在科技金融方面，提出要加强对科技型企业全链条全生命周期的金融服务。具体包括以下措施：一是支持优质科技型企业发行上市。提升对新产业新业态新技术的包容性，加大对新一代信息技术、人工智能、航空航天、新能源、新材料、高端装备、生物医药、量子科技等战略性产业支持力度；持续支持优质未盈利科技型企业发行上市；引导科技型企业合理用好境内外上市"两个市场、两种资源"，支持境外上市优质科技型企业回归A股。二是优化科技型上市公司并购重组、股权激励等制度。鼓励科技型企业开展同行业上下游产业并购，支持上市公司围绕产业转型升级、寻找第二增长曲线开展并购重组；支持上市公司收购有助于强链补链、提升关键技术水平的优质未盈利资产；支持科技型企业合理开展跨境并购。三是引导私募股权创投基金投早、投小、投长期、投硬科技。畅通私募股权创投基金多元化退出渠道，促进"募投管退"良性循环。优化私募股权创投基金退出"反向挂钩"政策；多渠道拓宽私募股权创投基金资金来源，更大力度吸引社会资本参与，积极发展耐心资本。四是加大多层次债券市场对科技创新的支持力度。推动科技创新公司债券高质量发展，探索知识产权资产证券化业务；支持人工智能、数据中心、智慧城市等新型基础设施以及科技创新产业园区等领域项目发行不动产投资信托基金（REITs）。

二 银行保险业

作为我国金融体系的主体，提高银行业以及保险业支持科技创新的效率是近年来政策的一个重要着力点。

2021年11月，中国银保监会印发《关于银行业保险业支持高水平科技自立自强的指导意见》，就银行业保险业支持高水平科技自立自强提出了16条意见。具体来看，在金融服务体系方面，积极发挥开发性、政策性金融作用；推动商业银行科技金融服务提质增效，积极支持高新技术企业、"专精特新"中小企业等创新发展，保持高技术制造业中长期贷款合理增长，加大科技型中小企业知识产权质押融资、信用贷款、首贷和续贷投放力度；强化科技保险保障作用，发挥非银行金融机构特色优势。在金融产品和服务方面，探索科技信贷服务新模式，探索"贷款+外部直投"等业务新模式，推动在科技企业生命周期中前移金融服务，规范开展保单质押融资、供应链融资等业务；支持商业银行具有投资功能的子公司、保险机构、信托公司等出资创业投资基金、政府产业投资基金等，为科技企业发展提供股权融资。在提升内部管理水平方面，完善专业机构体系，鼓励银行机构在科技资源集聚的地区设立科技金融专营机构和科技支行，适当下放授信审批和产品创新权限，鼓励保险机构设立科技金融事业部或专营部门；改进专门考核机制，鼓励适当提高科技企业贷款不良容忍度，小微型科技企业不良贷款容忍度可较各项贷款不良率提高不超过3个百分点。在推动外部生态建设方面，健全风险分担补偿机制，鼓励银行机构与保险机构、融资担保机构加强合作，强化科技金融风险分担和补偿；完善知识产权融资服务体系,支持扩大银行在线代办专利质押登记试点地区范围,优化知识产权质押登记服务;建立科技企业信息共享机制,支持地方政府建设科技企业信息平台,共享工商、社保、知识产权、税务、海关、水电等信息,通过搭建科技成果转移转化项目数据库等,缓解银行保险机构与科技企业之间的信息不对称。

2024年1月,国家金融监督管理总局出台《关于加强科技型企业全生命周期金融服务的通知》,推动银行业保险业进一步加强科技型企业全生命周期金融服务。从持续深化科技金融组织管理机制建设、形成科技型企业全生命周期金融服务、扎实做好金融风险防控、加强组织保障和政策协同四个方面提出了15条举措。比如,在专营机构建设方面,鼓励银行保险机构在科技资源集聚的地区,规范建设科技金融专业或特色分支机构,专注做好科技型企业金融服务;适当下放业务审批权限,建立差别化的审批流程。在管理考核方面,支持银行机构单列科技型企业贷款规模,调整优化经济资本占用系数;探索较长周期绩效考核方案,实施差异化激励考核,切实提高科技金融相关指标在机构内部绩效考核中的占比;优化科技金融业务尽职免责机制,研究建立尽职免责负面清单,完善免责认定标准和流程;小微型科技企业不良贷款容忍度可较各项贷款不良率提高不超过3个百分点。在全生命周期金融服务方面,对于初创期科技企业,鼓励银行机构在防控风险的基础上加大信用贷款投放力度,综合运用企业创新积分等多方信息,开发风险分担与补偿类贷款,努力提升科技型企业"首贷率",引导保险资金投资科技型企业和面向科技型企业的创业投资基金、股权投资基金等,推动更多资金投早、投小、投科技;对于成长期科技企业,拓宽抵质押担保范围,加快发展知识产权质押融资,探索基于技术交易合同的融资服务模式,规范发展供应链金融,依托产业链核心科技型企业;对于成熟期科技企业,鼓励通过并购贷款支持企业市场化兼并重组,支持保险机构通过共保体、大型商业保险和统括保单等形式,提供综合性保险解决方案。

2024年5月,国家金融监督管理总局出台《关于银行业保险业做好金融"五篇大文章"的指导意见》。在科技金融方面,提出要聚焦卡点堵点提升科技金融质效。鼓励有条件的地区和银行保险机构结合科技型企业发展规律和特点先行先试,为科技型企业提供全生命周期金融服务;加强与外部投资机构合作,规范开展"贷款+外部直投"等业务;探索推进知识产权金融服务；优化首台（套）重大技术装备、重点新材料首批次应用、软件首版次安全保险运行机制。

长期资金是耐心资本的重要来源，与支持科技创新直接相关。2024年9月，中央金融办、中国证监会联合印发《关于推动中长期资金入市的指导意见》，主要举措包括：一是建设培育鼓励长期投资的资本市场生态。鼓励具备条件的上市公司回购增持，严厉打击资本市场各类违法行为，完善适配长期投资的资本市场基础制度。二是大力发展权益类公募基金，支持私募证券投资基金稳健发展。引导基金公司从规模导向向投资者回报导向转变。三是着力完善各类中长期资金入市配套政策制度。建立健全商业保险资金、各类养老金等中长期资金的三年以上长周期考核机制；培育壮大保险资金等耐心资本，打通影响保险资金长期投资的制度障碍，督促指导国有保险公司优化长周期考核机制。2025年1月，中央金融办等六部门联合印发《关于推动中长期资金入市工作的实施方案》，从五个方面进行了部署：一是提升商业保险资金A股投资比例与稳定性，对国有保险公司经营绩效全面实行三年以上的长周期考核，净资产收益率当年度考核权重不高于30%，三至五年周期指标权重不低于60%。二是优化全国社会保障基金、基本养老保险基金投资管理机制。细化明确全国社会保障基金五年以上、基本养老保险基金投资运营三年以上长周期业绩考核机制，支持全国社会保障基金理事会充分发挥专业投资优势。三是提高企（职）业年金基金市场化投资运作水平。加快出台企（职）业年金基金三年以上长周期业绩考核指导意见，逐步扩大企业年金覆盖范围。四是提高权益类基金的规模和占比。强化分类监管评价约束，引导督促公募基金管理人稳步提高权益类基金的规模和占比。五是优化资本市场投资生态。引导上市公司加大股份回购力度，落实一年多次分红政策。推动上市公司加大股份回购增持再贷款工具的运用。进一步扩大证券基金保险公司互换便利操作规模。

总体上看，不同时期的政策主线较为接近，但侧重点有所不同。比如，近期的政策特别强调要为科技型企业提供全生命周期金融服务、发展耐心资本、优化科技金融业务尽职免责机制等。

第五节 财税部门

一 财政补贴

财政补贴是财政支持政策的主要形式之一。从实践来看，与金融支持创新有关的财政政策主要包括两大类：一类是针对金融机构的补贴政策，对金融机构向科技企业发放的贷款提供贴息；另一类是针对企业的补贴政策，为企业在科技创新领域的投资提供补贴。

在对金融机构的贴息方面，2024年3月，国务院印发《推动大规模设备更新和消费品以旧换新行动方案》。为落实这一方案，2024年6月，财政部等四部委联合印发《关于实施设备更新贷款财政贴息政策的通知》，对于经营主体按照要求实施设备更新行动，纳入相关部门确定的备选项目清单，且银行向其发放的贷款获得中国人民银行设备更新相关再贷款支持的，中央财政对经营主体的银行贷款给予贴息，贴息比例为1个百分点。按照相关贷款资金划付供应商账户之日起予以贴息，贴息期限不超过2年。中央财政给予贴息的设备更新贷款经办银行为21家全国性银行。

在对企业提供补贴方面，2024年7月，国家发展改革委和财政部联合印发《关于加力支持大规模设备更新和消费品以旧换新的若干措施》，统筹安排3000亿元左右超长期特别国债资金，加力支持大规模设备更新和消费品以旧换新，具体以财政补贴的方式进行发放。

二 税收优惠

税收优惠有助于增强科技企业的抗风险能力，降低金融需求方的风险。研发费用是科技企业的一项主要支出。研发费用加计扣除是按照税法规定在开发新技术、新产品、新工艺发生的研究开发费用的实际发生额基础上，加成一定比例，作为计算应纳税所得额时的扣除数额的一种税收优惠政策。换言之，通过实施研发费用加计扣除能够帮助科技企业抵减更多的税收，降低税负。因此，提高研发费用加计扣除比例有助于降低科技企业经营成本，提高科技企业抵抗风险能力。

我国的研发费用加计扣除政策始于2007年12月国务院颁布的《中华人民共和国企业所得税法实施条例》，并在之后不断优化完善。该条例第九十五条规定，对于企业为开发新技术、新产品、新工艺发生的研发费用，未形成无形资产计入当期损益的，在按照规定据实扣除的基础上，按照研究开发费用的50%加计扣除；形成无形资产的，按照无形资产成本的150%摊销。2015年11月，财政部、国家税务总局、科技部联合发布《关于完善研究开发费用税前加计扣除政策的通知》，放宽了享受优惠的企业研发活动及研发费用范围，细化了研发费用加计扣除政策口径及管理要求。2017年5月，为进一步鼓励科技型中小企业加大研发费用投入，财政部、税务总局、科技部联合印发了《关于提高科技型中小企业研究开发费用税前加计扣除比例的通知》，将科技型中小企业享受研发费用加计扣除比例由50%提高到75%。2018年9月，国务院印发《关于推动创新创业高质量发展打造"双创"升级版的意见》，将企业研发费用加计扣除比例提高到75%的政策由科技型中小企业扩大至所有企业。同月，财政部、税务总局、科技部发布《关于提高研究开发费用税前加计扣除比例的通知》，明确对于企业开展研发活动中实际发生的研发费用均适用于税前加计扣除政策。2022年3月，财政部、税务总局、科技部印发《关于进一步提高科技型中小企业研发费用税前加计扣除比例的公告》，对于科技型中小企业开展研发活动中实际发生的研发费用，未形成无形资产计入当期损益的，在按规定据实扣除的基础上，自2022年1月1日起，再按照实际发生额的100%在税前加计扣除；形成无形资产的，自2022年1月1日起，按照无形资产成本的200%在税前摊销。总体上看，通过扩大研发费用加计扣除政策覆盖范围并提高研发费用加计扣除比例，科技企业从这一政策中受益程度也在不断提高，在降低科技企业风险方面发挥的作用不断增强。

第六节　小结

总体上看，我国科技金融发展政策演进呈现以下四方面特点。一是已经初步构建了科技金融发展政策体系。既包括国家层面的顶层设计，也包括部门层面的专项支持政策，基本上覆盖了科技金融发展的各个方面。二是政策具有较好的连续性和一致性。比如，发展资本市场、风险投资等始终是政策强调的重点。三是不同时期政策的着力点有所差异，政策的精准性不断提升。比如，在债券市场发展方面，近期的政策更加强调对高新技术和战略性新兴产业企业债券融资的支持。此外，近期的政策也更加强调加强对科技企业全生命周期的金融支持。四是政策的着力点仍然是促进科技金融供求双方的风险匹配。比如，在科技企业认定方面，政府部门通过把符合条件的企业认定为科技企业，为科技企业通过金融体系融资建立必要的准入门槛，帮助金融机构更好地识别科技企业的风险状况，降低信息不对称；在信贷政策方面，通过为金融机构支持科技企业提供条件优惠的再贷款支持，提高金融机构的积极性和风险偏好，增加金融机构支持科技企业的意愿；在监管政策方面，通过提高金融机构的风险容忍度增加其风险偏好；在财税政策方面，通过为科技企业提供财政补贴或税收优惠，降低科技企业经营风险，提高其风险抵抗能力。

第四章 科技金融需求

准确分析科技企业金融需求特征是优化科技金融供给、提高科技金融发展效率的前提。本章将基于我国上市公司数据，将科技企业与其他企业进行对比，分析其金融需求特征，讨论企业风险因素对其金融需求的影响，为从供给端优化科技金融供给提供依据。特别是以专精特新企业为切入点，分析总结发展新质生产力的金融需求特点。需要说明的是，受数据限制，本章分析基于的是科技企业实际融资数据，反映的是金融供给与金融需求达到均衡的一个结果，与真正意义上的科技金融需求还存在一些差别。尽管如此，通过对不同板块上市企业特别是专精特新企业的分析，我们仍然能够在一定程度上归纳总结出科技金融需求的一般性特征。

第一节 基于不同板块的分析

经过多年发展，我国已经初步建立了由主板[①]、中小板、创业板、科创板、新三板组成的多层次资本市场体系，为科技企业通过资本市场融资提供了多种选择。需要说明的是，中小板自2004年推出之后，经过近17年的运行，于2021年与深圳主板合并。由于主板与中小板在服务对象上存在一定差异，本章在分析中仍然基于股票代码对主板与中小板上市企业进行区分。与主板相比，创业板、科创板、新三板等板块对上市[②]企业的要求相对较低，

[①] 本章所讨论的主板不包括中小板（也称中小企业板），而是将主板与中小板区分开来，对二者分别进行讨论。

[②] 根据《中华人民共和国证券法》，上市公司需满足两个条件：一是股票在证券交易所上市交易；二是完成IPO公开发行程序。而新三板（全国中小企业股份转让系统）被界定为"其他全国性证券交易场所"，并非证券交易所，因此其挂牌企业不属于法律定义的上市公司。为简化表述，本书将在新三板挂牌也称为上市。

能够更好地匹配科技企业规模小、轻资产等特点。近年来，科技企业通过资本市场进行融资的数量和规模明显上升，特别是很多科技企业通过中小板、创业板、科创板、新三板等渠道在资本市场上市。与主板相比，科技企业在中小板、创业板、科创板、新三板等板块上市相对更为集中。本部分将基于上市公司数据，对在不同板块上市的企业基本情况和融资特点进行分析，在此基础上对科技企业的金融需求特点进行分析和总结。剔除缺失值，本部分分析所包含的主板、中小板、创业板、科创板、新三板上市企业数量分别为2206家、967家、1352家、575家、252家，合计5352家。

一　上市企业基本情况

表4.1基于2023年数据对不同板块上市企业基本情况进行了比较。其中，主板包括上海和深圳两个交易所市场。表4.1中，上市时企业年龄表示企业从成立到上市时所经历的时间，其他指标均为2023年数据。考虑到均值指标受异常值影响较大，而中位数指标受异常值影响则比较小，除专精特新企业和高新技术企业占比指标以均值来衡量以外，其他指标均以中位数来衡量。

表4.1　　　　不同板块上市企业基本情况（2023年）

变量	主板	中小板	创业板	科创板	新三板
上市时企业年龄（年）	7.37	11.49	13.57	14.30	18.05
资产规模的自然对数（元）	22.69	22.33	21.59	21.64	20.31
净利润的自然对数（元）	19.53	19.13	18.36	18.54	17.56
资产收益率（%）	2.80	2.25	3.03	2.97	6.13
净资产收益率（%）	5.90	4.83	4.49	4.15	8.64
营业收入增速（%）	2.59	1.93	3.03	8.26	3.75
固定资产在总资产中的占比（%）	18.49	18.18	14.66	11.93	15.28
无形资产在总资产中的占比（%）	3.04	3.19	2.76	2.11	2.95
研发费用占净利润的比重（%）	24.40	36.93	42.15	53.67	39.57
研发费用增速（%）	6.86	3.20	7.31	15.73	11.41
专精特新企业占比（%）	20.26	26.47	31.80	45.74	40.87
高新技术企业占比（%）	11.42	18.61	22.93	9.04	14.68

注：专精特新企业占比和高新技术企业占比指标为均值，其他均为中位数。

从表4.1可以看到，截至2023年，在主板、中小板、创业板、科创板、新三板上市的专精特新企业占比分别为20.26%、26.47%、31.80%、45.74%、40.87%。比较可以发现，在主板上市的专精特新企业占比要明显低于其他板块。其中，在科创板上市的专精特新企业占比最高，达到45.74%，是主板的两倍以上；除此之外，在新三板上市的专精特新企业占比也比较高，达到40.87%。从高新技术企业占比来看，情况略有不同。截至2023年，在主板、中小板、创业板、科创板、新三板上市的高新技术企业占比分别为11.42%、18.61%、22.93%、9.04%、14.68%。可以看到，占比最高的是创业板，达到22.93%；其次为中小板，为18.61%。二者均明显高于主板。比较可以看到，专精特新企业相对更多地集中于科创板和新三板，而高新技术企业相对更多地集中于创业板和中小板。之所以存在这种差别，可能与两类企业的认定标准以及不同板块的导向差异有关。总体上看，以中小板、创业板、科创板、新三板等为代表的多层次资本市场体系的建立为包括专精特新企业、高新技术企业等在内的科技企业通过资本市场进行融资提供了通道，在提高金融支持科技创新效率方面发挥了积极作用。

从上市企业的经营指标来看，主板、中小板、创业板、科创板、新三板上市企业上市时年龄的中位数分别为7.37年、11.49年、13.57年、14.30年、18.05年。可以看到，主板上市企业上市时年龄的中位数最低，仅为7.37年。之所以出现这种情况，可能与主板上市的企业中包含了数量较多的通过改制上市的国企有关。尽管这些企业通常成立时间较长，但改制时间则要晚一些。在这种情况下，基于改制时间计算的上市时年龄就会短一些。值得注意的是，在新三板上市企业上市时平均年龄中位数反而最高，达到18.05年；其次为科创板，达到14.30年。这在一定程度上说明，科创板、新三板等板块对拟上市企业经营年限的要求仍比较高。虽然没有设置明确的年限门槛，但那些成立时间较短的企业通常很难达到上市标准而被排除在资本市场之外。

从经营规模来看，截至2023年，主板、中小板、创业板、科创板、新三板上市企业资产规模自然对数中位数分别为22.69元、22.33元、21.59元、21.64元、20.31元，净利润自然对数中位数分别为19.53元、19.13元、18.36元、18.54元、17.56元。可以看到，主板上市企业的平均经营规模明显高于其他板块，新三板最低。这一结果表明，相对于主板、科创板、新三板等板块的设立为那些经营规模较小的企业通过资本市场融资提供了便利。另外，从经营规模的绝对值来看，新三板上市企业2023年资产规模的中位数为 6.61 亿元（$\approx e^{20.31}$），净利润的中位数为0.42 亿元（$\approx e^{17.56}$），尽管要低于其他板块，但新三板上市企业的经营规模总体上并不低，即多数在新三板上市的企业仍然规模相对较大。创业板的情况与此类似。这一结果表明，我国资本市场在支持那些规模相对较小企业上市融资方面仍有较大的提升空间。

从盈利能力来看，截至 2023 年，主板、中小板、创业板、科创板、新三板上市企业资产收益率中位数分别为 2.80%、2.25%、3.03%、2.97%、6.13%，净资产收益率中位数分别为 5.90%、4.83%、4.49%、4.15%、8.64%。可以看到，新三板上市企业盈利能力最强，2023 年无论是资产收益率还是净资产收益率的中位数都要高于其他板块。除新三板以外，其他板块上市企业在盈利能力方面差异并不明显。这一结果表明，新三板上市公司总体上具有较强的盈利能力。

从成长性来看，2023 年，主板、中小板、创业板、科创板、新三板上市企业营业收入增速中位数分别为 2.59%、1.93%、3.03%、8.26%、3.75%，中小板最低，科创板最高，主板排在第四位。除中小板外，创业板、科创板、新三板上市企业营业收入增速总体上均要高于主板，反映出这些板块上市公司具有较高的成长性。

从资产构成情况看，截至 2023 年，主板、中小板、创业板、科创板、新三板上市企业固定资产在总资产中的占比中位数分别为 18.49%、18.18%、14.66%、11.93%、15.28%，主板上市企业最高，科创板最低，后者比前者要低 6.56 个百分点。比较可以看到，主板上市企业固定资产在总资产中的占比总体上要高于其他板块。这一结果意味着，与主板相比，其他板块上市企业表现出更为明显的轻资产特征，固定资产占比相对较低。固定资产是企业在融资过程中所拥有的主要抵押资产来源，上述结果也意味着，与主板相比，其他板块上市企业可以用于抵押的固定资产相对偏少，抵押能力偏低，进而对其融资能力产生制约。另外，截至 2023 年，主板、中小板、创业板、科创板、新三板上市企业无形资产在总资产中的占比中位数分别为 3.04%、3.19%、2.76%、2.11%、2.95%，中小板上市企业最高，科创板最低。之所以出现这种情况，可能与现阶段我国无形资产估值和确权市场发展不成熟有关。在这种情况下，尽管科技企业拥有大量无形资产，但是并未经过有效的估值和确权，无法充分体现在财务报表之中。

从研发费用情况来看，2023年主板、中小板、创业板、科创板、新三板上市企业研发费用占净利润的比重中位数分别为24.40%、36.93%、42.15%、53.67%、39.57%，研发费用增速中位数分别为6.86%、3.20%、7.31%、15.73%、11.41%。可以看到，中小板、创业板、科创板、新三板上市企业在研发投入方面与主板上市企业相比相对更高，创业板、科创板、新三板上市企业研发费用增速也要比主板上市企业更快。特别是，2023年新三板上市企业研发费用占净利润的比重达到39.57%，意味着净利润中有超过三分之一的份额被用于研发支出，且研发费用增速超过10%，反映出这些企业在研发方面的投入力度非常大，表现出较强的创新属性。

总体上，与主板相比，以中小板、创业板、科创板、新三板等为代表的其他多层次资本市场体系的建立为那些资产规模较小、创新能力较强的科技企业通过资本市场融资提供了便利。尽管如此，新三板等其他板块上市的企业经营规模总体上还比较高，盈利能力也比较强。这一方面说明这些企业具有较好的成长性，另一方面也说明现阶段资本市场上市门槛仍然比较高，能够通过资本市场上市融资的企业以资产规模大、盈利能力强的优质企业居多，那些资产规模较小、盈利能力较弱的企业仍然被排除在资本市场之外。

二 不同板块企业融资特点

在对不同板块上市企业基本情况进行分析基础上，本部分将进一步分析不同板块上市企业融资特点。结合数据可得性，本部分主要对上市企业的债务融资情况进行分析，特别是上市企业的债务期限结构以及不同类型债务的构成情况，包括银行借款、商业信用等。其中，商业信用用应付账款、应付票据和预收账款三者之和来表示，反映的是企业在商品交易中由于延期付款或预收货款所形成的企业间的借贷关系，即企业对其他企业的资金占用情况；净商业信用为应付账款、应付票据、预收账款三者之和减去应收账款、应收票据、预付账款三者之和，反映的是企业对其他企业的资金占用扣除其他企业对该企业的资金占用，即企业对其他企业的净资金占用。具体结果如表4.2所示。

表4.2　　　　　　　不同板块上市企业融资特点（2023年）　　　　　　单位：%

变量	主板	中小板	创业板	科创板	新三板
资产负债率	47.59	43.16	31.99	23.58	28.36
流动负债在负债中的占比	80.64	84.09	86.45	85.52	91.68
借款在负债中的占比	21.72	23.22	16.77	13.12	16.50
借款在资产中的占比	9.56	9.45	5.10	2.71	4.24
短期借款在负债中的占比	7.41	11.80	8.38	5.09	10.45
短期借款在资产中的占比	3.33	4.70	2.76	1.06	3.30
商业信用在负债中的占比	27.56	30.84	36.18	34.73	42.49
净商业信用在负债中的占比	0.64	-2.43	-14.49	-18.34	-26.50
债务融资成本	5.16	5.23	4.87	3.87	4.26

注：各指标均为样本中位数。

从表4.2可以看到，截至2023年，主板、中小板、创业板、科创板、新三板上市企业资产负债率中位数分别为47.59%、43.16%、31.99%、23.58%、28.36%。其中，资产负债率为上市企业期末总负债除以总资产。总体上看，各板块上市企业负债率并不高，中位数均未超过50%，债务风险保持在较低水平。比较可以看到，主板上市企业的负债率要明显高于其他板块，特别是科创板，其中位数比主板上市企业要低24.01个百分点。之所以出现这种结果，很大程度上与新三板债务融资能力相对较低有关。如前文所述，与主板相比，中小板、创业板、科创板、新三板等其他板块上市企业可以用于抵押的固定资产相对偏少，债务融资能力受到限制，这是导致上述板块中上市企业负债率偏低的一个直接原因。这一结果进一步证明，对于包括科技企业在内的那些缺乏有效抵押物的企业来说，债务融资并非其最适合的融资方式。债务融资与权益融资是一个硬币的两个面。上述结果意味着，与主板相比，中小板、创业板、科创板、新三板等其他板块上市企业权益在总资产中占比要明显高一些，说明这些企业对权益融资的依赖程度更高。

从负债期限结构来看，截至2023年，主板、中小板、创业板、科创板、新三板上市企业流动负债在负债中的占比分别为80.64%、84.09%、86.45%、85.52%、91.68%，主板最低，新三板最高，后者比前者高11.04个百分点。其中，流动负债在负债中的占比为上市企业期末流动负债余额除以负债总额。可以看到，主板上市企业流动负债在负债中的占比要明显低于其他板块。这一结果表明，与主板相比，其他板块上市企业负债结构更加短期化。对于上市企业而言，获得长期资金支持意味着企业可以在相对较长的时期内统筹使用资金，从而有助于企业更好地安排其生产经营计划，对企业生产经营更加有利；相反，负债结构的短期化则意味着企业获得长期资金支持的难度较大，对企业的生产经营活动可能会产生一些不利影响。从这个角度看，中小板、创业板、科创板、新三板等板块与主板相比在负债融资上的劣势不仅体现在相对较低的负债率上，还体现在更加短期化的负债结构上。

  进一步，分析不同板块上市企业不同类型负债的构成是否存在差异。银行是我国金融体系的主体，信贷资金是我国企业最主要的外部资金来源。结合数据可得性，这一部分主要对银行借款在上市企业负债中的构成情况进行分析。截至2023年，主板、中小板、创业板、科创板、新三板上市企业借款在负债中的占比中位数分别为21.72%、23.22%、16.77%、13.12%、16.50%，借款在资产中的占比中位数分别为9.56%、9.45%、5.10%、2.71%、4.24%。其中，借款在负债中的占比和借款在资产中的占比分别为上市企业期末银行借款余额除以总负债和总资产，银行借款为短期银行借款和长期银行借款之和。可以看到，两个指标所反映出的特征基本一致。具体地，主板上市企业借款在负债或资产中的占比总体上要高于其他板块[①]。特别是科创板，该板块上市企业借款在负债中的占比中位数要比主板低8.60个百分点，借款在资产中的占比中位数要比主板低6.85个百分点。借款在负债或资产中的占比较高意味着上市企业获得银行借款的难度更小。因此，上述结果意味着，中小板、创业板、科创板、新三板等板块上市企业获取银行借款资金的难度总体上要高于主板，说明银行体系对中小板、创业板、科创板、新三板等板块上市企业的支持力度还有待进一步提升。

  表4.2进一步比较了不同板块上市企业在获取不同期限银行借款方面的差异。具体地，截至2023年，主板、中小板、创业板、科创板、新三板上市企业短期借款在负债中的占比中位数分别为7.41%、11.80%、8.38%、5.09%、10.45%，短期借款在资产中的占比中位数分别为

---

① 表4.2中，仅有中小板上市企业借款在负债中占比的中位数略高于主板市场。

3.33%、4.70%、2.76%、1.06%、3.30%。值得注意的是，尽管主板上市企业借款在负债或资产中的占比总体上要高于其他板块，但短期借款在负债或资产中的占比却并未明显高于其他板块。主板上市企业短期借款在负债中的占比反而要低于中小板、创业板、新三板，短期借款在资产中的占比反而要低于中小板。这说明，与主板相比，中小板等其他板块企业不仅获得银行借款支持的难度会更大，而且获取相对更多的是短期借款而非长期借款。与前文的逻辑类似，获取短期借款而非长期借款意味着上市企业需要更加频繁地变更资金使用计划，并相应地调整生产经营计划，因而对上市企业来说是不利的。因此，上述结果从银行借款的期限结构方面进一步说明，中小板等其他板块在债务融资方面相对于主板而言处于更加不利的位置。

除银行借款以外，商业信用是企业在生产经营活动中经常使用的另一种主要债务融资工具。如前文所述，商业信用反映的是企业在商品交易中由于延期付款或预收货款所形成的企业间的借贷关系，即企业对其他企业的资金占用情况。表4.2中分别采用商业信用在负债中的占比和净商业信用在负债中的占比两个指标来反映上市企业对商业信用的使用情况。从商业信用情况看，截至2023年，主板、中小板、创业板、科创板、新三板上市企业商业信用在负债中的占比中位数分别为27.56%、30.84%、36.18%、34.73%、42.49%，主板最低，新三板最高，后者比前者要高14.93个百分点。中小板、创业板、科创板等板块上市企业商业信用在负债中的占比中位数也要高于主板。这一结果表明，与主板相比，中小板、创业板、科创板、新三板等板块上市企业由于缺乏足够的银行信贷资金支持，而更多地依赖商业信用融资，即通过占用上下游客户资金的方式解决自身的融资问题。从净商业信用情况看，截至2023年，主板、中小板、创业板、科创板、新三板上市企业净商业信用在负债中的占比中位数分别为0.64%、-2.43%、-14.49%、-18.34%、-26.50%。一个非常有意思的结果是，不同板块中，只有主板上市企业净商业信用在负债中的占比中位数为正，其他板块均为负。由于上市企业负债一般为正，上述结果等价于只有主板上市企业净商业信用为正，而其他板块上市企业净商业信用均为负。净商业信用为正说明企业对上下游客户资金占用的净额为正，即通过商业信用实现了资金融入；反之，净商业信用为负则说明企业对上下游客户资金占用的净额为负，即企业不仅没有通过商业信用实现对上下游客户的资金占用，反而被上下游客户占用了资金。因此，上面的结果总体表明，2023年，只有主板上市企业通过商业信用实现了资金融入，中小板、创业板、科创板、新三板等其他板块上市企业在生产经营过程中不仅没有通过商业信用实现对上下游客户的资金占用，反而被上下游客户占用了资金。特别是，2023年新三板上市企业净商业信用在负债中的占比中位数达到-26.50%，创业板和科创板上市企业这一比例中位数也分别达到了-14.49%和-18.34%，绝对值非常大，说明创业板、科创板、新三板等板块上市企业在日常生产经营活动中被上下游客户占用了大量资金。之所以出现这种情况，可能的原因在于，在主板以外的其他板块上市的企业中中小企业居多，这些企业资产规模小，在与供应链上下游企业谈判过程中往往处于弱势地位。在这种情况下，这些企业不得不采取让渡商业信用的方式允许上下游客户通过赊账等方式占用资金，以维持稳定的供应链关系。

前文的分析表明，与主板市场相比，中小板、创业板、科创板、新三板等板块上市企业在债务融资总量和期限结构方面均处于劣势。那么，进一步的问题是，不同板块上市企业在债务融资成本方面是否存在系统性差异？针对这一问题，考虑到企业的利息支出主要由银行借款产生，我们以上市企业当年发生的利息支出除以期末银行借款余额来反映其债务融资成本。该指标越大，说明上市企业为使用银行借款而支付的利息支出越多，债务融资成本越高。从表4.2可以看到，2023年主板、中小板、创业板、科创板、新三板上市企业债务融资成本中位数分别为5.16%、5.23%、4.87%、3.87%、4.26%。可以看到，与主板相比，创业板、科创板、新三板等板块上市企业债务融资成本并未明显增多，反而有所减少。之所以出现这种情况，可能有以下两方面原因：一方面，近年来国家在降低中小企业融资成本方面出台了针对性政策。在有关政策的扶持下，我国中小企业债务融资成本下降明显，综合融资成本甚至低于在主板上市的规模相对较大的企业；另一方面，前文的分析表明，与其他板块相比，主板上市企业债务期限结构相对更长，更容易得到银行长期信贷资金的支持。资金期限越长，融资成本通常也越高。特别是近年来市场利率总体上呈现下行趋势，主板上市企业由于获得了更多的长期资金支持，相应地，其债务融资成本可能被锁定在相对较高的水平上。

总体上看，与主板相比，科技企业相对集中的中小板、创业板、科创板、新三板等板块上市企业在融资方面主要有以下几方面特点。第一，由于具有轻资产特征，普遍缺乏有效的抵质押物，这些企业债务融资能力相对较低，整体负债率较低，对权益融资的依赖程度更高。第二，债务构成中流动负债占比相对较高，这些企业相对缺少中长期资金支持，债务资金的稳定性相对较差，不利于企业在较长的时间内统筹安排资金使用。第三，银行借款在债务构成中的占比相对较低，说明这些企业获得银行信贷资金支持的难度还比较高。特别是，在获得的银行借款中，短期借款占比相对较高，获得长期借款的难度尤其大。第四，由于获取银行借款的难度相对较大，这些企业更多地使用商业信用进行融资，即通过对上下游客户的资金占用实现资金融通。不过，如果从净商业信用来看，这些企业在占用上下游客户资金的同时，也被上下游客户占用了大量资金，平均来看后者反而要高于前者，净商业信用处于为负的状态，说明这些企业在供应链中处于相对弱势的地位。第五，得益于国家政策的支持以及其他多种因素，这些企业的债务融资成本能够保持在相对较低水平。

第二节　基于新质生产力视角的分析

前文讨论了资本市场不同板块上市企业的基本情况及其融资特点，对主板与科技企业相对集中的中小板、创业板、科创板、新三板等其他板块上市企业融资特点的差异进行了比较。本节中，我们将结合发展新质生产力的要求从行业或企业层面进一步分析科技金融的需求特征。自2023年9月习近平总书记在黑龙江考察调研期间首次提出"新质生产力"以来，发展新质生产力迅速得到了理论界和实务界的广泛关注。党的二十届三中全会把"健全因地制宜发展新质生产力体制机制""加快形成同新质生产力更相适应的生产关系，促进各类先进生产要素向发展新质生产力集聚"作为重要的改革任务。发展新质生产力既包括发展战略性新兴产业和未来产业，也包括推动传统产业转型升级。对应到特定行业，专精特新企业与新质生产力的契合度较高，通过分析专精特新企业融资特点有助于我们更好地了解新质生产力的金融需求特征。专精特新企业是指具有专业化、精细化、特色化、新颖化特征的中小企业。本节首先基于上市企业数据对专精特新企业基本情况进行分析，在此基础上，基于上市企业数据归纳总结出专精特新企业的融资特点。剔除缺失值，本部分分析的样本包含1499家专精特新企业和3853家非专精特新企业。

一　专精特新企业基本情况

表4.3基于2023年数据对上市企业中专精特新企业和非专精特新企业的情况进行了比较。与前文类似，除上市时企业年龄数据以外，其他指标均为2023年数据；同时，为减轻异常值的影响，表4.3使用的是样本中位数数据。

表4.3　　　专精特新企业和非专精特新企业基本情况（2023年）

变量	专精特新企业	非专精特新企业
上市时企业年龄（年）	12.70	11.52
资产规模自然对数（元）	22.01	22.04
净利润自然对数（元）	18.80	18.87
资产收益率（%）	3.68	2.54
净资产收益率（%）	6.08	4.88
营业收入增速（%）	4.53	2.31
固定资产在总资产中的占比（%）	16.41	16.37
无形资产在总资产中的占比（%）	2.99	2.82
研发费用占净利润的比重（%）	52.10	28.96
研发费用增速（%）	10.01	6.19

注：各指标均为样本中位数。

从表4.3可以看到，专精特新企业和非专精特新企业上市时企业年龄的中位数分别为12.70年、11.52年，两者相差1.18年，即专精特新企业在上市时的年龄反而要大于非专精特新企业。除前述企业改制导致部分非专精特新企业成立时间较短以外，这一结果也在一定程度上说明，现有资本市场对专精特新企业上市时的年龄仍设置了较高的隐性门槛，那些成立时间较短的专精特新企业通常会被排除在外。

从经营规模来看，截至2023年，上市企业中专精特新企业和非专精特新企业资产规模自然对数中位数分别为22.01元、22.04元，净利润自然对数中位数分别为18.80元、18.87元。比较可以看到，非专精特新企业经营规模指标总体上略高于专精特新企业，但差别并不明显。

从盈利能力来看，2023年上市企业中专精特新企业和非专精特新企业资产收益率中位数分别为 3.68%、2.54%，净资产收益率中位数分别为 6.08%、4.88%。可以看到，专精特新企业盈利能力总体上要好于非专精特新企业，与前文结果一致。这一结果一方面说明专精特新企业本身具有较强的盈利能力和竞争力，另一方面也说明现阶段在资本市场上市的专精特新企业需要达到较高的盈利能力门槛，这一门槛甚至在一定程度上要高于非专精特新企业。

从成长性来看，2023 年上市企业中专精特新企业和非专精特新企业营业收入增长率中位数分别为 4.53%、2.31%，前者比后者高 2.22 个百分点，接近后者的 1 倍。说明专精特新企业成长性要高于非专精特新企业，能够保持营业收入的快速增长。与前文类似，这一结果意味着，专精特新企业在资本市场上市必须具有较高的成长性。

从资产构成情况来看，2023 年上市企业中专精特新企业和非专精特新企业固定资产在总资产中的占比中位数分别为 16.41%、16.37%，两类企业之间的差异并不明显；无形资产在总资产中的占比中位数分别为 2.99%、2.82%，前者略高于后者，说明与非专精特新企业相比，上市的专精特新企业通常拥有更多的无形资产，一定程度上反映了专精特新企业所具有的科技属性。

从研发费用情况来看，2023 年上市企业中专精特新企业和非专精特新企业研发费用占净利润的比重中位数分别为 52.10%、28.96%，前者比后者高 23.14 个百分点；研发费用增速中位数分别为 10.01%、6.19%，前者比后者高 3.82 个百分点。因此，无论是从研发费用投入的总量还是从研发费用的增速来看，专精特新企业都要明显高于非专精特新企业。换言之，专精特新企业不仅在静态研发资金投入方面要超过非专精特新企业，而且能够维持研发费用较高的增速，在研发方面持续加大投入力度。研发费用反映了企业在研发方面的投入和实际开支，是企业获取科技创新能力的重要支撑。上述结果进一步反映了专精特新企业的科技属性。

总体上看，专精特新企业与非专精特新企业相比在主要经营指标上存在一定差异。主要表现在：一是上市时专精特新企业年龄相对更长，一定程度上说明现阶段资本市场对专精特新企业上市时的年龄仍设置了较高的隐性门槛；二是专精特新企业盈利能力总体上要好于非专精特新企业，说明专精特新企业本身具有较强的盈利能力和竞争力；三是专精特新企业成长性相对较高；四是专精特新企业研发费用投入要明显超过非专精特新企业,且能够维持较高增速,科技属性较为突出。

二 专精特新企业融资特点

延续前文的分析思路,这一部分将以上市企业为例,对专精特新企业的融资特点进行分析,并将专精特新企业与非专精特新企业进行对比。同时,基于企业经营年限对不同生命周期下专精特新企业的融资特点进行分析。

(一)总体情况

表4.4对专精特新企业和非专精特新企业融资特点进行了比较,相关指标定义和计算方法同前文。

表4.4　专精特新企业和非专精特新企业融资特点(2023年)　　单位:%

变量	专精特新企业	非专精特新企业
资产负债率	36.90	40.30
流动负债在负债中的占比	85.17	83.51
借款在负债中的占比	20.88	18.74
借款在资产中的占比	6.98	7.07
短期借款在负债中的占比	10.20	7.22
短期借款在资产中的占比	3.51	2.84
商业信用在负债中的占比	36.95	29.71
净商业信用在负债中的占比	-11.72	-1.87
债务融资成本	4.42	5.17

注:各指标均为样本中位数。

从表4.4可以看到,截至2023年,上市企业中专精特新企业资产负债率中位数为36.90%,非专精特新企业资产负债率中位数为40.30%,两类企业资产负债率均保持在较低水平,前者要比后者低3.4个百分点。这一结果意味着,与非专精特新企业相比,专精特新企业对债务融资的依赖程度更低,相应地,对权益融资的依赖程度更高。之所以出现这种情况,可能与专精特新企业本身风险相对较高、债务融资能力偏低有关。这一结果与前文具有一致性。

从负债期限结构来看,截至2023年,专精特新企业和非专精特新企业流动负债在负债中的占比中位数分别为 85.17%、83.51%，前者比后者高 1.66 个百分点。尽管幅度不大，但反映出来的规律与前文的结果具有一致性，即与非专精特新企业相比，专精特新企业获取的债务融资中期限较短的流动负债占比相对较高，而长期负债占比相对较低，说明专精特新企业在获取长期稳定债务资金方面与非专精特新企业相比仍有一定劣势。

从不同类型债务来看，截至 2023 年，专精特新企业和非专精特新企业借款在负债中的占比中位数分别为 20.88%、18.74%，借款在资产中的占比中位数分别为 6.98%、7.07%。两个指标所反映出的趋势略有差异。一方面，专精特新企业借款在负债中的占比中位数高于非专精特新企业；另一方面，专精特新企业借款在资产中的占比中位数又要低于非专精特新企业，且两类企业在上述指标上的差异幅度并不大。这与前文的分析结果略有不同。

从银行借款的期限结构来看，截至 2023 年，专精特新企业和非专精特新企业短期借款在负债中的占比中位数分别为 10.20%、7.22%，前者比后者高 2.98 个百分点；短期借款在资产中的占比中位数分别为 3.51%、2.84%，前者比后者高 0.67 个百分点。可以看到，两个指标反映出来的趋势是一致的，即与非专精特新企业相比，专精特新企业借款构成中短期借款占比相对较高，而长期借款占比则相对较低，说明专精特新企业获得长期借款的难度要更大一些。这与前文分析结果一致。

延续前文的分析思路，进一步分析两类企业商业信用使用情况。截至 2023 年，专精特新企业和非专精特新企业商业信用在负债中的占比中位数分别为 36.95%、29.71%，前者比后者高 7.24 个百分点。如前所述，商业信用反映了企业对上下游企业的资金占用情况。这一结果意味着，与非专精特新企业相比，专精特新企业会更多地占用上下游企业的资金。与前文类似，之所以出现这种情况，可能的原因在于专精特新企业获取传统债务资金的能力相对较低，在这种情况下需要更多地借助商业信用实现资金融通，满足自身资金需求。有意思的是，截至 2023 年，专精特新企业和非专精特新企业净商业信用在负债中的占比中位数分别为 -11.72%、-1.87%，二者都为负，且前者比后者低 9.85 个百分点。净商业信用为负，说明企业在占用上下游企业资金的同时，也被上下游企业占用资金，且后者比前者在数量上要更多一些，即企业总体上处于净商业信用为负的状态。特别是，专精特新企业净商业信用在负债中的占比中位数要比非专精特新企业低9.85个百分点，这意味着与非专精特新企业相比，专精特新企业被上下游企业占用了更多的商业信用。与前文的逻辑一致，这一结果说明，与非专精特新企业相比，专精特新企业在供应链中处于相对弱势的地位。

最后，对两类企业的债务融资成本进行比较。从表4.4可以看到，2023年，专精特新企业和非专精特新企业债务融资成本中位数分别为4.42%、5.17%，前者比后者低0.75个百分点。这说明与非专精特新企业相比，专精特新企业在债务融资中所承担的融资成本要更低一些。这一结果与前文一致。可能的原因在于，近年来国家出台了针对性政策，对于降低专精特新企业债务融资成本起到了积极作用；同时，与非专精特新企业相比，专精特新企业债务期限结构更加短期化，一定程度上有助于降低其综合债务融资成本。

总体上，作为发展新质生产力的代表，与非专精特新企业相比，专精特新企业在债务融资方面呈现不同的特点。主要体现在：一是负债率相对较低，对债务融资的依赖程度较低，对权益融资的依赖程度则更高；二是负债融资中流动负债占比相对较高，在获取长期稳定负债资金方面仍存在一定劣势；三是对商业信用的使用较多，会更多地占用上下游企业的资金，但净商业信用为负的程度更高，在供应链中处于相对弱势的地位；四是受国家支持政策等因素的影响，综合债务融资成本保持在相对较低水平。

（二）基于不同生命周期的比较

处于不同生命周期的科技企业具有不同的风险特征，相应地，在融资方面也体现出一定的差异性。受数据可得性限制，本书分析基于的是已在资本市场上市的专精特新企业样本。从实际情况来看，能够在资本市场上市的科技企业大多数已进入成熟期，这个时期的科技企业通常已经建立了稳定的业务模式和市场地位，企业的经营状况相对稳定。不过，从实际数据来看，在本书样本包括的1499家专精特新上市企业中，不同企业的经营年限差别非常大。具体地，截至2023年，样本专精特新上市企业经营年限最短的为6年，最长的为66年，经营年限的中位数为23年。样本企业分布的这种特点为进一步分析不同年龄阶段的专精特新企业融资特点提供了便利。具体地，我们依据企业截至2023年的经营年限将样本专精特新上市企业平均分为5组，组1为平均经营年限最低组，组5为最高组，其他以此类推。分组结果显示,组1到组5的专精特新上市企业经营年限的中位数分别为14年、19年、23年、25年、31年。可以看到,尽管都处于经营相对成熟阶段,但不同专精特新企业的经营年限还是存在较大差异,这能够在一定程度上反映所属生命周期的不同。基于以上分组,对不同经营年限的专精特新上市企业融资指标进行比较,所选取的融资指标定义同前文,具体结果见表4.5。

表4.5　　　　不同生命周期专精特新企业融资特点（2023年）　　　　单位:%

变量	组1	组2	组3	组4	组5
资产负债率	26.63	34.68	36.90	41.86	44.13
流动负债在负债中的占比	87.39	85.00	86.85	84.54	82.31
借款在负债中的占比	15.35	20.77	20.72	20.53	26.64
借款在资产中的占比	3.52	6.55	7.38	7.56	10.84
短期借款在负债中的占比	6.75	12.29	8.56	11.67	12.06
短期借款在资产中的占比	1.84	3.61	2.99	4.32	4.98
商业信用在负债中的占比	41.05	38.39	36.01	35.81	33.89
净商业信用在负债中的占比	−17.34	−10.93	−17.56	−10.60	−7.19
债务融资成本	3.94	4.23	4.80	4.39	4.89

注：各指标均为样本中位数,组1到组5中上市专精特新企业经营年限依次递增。

从表4.5可以看到,经营年限与专精特新企业资产负债率呈现明显的正向关系,经营年限越长,资产负债率越高。具体地,组1至组5资产负债率中位数分别为26.63%、34.68%、36.90%、41.86%、44.13%,呈现出明显的递增关系,组1与组5相差17.50个百分点,差距非常明显。这一结果表明,经营年限对于专精特新企业债务融资能力产生重要影响：经营年限较长的专精特新企业通常具有较强的债务融资能力,资产负债率也越高;反之,那些经营年限较短的专精特新企业获得债务融资的能力则受到限制。

从债务期限结构来看,组1至组5流动负债在负债中的占比中位数分别为87.39%、85.00%、86.85%、84.54%、82.31%,总体上呈现递减趋势,即随着专精特新企业经营年限的增加,其流动负债在负债中的占比有所下降,债务期限结构更加趋于长期化。其中,组1流动负债在负债中的占比中位数和组5相差5.08个百分点。这也意味着,与经营年限较长的专精特新企业相比,经营年限较短的专精特新企业获取长期债务资金支持的难度要更大一些。

从不同类型的债务构成来看,组1至组5借款在负债中的占比中位数分别为15.35%、20.77%、20.72%、20.53%、26.64%,组1比组5低11.29个百分点;借款在资产中的占比中位数分别为3.52%、6.55%、7.38%、7.56%、10.84%,组1比组5低7.32个百分点。两个指标均呈现随经营年限增加而上升的趋势。换言之,随着经营年限的增加,专精特新企业获取银行借款资金支持的力度明显上升。这也意味着,与经营年限较长的专精特新企业相比,经营年限较短的专精特新企业获取银行借款支持的难度相对更大。

从不同类型的借款来看,组1至组5短期借款在负债中的占比中位数分别为6.75%、12.29%、8.56%、11.67%、12.06%,组1比组5低5.31个百分点;短期借款在资产中的占比中位数分别为1.84%、3.61%、2.99%、4.32%、4.98%,组1比组5低3.14个百分点。两个指标均呈现一定的递增趋势。这说明随着经营年限的增加,短期借款在专精特新企业负债和资产中的占比均呈现上升趋势。此外,未报告的结果显示,随着经营年限的增加,长期借款在专精特新企业负债和资产中的占比均呈现上升趋势。由此可知,随着经营年限的增加,在获取银行借款数量不断增加的情况下,无论是短期借款还是长期借款,在专精特新企业负债和资产中的占比均呈现上升趋势。

从商业信用情况来看,组1至组5商业信用在负债中的占比中位数分别为41.05%、38.39%、36.01%、35.81%、33.89%,呈现明显的递减趋势,其中组1比组5高7.16个百分点。这说明随着经营年限的增加,专精特新企业对商业信用的依赖程度会有所下降,那些经营年限较短的专精特新企业由于能够获得的银行借款等其他债务融资数量有限,会更多地选择使用商业信用进行融资,即通过占用供应链上下游企业的资金来实现资金融通。值得注意的是,如果考虑净商业信用,则情况会有所不同。组1至组5净商业信用在负债中的占比中位数分别为 -17.34%、-10.93%、-17.56%、-10.60%、-7.19%,呈现一定的递增趋势,且均为负值。净商业信用为负,说明专精特新企业在生产经营活动中,尽管会较多地使用商业信用进行资金融通,但同时也会被供应链上下游企业占用更多的资金，从而处于净商业信用为负的状态。表 4.5 的数据表明，这种情况对于不同经营年限的专精特新企业来说均是如此。特别是，经营年限最短的组 1 净商业信用在负债中的占比中位数为 -17.34%，比经营年限最长的组 5 要低 10.15 个百分点。这说明与经营年限较长的专精特新企业相比，那些经营年限较短的专精特新企业净商业信用为负的程度更为严重，会被供应链上下游企业占用相对更多的资金，在与供应链上下游企业谈判过程中往往处于弱势地位，需要通过让渡商业信用的方式来维持稳定的供应链关系。

从债务融资成本来看，组 1 至组 5 债务融资成本中位数分别为 3.94%、4.23%、4.80%、4.39%、4.89%，不同经营年限的专精特新企业债务融资成本总体上均保持在相对较低的水平，组 1 比组 5 要低 0.95 个百分点。同时可以看到，随着经营年限的增加，专精特新企业的债务融资成本也呈现一定的上升趋势。这说明在国家有关政策支持下，那些经营年限较短的专精特新企业能够将债务融资成本保持在相对较低的水平。

总体上看，生命周期（经营年限）是影响专精特新企业融资的一个重要因素。主要体现在：一是经营年限越长的专精特新企业债务融资能力也越强，资产负债率越高；二是经营年限较短的专精特新企业获取长期债务资金支持的难度更大，债务期限结构偏短；三是经营年限较短的专精特新企业获取银行借款支持的难度更大；四是经营年限较短的专精特新企业对商业信用依赖程度会更高，但被上下游企业占用的资金也会更多，净商业信用为负的程度会更严重。从这个角度看，加强对处于生命周期早期阶段专精特新企业的金融支持是发展科技金融的重中之重。

第五章 科技金融供给

提高金融供给主体风险偏好与科技企业的高风险之间的匹配性是发展科技金融的关键,优化科技金融供给对于提高金融支持科技创新的效率具有重要意义。本章将从金融市场、金融机构、金融产品和服务等不同维度对我国科技金融供给的现状进行分析,讨论不同类型科技金融供给与科技企业金融需求风险特征之间的匹配情况,为进一步优化科技金融供给、提高科技金融发展效率提供依据。

第一节 资本市场

从资本市场角度看,除主板市场外,我国还设立了一些主要服务于包括科技企业等在内的中小企业的资本市场,包括中小板、创业板、科创板、新三板等。从风险匹配角度看,多层次资本市场的设立可以适当降低资本市场准入门槛,设置更加适合科技企业特点的准入条件,帮助科技企业通过资本市场实现融资;同时,也可以引入更多风险偏好较高的投资者,与高风险的科技企业实现更好的匹配。

一 中小板

中小板又称中小企业板,是深圳证券交易所为了鼓励自主创新而专门设置的中小型公司聚集板块。中小企业板块是主板市场的一个组成部分,上市的基本条件与主板市场完全一致,按照"两个不变"和"四个独立"的要求运行。其中,"两个不变"是指现行法律法规不变、发行上市标准不变;"四个独立"是指运行独立、监察独立、代码独立、指数独立。中小板主要安排主板市场拟发行上市企业中具有较好成长性、流通股本规模相对较小的公司。2004年5月17日,中国证监会批复同意深圳证券交易所设立中小企业板。截至2020年底，中小板共有994家上市公司，总市值为135378亿元，占深圳证券交易所总市值的39.59%，流通市值为106105亿元，占深圳证券交易所总流通市值的40.25%。尽管中小板在支持中小企业发展等方面发挥了积极作用，但在发展过程中也暴露出一些问题，比如板块同质化、主板结构长期固化等。随着创业板等其他市场板块的推出，为优化深圳证券交易所板块结构，形成主板与创业板各有侧重、相互补充的发展格局，深圳证券交易所主板和中小板于2021年4月合并，中小板正式退出历史舞台。

二 创业板

创业板是为暂时无法在主板市场上市的创业型企业提供融资途径和成长空间的证券交易市场。与主板市场相比，创业板对上市企业的要求更加宽松，在成立时间、经营规模、盈利能力等方面门槛均要低一些。因此，创业板的设立有助于有较好发展潜力的中小企业获得融资机会。创业板为包括科技企业在内的成长性较高的创业企业通过资本市场进行融资提供了一种通道。与之相对应，创业板也对投资者资质提出了更高要求，以确保投资者具有较强的风险承受能力，有助于更好地匹配科技企业的高风险。

在经历了十余年的讨论和酝酿之后，2009年3月31日，中国证监会出台《首次公开发行股票并在创业板上市管理暂行办法》，正式推出创业板。该办法自2009年5月1日起实施。根据该办法，发行人申请首次公开发行股票应当符合下列条件：（1）发行人是依法设立且持续经营3年以上的股份有限公司。（2）最近两年连续盈利，最近两年净利润累计不少于1000万元，且持续增长；或者最近1年盈利，且净利润不少于500万元，最近1年营业收入不少于5000万元，最近两年营业收入增长率均不低于30%。（3）最近一期末净资产不少于2000万元，且不存在未弥补亏损。（4）发行后股本总额不少于3000万元。2009年10月23日，创业板在深圳举行开板启动仪式；同年10月30日，创业板正式上市。2020年8月24日，创业板注册制首批企业挂牌上市，标志着创业板2.0正式起航。

在投资者资质要求方面，深圳证券交易所于2009年7月出台《深圳证券交易所创业板市场投资者适当性管理实施办法》，并于2020年4月修订为《深圳证券交易所创业板投资者适当性管理实施办法（2020年修订）》，对投资者资质做出了规定。根据2020年修订后的实施办法，新申请开通创业板交易权限的个人投资者应当符合以下条件：（1）申请权限开通前 20 个交易日证券账户及资金账户内的资产日均不低于人民币 10 万元；（2）参与证券交易 24 个月以上。可以看到，创业板市场的投资者需要具有更为丰富的投资经验和更高的风险承受能力。

根据 Wind 数据库的统计，截至 2023 年底，我国共有 1328 家企业在创业板上市，从公司成立到上市的平均年限为 14.4 年。从行业分布来看，有 940 家创业板上市公司来自制造业，占比 70.8%；其次为信息传输、软件和信息技术服务业，有 182 家，占比 13.7%；科学研究和技术服务业也比较集中，共有 58 家，占比 4.4%。在制造业细分行业中，专用设备制造业，计算机、通信和其他电子设备制造业，电气机械和器材制造业等均比较集中。特别是，在创业板上市公司中，共有专精特新企业 486 家，占比 36.6%；高新技术企业 311 家，占比 23.4%。可以看到，创业板在帮助科技企业通过资本市场融资方面发挥了重要作用。从经营指标来看，创业板上市公司 2023 年底平均资产规模 53.47 亿元，2023 年度平均净利润 1.74 亿元，有 1033 家上市公司实现了盈利，占比 77.8%，平均资产利润率达到 2.77%。

三　科创板

科创板主要服务于初创期的中小型科技创新公司，是多层次资本市场体系的重要组成部分。与创业板类似，科创板对投资者也提出了更高的要求，从而有助于更好地实现投资者与科技企业之间的风险匹配。不同于创业板，科创板主要服务科技企业，服务对象更加聚焦。

为加强对科技企业的金融支持，2018 年 11 月 5 日，习近平主席宣布在上海证券交易所设立科创板并试点注册制。2019 年 1 月 28 日，中国证监会发布《关于在上海证券交易所设立科创板并试点注册制的实施意见》，在上海证券交易所新设科创板，重点支持新一代信息技术、高端装备、新材料、新能源、节能环保以及生物医药等高新技术产业和战略性新兴产业，支持科技企业通过资本市场进行融资。2019 年 3 月 1 日，中国证监会发布《科创板首次公开发行股票注册管理办法（试行）》，确定了科技企业在科创板上市的实施细则。根据该办法，科技企业在科创板上市需要满足以下条件：（1）依法设立且持续经营 3 年以上，具备健全且运行良好的组织机构，相关机构和人员能够依法履行职责；（2）发行人会计基础工作规范，财务报表的编制和披露符合企业会计准则和相关信息披露规则的规定，并由注册会计师出具标准无保留意见的审计报告；(3) 发行人业务完整，具有直接面向市场独立持续经营的能力，包括：资产完整，主营业务、控制权、管理团队和核心技术人员稳定，不存在主要资产、核心技术、商标等的重大权属纠纷，重大偿债风险，重大担保、诉讼、仲裁等或有事项，生产经营符合法律、行政法规的规定，符合国家产业政策。可以看到，除经营年限达到3年以上之外，科创板对科技企业各项经营指标并没有具体的硬性要求，对上市公司的资质要求相对较低，总体要求明显低于主板，也要低于创业板。2019年7月22日，科创板正式开市。

在投资者资质方面，上海证券交易所于2019年3月发布《关于科创板投资者教育与适当性管理相关事项的通知》，要求个人投资者应当符合下列条件：(1) 申请权限开通前20个交易日证券账户及资金账户内的资产日均不低于50万元；(2) 参与证券交易24个月以上；(3) 其他条件。可以看到，科创板对个人投资者的投资经验和风险承受能力也提出了更高要求。比较可以看到，科创板对投资者的要求要高于创业板。

截至2023年末，我国共有566家企业在科创板上市，从公司成立到上市的平均年限为20.2年，比创业板上市公司要长5.8年。从行业分布来看，有456家科创板上市公司来自制造业，占比80.6%，占有绝对比重；其次为信息传输、软件和信息技术服务业，有80家，占比14.1%；科学研究和技术服务业的企业共有19家，占比3.4%；水利、环境和公共设施管理业企业11家，占比1.9%。可以看到，与创业板相比，科创板上市公司所属行业分布更为集中。与创业板类似，科创板上市公司在计算机、通信和其他电子设备制造业，医药制造业，专用设备制造业等行业分布也比较集中。特别是，在科创板上市公司中，共有专精特新企业333家，占比58.8%；高新技术企业282家，占比49.8%，两类企业占比均高于创业板，说明科创板上市企业更多地集中于专精特新企业和高新技术企业。从经营指标来看，科创板上市公司2023年底平均资产规模59.5亿元，略高于创业板；2023年度平均净利润1.3亿元，有411家上市公司实现了盈利，占比72.6%，略低于创业板；平均资产利润率达到1.78%，比同时期创业板上市公司低0.99个百分点，说明科创板上市公司在盈利能力方面要低于创业板。

四　新三板

新三板是全国中小企业股份转让系统的简称，是依据《中华人民共和国证券法》设立的继上海证券交易所、深圳证券交易所之后的第三家全国性证券交易场所，也是我国第一家公司制运营的证券交易场所。作为全国中小企业股份转让系统的运营机构，全国中小企业股份转让系统有限责任公司于2012年9月20日注册，2013年1月16日正式揭牌运营。与其他交易所相比，新三板主要服务于创新型、创业型、成长型中小微企业，服务的目标群体更加下沉，资产规模更小，资信状况要更差一些。

根据全国中小企业股份转让系统有限责任公司2023年2月发布的《全国中小企业股份转让系统股票挂牌规则》，申请挂牌公司应当符合以下条件：（1）股本总额不低于500万元。（2）主要业务属于人工智能、数字经济、互联网应用、医疗健康、新材料、高端装备制造、节能环保、现代服务业等新经济领域以及基础零部件、基础元器件、基础软件、基础工艺等产业基础领域，且符合国家战略，拥有关键核心技术，主要依靠核心技术开展生产经营，具有明确可行的经营规划的，持续经营时间可以少于两个完整会计年度但不少于一个完整会计年度，并符合下列条件之一：①最近一年研发投入不低于1000万元，且最近12个月或挂牌同时定向发行获得专业机构投资者股权投资金额不低于2000万元；②挂牌时即采取做市交易方式，挂牌同时向不少于4家做市商在内的对象定向发行股票，按挂牌同时定向发行价格计算的市值不低于1亿元。（3）其他申请挂牌公司最近一期末每股净资产应当不低于1元/股，并满足下列条件之一：①最近两年净利润均为正且累计不低于800万元，或者最近一年净利润不低于600万元；②最近两年营业收入平均不低于3000万元，且最近一年营业收入增长率不低于20%，或者最近两年营业收入平均不低于5000万元且经营活动现金流量净额均为正；③最近一年营业收入不低于3000万元，且最近两年累计研发投入占最近两年累计营业收入比例不低于5%；④最近两年研发投入累计不低于1000万元，且最近24个月或挂牌同时定向发行获得专业机构投资者股权投资金额不低于2000万元；⑤挂牌时即采取做市交易方式，挂牌同时向不少于4家做市商在内的对象定向发行股票，按挂牌同时定向发行价格计算的市值不低于1亿元。可以看到，新三板对符合国家战略的科技企业设定的挂牌条件总体上要低一些，主要基于企业的研发投入，淡化了对营业收入、盈利能力等方面的要求；而对其他类型的企业挂牌上市则主要基于其营业收入、净利润等规模数据。新三板挂牌企业分为基础层、创新层和核心层（或称为精选层）。其中，基础层适用于市值较小、业务较为简单的企业，创新层适用于具有较强创新能力的企业，而核心层（或精选层）适用于企业规模大、成长性好、市值高的企业。另外，新三板精选层挂牌公司可以平移至北交所上市。

根据全国中小企业股份转让系统有限责任公司2021年9月修订的《全国中小企业股份转让系统投资者适当性管理办法》，投资者参与基础层和创新层需要满足不同的条件。具体地，投资者参与基础层股票交易应当符合下列条件：（1）实收资本或实收股本总额200万元人民币以上的法人机构；（2）实缴出资总额200万元人民币以上的合伙企业；（3）申请权限开通前10个交易日，本人名下证券账户和资金账户内的资产日均人民币200万元以上，且具有办法规定的投资经历、工作经历或任职经历的自然人投资者。投资者参与创新层股票交易应当符合下列条件：（1）实收资本或实收股本总额100万元人民币以上的法人机构；（2）实缴出资总额100万元人民币以上的合伙企业；（3）申请权限开通前10个交易日，本人名下证券账户和资金账户内的资产日均人民币100万元以上（不含该投资者通过融资融券融入的资金和证券），且具有本办法规定的投资经历、工作经历或任职经历的自然人投资者。投资者参与精选层股票交易的，参照创新层投资者准入标准的要求办理。

截至2023年底，在全国中小企业股份转让系统挂牌企业6241家，其中基础层4358家、创新层1883家。从行业分布情况来看，制造业3206家，占比51.37%；信息传输、软件和信息技术服务业1155家，占比18.51%。截至2023年末，新三板挂牌公司总市值21970.75亿元，市盈率17.63倍；2023年股票发行次数573次，融资金额180.19亿元。截至2023年底，通过精选层在北京证券交易所上市的公司共有239家。其中，包括专精特新企业123家，占比51.5%；高新技术企业57家，占比23.8%。截至2023年底，在北京证券交易所上市的公司平均资产规模达到10.85亿元。2023年有217家公司实现了盈利，占比90.8%，平均实现净利润0.51亿元，平均资产收益率6.78%，盈利能力相对较好。

表5.1　　　　　　　　不同市场板块上市要求比较

市场	中小板	创业板	科创板	新三板
成立时间	与主板一致	持续经营3年以上	持续经营3年以上	不少于一个完整会计年度
盈利要求	与主板一致	最近两年连续盈利，最近两年净利润累计不少于1000万元，且持续增长；或者最近1年盈利，且净利润不少于500万元，最近1年营业收入不少于5000万元，最近两年营业收入增长率均不低于30%	无	对于符合要求的科技企业，最近一年研发投入不低于1000万元；对于其他企业，需要满足一定的规模和盈利要求
规模要求	与主板一致	净资产不少于2000万元	无	股本总额不低于500万元
发行数量	与主板一致	发行后股本总额不少于3000万元	无	无
投资者资质	与主板一致	(1) 申请权限开通前20个交易日证券账户及资金账户内的资产日均不低于人民币10万元；(2) 参与证券交易24个月以上	(1) 申请权限开通前20个交易日证券账户及资金账户内的资产日均不低于人民币50万元；(2) 参与证券交易24个月以上	对于基础层、创新层和核心层（或称为精选层）的参与者设置了不同的资质要求

资料来源：笔者整理。

第二节　金融机构

为科技企业提供金融服务的金融机构主体众多，主要包括银行、股权投资机构、政府引导基金、政府性融资担保机构等。不同类型金融机构的风险偏好有所差异，与科技企业金融需求的匹配程度也存在较大不同，在服务科技企业方面承担着不同的角色，发挥着不同作用。

一　银行

银行是我国金融体系的主体，在支持科技创新方面发挥了主力军作用。本部分将从银行贷款、科技支行或其他专营部门、政策性银行等方面对银行在科技金融方面的供给进行分析。

（一）银行贷款

近年来，在相关政策的支持下，我国银行业金融机构对科技企业的信贷支持力度不断加大，对科技企业的贷款增速要高于各项贷款平均增速。中国人民银行公布的《2023年金融机构贷款投向统计报告》数据显示，截至2023年末，我国获得贷款支持的科技型中小企业达221.2万家，获贷率达到46.8%，比上年末高2.1个百分点。科技型中小企业本外币贷款余额2.45万亿元，同比增长21.9%，比上年末低3.8个百分点，比同期各项贷款增速高11.8个百分点。获得贷款支持的高新技术企业421.75万家，获贷率为54.2%，比上年末高0.8个百分点。高新技术企业本外币贷款余额13.64万亿元，同比增长15.3%，比上年末低0.8个百分点，比同期各项贷款增速高5.2个百分点。

需要说明的是，囿于传统的信贷思维，银行风险偏好总体较低，导致在向科技企业提供信贷资金时，准入门槛仍然非常高，一定程度上制约了银行服务科技企业的能力，那些真正需要资金支持的风险相对较高的科技企业仍很难从银行体系获得资金支持。比如，公开数据显示，截至2024年6月末，浦发银行上海分行的科技贷款不良率仅为0.3%，较上年末进一步降低（吴霜，2024）；截至2024年3月末，中国工商银行北京分行科技贷款不良率远低于分行全部法人贷款平均水平，资产质量保持同业领先（黄鑫宇，2024）。科技贷款不良率较低一方面说明金融机构在对科技企业的风险识别和控制方面取得较好成效，另一方面也说明金融机构对向科技企业发放贷款仍设置了较高门槛，仅对那些信用等级相对较高、风险相对较低的科技企业授信，从而能够使得科技贷款不良率保持在较低水平。

（二）科技支行或其他专营部门

科技支行是商业银行设立的主要服务于科技企业的专营机构，在增加科技企业金融供给方面发挥了积极作用。实际中，与科技支行类似的银行服务科技企业的专营部门还包括科技金融服务中心、科技金融创新中心、科技金融事业部等。这类专营部门的优势主要体现在两个方面：一是金融服务的专业性。主要体现在，一方面，科技支行能够结合科技企业的金融需求特点开发有针对性的金融产品和服务；另一方面，在人员配置上选择由更多具有专业技术背景的人担任客户经理，能够更好地识别科技企业所在行业的发展前景及其风险。二是在内部绩效考核等方面采取差异化的政策。比如，在审批权限方面，科技支行通常拥有更为灵活的贷款审批权限，在此基础上建立适合科技型中小企业特点的风险评估、授信尽职免责和奖惩制度；在风险容忍度方面，银行内部可以对科技支行针对科技企业的贷款投放设置更高的风险容忍度；在资源配置方面，银行可以通过优化内部考核办法的方式引导资源更多地配置到科技支行，提高对科技企业的支持力度。

我国银行业关于科技支行的探索已有十多年历史。2009年5月，中国银监会和科技部联合发布《关于进一步加大对科技型中小企业信贷支持的指导意见》，提出创新科技金融合作模式，开展科技部门与银行之间的科技金融合作模式创新试点，科技部门和银行选择部分银行分支机构作为科技金融合作模式创新试点单位进行共建。2009年1月，成都银行与中国建设银行分别将位于成都高新区南区的两家支行"升级"成为科技支行，成为我国最早成立的两家科技支行，标志着我国科技支行正式走上历史舞台。2014年1月，中国人民银行等六部委联合印发《关于大力推进体制机制创新 扎实做好科技金融服务的意见》，提出创新从事科技金融服务的金融组织形式。鼓励银行业金融机构在高新技术产业开发区、国家高新技术产业化基地等科技资源集聚地区通过新设或改造部分分（支）行作为从事中小科技企业金融服务的专业分（支）行或特色分（支）行。鼓励银行业金融机构在财务资源、人力资源等方面给予专业分（支）行或特色分（支）行适当倾斜，加强业务指导和管理，提升服务科技创新的专业化水平。2024年1月，国家金融监管总局发布《关于加强科技型企业全生命周期金融服务的通知》，提出鼓励银行保险机构在科技资源集聚的地区，规范建设科技金融专业或特色分支机构，专注做好科技型企业金融服务，并结合科技型企业的生命周期提供金融服务。从实际中看，目前主要商业银行纷纷在科技型企业较为集中的区域设立了科技支行，在服务科技型企业方面发挥了积极作用。

（三）政策性银行

政策性银行贷款具有期限长、资金额度大、利率低、不以营利为目的等特点，与商业银行贷款形成互补。2021年11月，中国银保监会发布《关于银行业保险业支持高水平科技自立自强的指导意见》，提出要积极发挥开发性、政策性金融作用。鼓励开发性、政策性银行积极为科技创新提供中长期融资支持。要在风险可控、依法合规前提下，积极参与符合职能定位的产业基金，合理提高转贷款业务中的科技型小微企业融资比重。为支持科技企业发展，中国进出口银行推出了科技创新研发贷款。2021年3月，该行江苏省分行完成了系统内首笔科创贷投放，向全国生物医药业龙头企业信达生物制药（苏州）有限公司提供了3亿元信贷支持。2024年9月，国家开发银行印发《关于做好科技金融大文章的行动方案》，明确要加大科技创新贷款投放，大力支持关键核心技术攻关、科技龙头企业基础研究与应用研发、科技信息基础设施建设。2024年1—8月，国家开发银行已发放科技创新和基础研究专项贷款超过400亿元，重点支持了新一代信息技术、人工智能、新能源、新材料、基础软件、科研仪器等领域。从实践来看，作为我国金融体系的重要组成部分，政策性银行在支持科技创新中发挥了重要作用。

为加大政策性银行贷款支持科技创新的力度，国家在扩大政策性银行资金来源方面出台了针对性政策。2021年9月，科技部办公厅、国家开发银行办公室联合发布《关于开展重大科技成果产业化专题债有关工作的通知》，提出力争通过发行专题债为科技成果转化提供融资100亿元以上，引导社会资金加大对科技创新链后端成果转化与产业化的金融支持。2022年4月19日，国家开发银行在全国银行间债券市场成功发行首单100亿元"重大科技成果产业化"专题金融债券，为向科技企业发放贷款进行融资。

二　股权投资机构

股权投资是一个较为宽泛的概念，是指向主要属于科技型的高成长性创业企业提供股权资本，并为其提供经营管理和咨询服务，以期在被投资企业发展成熟后，通过股权转让获取中长期资本增值收益的投资行为。按照被投资企业所处阶段不同，股权投资机构可以分为天使投资、风险投资（Venture Capital，VC）、私募股权（Private Equity，PE）等。其中，天使投资是指个人或小型投资机构在创业公司的早期阶段，通常是在只有一个创意或初步产品原型时，就提供资金支持的一种投资方式；风险投资一般在创业公司的成长阶段介入，此时公司已经有了一定的产品或服务，并开始在市场上进行初步推广，通常投资规模较大，并会参与公司的战略规划和管理；私募股权通常是在公司相对成熟的阶段进行，关注的是公司的盈利能力、市场地位和资产价值等，投资金额大，注重对公司的长期价值提升。与商业银行不同，股权投资机构以股权形式将资金提供给科技企业，可以从科技企业的长期成长中分享投资收益，由此决定了其较高的风险偏好，与科技企业的高风险特征具有天然的匹配性。

风险投资发源于美国，全球第一家风险投资公司美国研发公司于1946年在美国成立。我国从20世纪90年代开始自上而下地推动风险投资行业发展。1993年，IDG投资2000万美元与上海科委合作成立了中国第一家中美合资的风险投资企业"太平洋技术风险投资（中国）基金"（即后来的IDG资本）。1999年12月，科技部等七部委联合印发《关于建立风险投资机制的若干意见》，提出建立风险投资机制。2005年11月，国家发展改革委等十部委联合出台《创业投资企业管理暂行办法》，对创业投资企业的设立与备案、投资运作等事项进行规范。2016年9月，国务院发布《关于促进创业投资持续健康发展的若干意见》，鼓励各类机构投资者和个人依法设立公司型、合伙型创业投资企业，通过多渠道拓宽创业投资资金来源，加强政府引导和政策扶持。在税收方面，提出要统筹研究鼓励创业投资企业和天使投资人投资种子期、初创期等科技型企业的税收支持政策。作为一项具体举措，2018年5月，财政部和税务总局联合发布《关于创业投资企业和天使投资个人有关税收政策的通知》，规定公司制创业投资企业采取股权投资方式直接投资于种子期、初创期科技型企业满2年的，可以按照投资额的70%在股权持有满2年的当年抵扣该公司制创业投资企业的应纳税所得额，以此来降低创业投资企业的税负。2024年6月，国务院办公厅印发《促进创业投资高质量发展的若干政策措施》，围绕创业投资"募投管退"全链条，从培育多元化创业投资主体、多渠道拓宽创业投资资金来源、加强创业投资政府引导和差异化监管、健全创业投资退出机制、优化创业投资市场环境等方面提出了针对性意见，以更好地发挥创业投资支持科技创新的作用。2024年7月，党的二十届三中全会通过的《中共中央关于进一步全面深化改革 推进中国式现代化的决定》明确指出，鼓励和规范发展天使投资、风险投资、私募股权投资，更好地发挥政府投资基金作用，发展耐心资本，凸显了中央层面对发展股权投资机构方面的重视程度和决心。为落实《促进创业投资高质量发展的若干政策措施》要求，2024年12月，国务院国资委、国家发展改革委联合出台政策，支持中央企业发起设立创业投资基金。特别是，针对国资创业投资"不敢投""不愿投"等问题，本次两部门出台的政策符合国资、央企特点的考核和尽职合规免责机制，明确央企创业投资基金合理容忍正常投资风险，根据投资策略合理确定风险容忍度、设置容错率，重点投向种子期、初创期项目的基金，可以设置较高的容错率。这对于其他国资创业投资具有重要的示范意义。

在相关政策的扶持下，近年来我国股权投资机构发展较为迅速。中国证券投资基金业协会数据显示，截至2023年末，我国私募基金管理数量共153079只，私募基金管理规模达20.58万亿元。其中，存续私募证券投资基金97258只，存续规模5.72万亿元；存续私募股权投资基金31259只，存续规模11.12万亿元；存续创业投资基金23389只，存续规模3.21万亿元。

三 政府引导基金

政府引导基金是由财政资金出资，吸引有关地方政府、金融、投资机构和社会资本，不以营利为目的，以股权或债权等方式投资于创业风险投资机构或新设创业风险投资基金，是发挥国有资本在支持科技创新中作用的重要抓手。政府引导基金本质是不以营利为目的的创业引导基金，是通过政府注资增信和让利，来撬动社会资金。与股权投资机构类似，政府引导基金也是一个较为宽泛的概念。在实际中存在"创业投资引导基金""政府投资基金""政府出资产业投资基金"等多个名称，主要是由于不同年份发布的政策所使用的名称具有差异所致。上述不同概念的相同点在于，都是以股权投资的形式（区别于传统的补贴、优惠等形式），由政府出资、吸引社会资本，通过市场化运作，扶持经济社会重点领域发展的基金。主要区别之处在于，股权投资运作方式不同：引导基金的股权投资主要是采用参股创业投资企业的方式，扶持创业投资企业的发展，即采用母基金的方式，引导子基金向目标企业投资；而政府投资基金、产业投资基金采用的股权投资方式主要包括直接投资和参股基金两种。从风险匹配角度看，为更好地实现国家意志，政府引导基金可以适当提高自身风险偏好，从而能够更好地匹配科技创新活动的高风险特征，与商业资金形成互补，弥补市场失灵。

随着风险投资被引入国内，政策性引导基金从 20 世纪初开始在我国高新区的科创金融领域逐步试点。与之相配套，国家也出台了一系列政策。早期的政府引导基金主要用于扶持创业投资业发展，其投资对象主要是创业投资企业。2008 年 10 月，国家发展改革委、财政部和商务部联合发布《关于创业投资引导基金规范设立与运作指导意见》。根据该意见，引导基金是由政府设立并按市场化方式运作的政策性基金，主要通过扶持创业投资企业发展，引导社会资金进入创业投资领域，其本身不直接从事创业投资业务。引导基金应按照"政府引导、市场运作、科学决策、防范风险"的原则进行投资运作，扶持对象主要是按照《创业投资企业管理暂行办法》规定程序备案的在中国境内设立的各类创业投资企业，引导基金的运作方式包括参股、融资担保和跟进投资或其他方式等。随着业务的发展，政府引导基金的业务范围也在发生变化，逐步从最初的扶持创业投资业发展转型为支持各类重点领域和薄弱环节领域的资金，政策端随之拓展基金可投范围和监管范围。2011 年 8 月，财政部和国家发展改革委发布了《新兴产业创投计划参股创业投资基金管理暂行办法》，对新兴产业创投计划参股创业投资基金行为进行规范。其中，新兴产业创投计划是指中央财政资金通过直接投资创业企业、参股创业投资基金等方式，培育和促进新兴产业发展的活动；参股创业投资基金是指中央财政从产业技术研究与开发资金等专项资金中安排资金与地方政府资金、社会资本共同发起设立的创业投资基金或通过增资方式参与的现有创业投资基金。2015 年 11 月，财政部、科技部印发《政府投资基金暂行管理办法》。根据该办法，政府投资基金是指由各级政府通过预算安排，以单独出资或与社会资本共同出资设立，采用股权投资等市场化方式，引导社会各类资本投资经济社会发展的重点领域和薄弱环节，支持相关产业和领域发展的资金，涵盖了创业投资引导基金、股权投资引导基金、产业投资引导基金和 PPP 引导基金等各类政府引导基金。2016 年 12 月，国家发展改革委印发《政府出资产业投资基金管理暂行办法》。根据该办法，政府出资产业投资基金是指由政府出资主要投资于非公开交易企业股权的股权投资基金和创业投资基金，政府出资产业投资基金可以综合运用参股基金、联合投资、融资担保、政府出资适当让利等多种方式，充分发挥基金在贯彻产业政策、引导民间投资、稳定经济增长等方面的作用。政府向产业投资基金出资，可以采取全部由政府出资、与社会资本共同出资或向符合条件的已有产业投资基金投资等形式。2019年9月，财政部、科技部印发《中央引导地方科技发展资金管理办法》，规范和加强中央财政对地方转移支付资金管理，提高资金使用效益，2021年11月对该办法进行了修订完善。

在相关政策的推动下，目前我国已经在中央和地方政府层面设立了立体多元的产业引导基金体系。截至2023年上半年，我国共设立2143只政府引导基金，目标规模约12.91万亿元，已认缴规模约6.6万亿元（董碧娟，2023）。此外，我国在国家层面设立的政府引导基金包括国家科技成果转化引导基金（2011）、国家新兴产业创业投资引导基金（2015）、先进制造产业投资基金（2015）、中国国有资本风险投资基金（2016）、国家级战略性新兴产业发展基金（2018）、国家制造业转型升级基金（2019）、先进制造产业投资基金二期（2019）等。截至2022年，国家科技成果转化引导基金累计设立36只子基金，资金总规模624亿元（国家统计局，2023）。

四 政府性融资担保

政府性融资担保有助于降低金融机构在向科技企业提供融资过程中所面临的风险，提高金融机构的意愿，实现金融供给与金融需求的匹配。所谓的政府性融资担保是指由政府出资、不以营利为目的、具有特定的服务对象、为实现政府政策性目标而设立的担保公司。政府性融资担保还有明显的政策导向和公共属性，不以营利为目的，能提供相对较低的担保费率，有利于降低企业的融资成本。与贷款或股权投资相比，政府性融资担保能够发挥更大的杠杆作用。

我国政府性融资担保业的发展最初主要是为了解决小微企业和"三农"主体在融资过程中的风险分担问题。2015年8月，国务院出台《关于促进融资担保行业加快发展的意见》，提出研究设立国家融资担保基金，推进政府主导的省级再担保机构基本实现全覆盖，构建国家融资担保基金、省级再担保机构、辖内融资担保机构的三层组织体系。2019年1月，国务院办公厅印发《关于有效发挥政府性融资担保基金作用切实支持小微企业和"三农"发展的指导意见》，主要针对融资担保行业存在的业务聚焦不够、担保能力不强、银担合作不畅、风险分担补偿机制有待健全等问题提出针对性意见。其中明确提出，对单户担保金额 500 万元及以下的小微企业和"三农"主体收取的担保费率原则上不超过 1%，对单户担保金额 500 万元以上的小微企业和"三农"主体收取的担保费率原则上不超过 1.5%。2020 年 3 月，财政部印发《关于充分发挥政府性融资担保作用 为小微企业和"三农"主体融资增信的通知》，要求充分发挥政府性融资担保作用，更加积极支持小微企业和"三农"主体融资增信，帮助企业复工复产、渡过难关。2024 年 7 月，财政部等四部委联合出台《关于实施支持科技创新专项担保计划的通知》，提出要有效发挥国家融资担保基金体系引领作用，通过提高对科技创新类中小企业风险分担和补偿力度，增强地方政府性融资担保机构、再担保机构的担保意愿和担保能力，引导银行加大对科技创新类中小企业融资支持力度，撬动更多金融资源投向科技创新领域。在内容上，该通知明确规定了专项担保计划的支持对象、分险比例、担保费率、担保金额、代偿上限、补偿机制等。其中特别提到，要逐步将对科技创新类中小企业收取的平均担保费率降至 1% 以下，以降低科技企业综合融资成本。

在相关政策的推动下，2018 年财政部联合中国工商银行等 20 家银行及金融机构共同发起成立国家融资担保基金，首期注册资本 661 亿元。国家融资担保基金坚持政府性融资担保的准公共定位，按照"政策性导向、市场化运作、专业化管理"的运行模式，采取再担保分险、股权投资等方式。其中，创业创新和战略性新兴产业是其重点支持的领域。截至 2024 年 8 月，国家融资担保基金再担保业务规模累计 4.73 万亿元，服务经营主体约 420 万户次，服务就业人数超 4000 万人次。目前，我国已经初步构建了"国担基金—省级再担保机构—市（县）直保机构"的三层组织体系，实现了全国市级机构全覆盖、县级业务全覆盖。通过政府性融资担保体系的介入，与银行原则上按照"二八分险"承担贷款的风险责任，即银行承担不低于 20% 的风险，担保体系分担剩余 80% 的风险［通常国家融资担保基金分担 20%、省级再担保机构分担 20%、市（县）直保机构分担 40%］，大大降低了银行承担的风险损失，提高了融资主体的信用水平。

第三节 金融产品和服务

金融产品和服务是连接金融供求双方的主要载体。近年来，我国在科技金融方面出台了一系列政策，推动科技金融产品和服务创新实践不断发展，比较有代表性的包括知识产权融资、科技企业债务融资工具、投贷联动、科技保险等。

一 知识产权融资

知识产权是科技企业最为重要的一种无形资产。近年来，我国知识产权数量出现了大幅增长。2023年我国共授权发明专利92.1万件，同比增长15.4%；授权实用新型专利209万件、外观设计专利63.8万件；注册商标438.3万件，登记集成电路布图设计1.13万件；达成专利开放许可1.7万项。从风险匹配角度看，知识产权融资有助于降低资金供求双方信息不对称，提高金融机构风险偏好。知识产权融资主要包括知识产权质押融资和知识产权证券化等。2014年1月，中国人民银行等六部门联合发布《关于大力推进体制机制创新 扎实做好科技金融服务的意见》，提出大力发展知识产权质押融资。加强知识产权评估、登记、托管、流转服务能力建设，规范知识产权价值分析和评估标准，简化知识产权质押登记流程，探索建立知识产权质物处置机制。2015年3月，国家知识产权局出台《关于进一步推动知识产权金融服务工作的意见》，鼓励和支持金融机构广泛开展知识产权质押融资业务。2016年12月，国务院发布《关于印发"十三五"国家知识产权保护和运用规划的通知》，提出完善"知识产权+金融"服务机制，深入推进质押融资风险补偿试点。2017年9月，国务院颁布《国家技术转移体系建设方案》，提出开展知识产权证券化融资试点，鼓励商业银行开展知识产权质押贷款业务。2019年8月，银保监会等三部门发布《关于进一步加强知识产权质押融资工作的通知》，提出对知识产权质押融资实施差异化监管政策，对于商业银行知识产权质押融资不良率高出自身各项贷款不良率3个百分点（含）以内的，可不作为监管部门监管评级和银行内部考核评价的扣分因素。在有关政策推动下，我国知识产权质押融资发展较为迅速。2023年，全国专利商标质押融资额达8539.9亿元，同比增长75.4%，惠及企业3.7万家。著作权质押担保金额达98.6

亿元,同比增长 80.8%。除知识产权质押融资以外,我国在知识产权证券化方面也取得了较大进展。以深圳证券交易所为例,截至 2024 年 1 月末,已累计发行知识产权证券化产品 119 单,总规模达 260.82 亿元,有效盘活知识产权超过 5500 项,惠及 1700 余家中小企业。

二 科技企业债务融资工具

科技企业债务融资工具是针对科技企业开发的债务融资工具,由科技企业直接发行,包括科创企业债、科创票据等。从风险匹配角度看,科技企业债务融资工具属于高收益债务工具,主要面向风险偏好较高的投资者,有助于实现资金供求双方风险的匹配。科创企业债是由科创企业发行的债券。2017 年 7 月,证监会出台《关于开展创新创业公司债券试点的指导意见》,开展创新创业公司债试点。创新创业公司债是指符合条件的创新创业公司、创业投资公司依照有关法律规章发行的公司债券。2022 年 11 月,证监会和国资委联合发布《关于支持中央企业发行科技创新公司债券的通知》,支持高新技术产业和战略性新兴产业及转型升级等领域中央企业发行科技创新公司债券。2023 年 4 月,证监会出台《推动科技创新公司债券高质量发展工作方案》,从优化融资服务机制、扩大科技创新资金供给、提升科创债交易流动性、健全科创债评价考核制度等方面提出了促进科技创新公司债券发展的若干意见。在科创票据方面,2020 年 5 月,中国银行间市场交易商协会发布《关于升级推出科创票据相关事宜的通知》,将科创类融资产品工具箱升级为科创票据。2022 年 5 月 26 日,中信银行南京分行成功发行全国首单科创票据 3 亿元。截至 2023 年 6 月末,科技型企业发行科创票据余额达 2264 亿元、科技创新公司债券余额达 2258 亿元;战略性产业企业在银行间市场发债融资余额达 6600 亿元、在交易所发债余额达 4640 亿元。

三 投贷联动

(一)投贷联动的含义

投贷联动有广义和狭义之分。狭义的投贷联动是指银行业金融机构以"信贷投放"与本集团设立的具有投资功能的子公司"股权投资"相结合的方式,通过相关制度安排,由投资收益抵补信贷风险,实现科技企业信贷风险和收益的匹配;广义的投贷联动是指银行业金融机构不仅可以和集团内部具有投资功能的子公司合作，还可以和外部股权投资机构合作。从理论上说，投贷联动对于解决银行在服务科技企业中所面临的上述难题能够发挥独特作用。一方面，在投贷联动业务模式下，银行可以通过内部或外部股权投资机构开展的股权投资业务更好地了解科技企业相关信息，降低信息不对称程度，帮助银行在对科技企业的信贷资金投放中更好地评估风险，从而把风险控制在较低水平；另一方面，投贷联动使得银行在提供信贷资金、获取利息收益的同时，通过股权投资业务分享科技企业在未来成长过程中所实现的收益，以此来补偿银行在信贷资金投放中所承担的高风险，实现风险和收益的匹配。《中华人民共和国商业银行法》第四十三条规定："商业银行在中华人民共和国境内不得从事信托投资和证券经营业务，不得向非自用不动产投资或者向非银行金融机构和企业投资。"受此限制，商业银行不能通过直接方式进行股权投资分享科技企业的成长收益。因此，投贷联动是在现有法律框架下银行通过间接方式进行股权投资分享科技企业成长收益、实现风险和收益匹配的一种有效方式。随着科技创新在我国经济高质量发展中的作用不断提升，投贷联动的重要性也更加凸显。

（二）我国的探索

投贷联动业务在国外已经有较长的历史，其中最具代表性的是美国硅谷银行，该银行从20世纪90年代开始尝试通过投贷联动方式为科技企业提供金融服务。尽管硅谷银行已于2023年3月倒闭，但其开创的投贷联动业务模式对于金融支持科技创新仍具有重要的借鉴意义。从我国情况看，2016年4月，中国银监会、科技部、中国人民银行联合发布《关于支持银行业金融机构加大创新力度开展科创企业投贷联动试点的指导意见》，引导银行业金融机构有序开展投贷联动试点工作。首批试点地区包括北京中关村、武汉东湖、上海张江、天津滨海、西安5家国家自主创新示范区，首批试点银行包括国家开发银行、中国银行、恒丰银行、北京银行、天津银行、上海银行、汉口银行、西安银行、上海华瑞银行、浦发硅谷银行10家银行。2021年11月，中国银保监会发布《关于银行业保险业支持高水平科技自立自强的指导意见》，鼓励银行机构在风险可控前提下与外部投资机构深化合作，探索"贷款+外部直投"等业务新模式，推动在科技企业生命周期中前移金融服务。2024年

6月，国务院办公厅印发《促进创业投资高质量发展的若干政策措施》，再次提出在依法合规、风险可控前提下，支持银行与创业投资机构加强合作，开展"贷款+外部直投"等业务。2020年以来，大型商业银行下设的金融资产投资公司先期在上海开展了股权投资试点。2024年9月，国家金融监督管理总局办公厅先后发布《关于做好金融资产投资公司股权投资扩大试点工作的通知》《关于扩大金融资产投资公司股权投资试点范围的通知》，将金融资产投资公司股权投资试点范围由上海扩大至北京、天津、上海、重庆、南京、杭州、合肥、济南、武汉、长沙、广州、成都、西安、宁波、厦门、青岛、深圳、苏州18个大中型城市；适当放宽股权投资金额和比例限制。将金融资产投资公司表内资金进行股权投资的金额占公司上季末总资产的比例由原来的4%提高到10%，投资单只私募股权投资基金的金额占该基金发行规模的比例由原来的20%提高到30%；完善尽职免责和绩效考核体系，指导金融资产投资公司按照股权投资业务规律和特点，落实尽职免责要求，完善容错纠错机制，建立健全长周期、差异化的绩效考核体系。

经过多年探索，我国投贷联动业务逐渐形成了以下两种模式。一是基于"银行+内部股权投资机构"的内部投贷联动模式。在这种模式下，银行负责为科技企业提供信贷资金，投资业务主要由具有投资功能的子公司来完成。股权投资机构既可以由银行设立，也可以由银行所属的集团公司来设立，后者在实际中更为普遍。这种模式的优势在于，能够更好地保持银行与股权投资机构利益的一致性，银行与股权投资机构可以进行信息共享，银行或其所属集团公司也能够更好地分享投资活动所产生的收益。这种模式存在的问题在于，在现有监管制度下，银行或其所属集团公司因投贷联动业务而形成的企业股权资产风险权重较高，对银行资本消耗较大，降低了银行开展投贷联动业务的积极性。2024年1月开始实施的《商业银行资本管理办法》第76条规定，商业银行对工商企业股权投资的风险权重达到250%—1250%。此外，这种模式对银行的投资能力提出了较高要求，银行需要建立专业化的投资队伍，通过提高投资能力获取更高投资收益。二是基于"银行+外部股权投资机构"的外部投贷联动模式。主要是指银行与风险投资/私募股权等外部股权投资机构达成战略合作，对股权投资机构已经投资的部分符合条件的科技企业提供信贷资金。实际中这种模式又可以分为两种：一种是银行与外部股权投资机构签署协议,约定在外部股权投资机构出售科技企业股权获得超额收益后,银行按照一定比例获取分成,间接分享被投资科技企业的成长收益;另一种是银行仅把外部股权投资机构投资视为对科技企业的增信措施,并不参与投资收益的分享。外部投贷联动模式的优势在于,银行可以选择的外部股权投资机构范围比较广,能够更好地发挥外部股权投资机构在投资能力方面的专业优势,同时能够实现信贷风险与股权投资风险的隔离,且不会对银行资本造成较大消耗。其存在的问题是,银行和外部股权投资机构之间相互独立,导致两者之间在项目筛选、信息共享等方面协同程度不够;特别是,如果没有与外部股权投资机构签订收益分享协议,则银行获取的收益仍局限于利息收益,可能仍然无法覆盖其风险。实践中,内部或外部股权投资机构对科技企业的股权投资既可以采取直接持股的方式,也可以采取认股权证或期权的方式。

(三) 主要成效评估

本部分将以 2016 年开展投贷联动试点的银行为例,从科技行业贷款投放、盈利能力、资产质量等方面简要分析开展投贷联动试点对银行绩效的影响,并将试点银行与非试点银行进行对比。具体地,为反映银行科技行业贷款投放情况,基于 CNRDS 数据库中的银行贷款行业分布数据,将"科学研究、技术服务和地质勘查业"和"信息传输、软件和信息技术服务业"这两大行业定义为科技行业,计算各年度银行投向科技行业的贷款在全部贷款中的占比即科技行业贷款占比指标,以此来衡量银行科技行业的贷款投放情况。科技行业贷款占比越高,说明银行对科技行业的贷款投放越多,对科技企业的支持力度越大。需要说明的是,由于银行投向科技企业的部分贷款投放会被归入制造业等其他行业,本书所构建的科技行业贷款占比指标可能并没有反映银行对科技行业信贷资金投放的全貌,一定程度上低估了银行对科技行业的信贷支持力度。此外,本书以资产收益率来衡量银行盈利能力,以不良贷款比率衡量银行资产质量。为减轻异常值的影响,本书以中位数为基础对两类样本的绩效指标进行比较。剔除缺失值,本书选取了 8 家投贷联动试点银行以及 761 家非试点银行,其中试点银行包括北京银行、汉口银行、恒丰银行、上海银行、天津银行、西安银行、华瑞银行、中国银行。具体结果如表 5.2 所示。

表 5.2　　　　　　　试点银行与非试点银行绩效比较　　　　单位:%

		2014 年	2015 年	2016 年	2017 年	2018 年	2019 年	2020 年	2021 年	2022 年
科技行业贷款占比	试点银行	2.45	1.65	1.80	1.60	1.39	1.36	1.46	1.44	1.16
	非试点银行	0.63	0.50	0.47	0.51	0.66	0.53	0.58	0.62	0.71
资产收益率	试点银行	1.05	0.99	0.85	0.79	0.84	0.76	0.70	0.75	0.65
	非试点银行	1.24	1.04	0.89	0.84	0.79	0.79	0.65	0.66	0.64
不良贷款比率	试点银行	0.98	1.27	1.37	1.35	1.44	1.39	1.52	1.44	1.43
	非试点银行	1.47	1.93	1.98	2.01	2.00	1.71	1.61	1.57	1.48

资料来源:笔者根据 CNRDS 数据库的数据整理得到。

从科技行业贷款占比来看,首先,试点银行科技行业贷款占比均高于非试点银行,说明试点银行在支持科技企业方面总体上比非试点银行更有优势,支持力度更大。其次,从趋势上看,2016 年开展投贷联动试点以后,试点银行科技行业贷款占比走势没有出现明显上升,甚至出现了小幅下降,说明投贷联动业务试点对试点银行科技行业贷款业务影响并不明显。与之相比,非试点银行科技行业贷款占比基本保持平稳,从 2014 年的 0.63% 小幅上升到 2022 年的 0.71%。从盈利能力来看,试点银行和非试点银行在资产收益率方面非常接近,并没有出现系统性差异。值得注意的是,随着近年来我国银行业盈利能力的整体下滑,无论是试点银行还是非试点银行,其资产收益率均呈现一定的下行趋势。从信贷资产质量来看,试点银行不良贷款比率总体上略低于非试点银行,资产质量保持在较高水平。从趋势上看,近年来试点银行不良贷款比率略有上升,而非试点银行不良贷款比率则略有下降。另外,对开展投贷联动业务的一个顾虑就是银行在开展业务过程中无法做到风险的有效隔离,导致股权投资业务风险与信贷业务风险之间交叉传导。但从实际情况看,试点银行资产质量并未出现明显恶化,一定程度上说明在做好风险控制的情况下,投贷联动业务对银行造成的风险可以保持在较低水平。

总体上看,投贷联动试点对试点银行的影响较为有限。与非试点银行相比,试点银行对科技行业的信贷投放在试点以后并未出现明显上升,盈利能力和资产质量也没有发生系统性变化。

四 科技保险

根据国家金融监督管理总局办公厅 2024 年 1 月发布的《关于印发科技保险业务统计制度的通知》，科技保险是指服务国家创新驱动发展战略，支持高水平科技自立自强，为科技研发、成果转化、产业化推广等科技活动以及科技活动主体，提供风险保障和资金支持等经济行为的统称。科技保险的范围比较广泛，主要包括：为科技活动风险提供保障的保险业务和为科技活动主体提供保障的保险业务两大类。其中，科技活动风险保险业务主要包括：（1）科技研发、成果转化风险类保险，如研发费用损失保险、产品研发责任保险、关键研发设备保险、研发中断保险、科技成果转化费用损失保险等；（2）科技成果应用推广风险类保险，如首台（套）重大技术装备综合保险、重点新材料首批次应用综合保险、首版次软件综合保险等；（3）知识产权风险类保险，如知识产权申请费用补偿保险、知识产权执行保险、知识产权被侵权损失保险、知识产权侵权责任保险、知识产权质押融资保证保险、知识产权职业责任保险等；（4）科技活动基础风险类保险，如网络安全保险、人才创业保险等。科技活动主体保险业务主要包括科技研发、成果转化风险类保险和科研机构保险业务等。理论上，科技保险有助于降低科技金融需求端的风险，实现供求双方风险更好地匹配。近年来，我国在科技保险方面进行了一系列探索。2015 年 2 月，财政部等三部委发布《关于开展首台（套）重大技术装备保险补偿机制试点工作的通知》，开展首台（套）重大技术装备保险补偿机制试点。由保险公司针对重大技术装备特殊风险提供定制化的首台（套）重大技术装备综合险，承保质量风险和责任风险。2017 年 9 月，工信部等三部门联合发布《关于开展重点新材料首批次应用保险补偿机制试点工作的通知》，决定建立新材料首批次应用保险补偿机制。在相关政策推动下，我国科技保险市场不断增长。以专利保险为例，截至 2022 年底，我国已累计为超过 2.8 万家企业的 4.6 万余件知识产权提供超过 1100 亿元的风险保障，投保企业接近 8000 家。

第六章 科技金融发展的地方实践

改革开放以来,我国经济体制领域的一些重要改革往往发端于地方基层,由局部形成经验后在全国范围内推广。近年来,以北京、上海、深圳、杭州、苏州、青岛、合肥等为代表的城市在发展科技金融、实现科技金融供需双方风险匹配方面进行了有益探索,呈现百花齐放的特点。选取的城市既包括已纳入科创金融改革试验区建设的北京、上海、杭州、合肥,也包括尚未纳入的深圳、苏州、青岛,具有一定代表性。深入总结科技金融发展的地方经验,对于优化科技金融相关政策具有重要的参考价值,对于其他地区科技金融发展也具有重要的借鉴意义。

第一节 北京

自 2010 年入选全国首批科技和金融结合试点地区以来,北京始终走在科技金融创新的前沿。依托总部经济优势以及政治中心所具有的先行先试的政策优势,北京在科技金融方面进行了创新性探索。通过构建的"四梁八柱"框架(见图 6.1),即政策体系、组织体系、产品体系与保障体系四大支柱以及"1+6+10"的中关村科技金融发展模式,实现了金融机构风险偏好与科技企业风险特征之间的匹配。其中,"1"是指"一个基础",即建设企业信用体系,成为连接金融机构与科技企业的关键纽带,有效降低了科技金融供需双方的信息不对称程度,提高了金融供给主体的风险偏好。"6"是指"六项机制",涵盖信用激励、风险补偿、投贷联动、多方协同、接力支持、市场择优等关键环节,引导金融机构针对科技企业高风险、高成长特性提供定制化解决方案。信用激励、风险补偿机制有效降低了金融机构支持科技创新的风险,投贷联动、多方协同机制则促进了金融资源与科技资源的深度融合与高效配置，接力支持、市场择优机制确保了科技企业在不同成长阶段都能获得最适合其发展的金融支持，这些机制共同为科技创新提供了强有力的制度保障。"10"是指"十条渠道"，包括天使投资、创业投资、境内外上市、代办股份转让、担保融资、企业债券和信托计划、并购重组、信用贷款、信用保险和贸易融资、小额贷款。每一种融资方式都紧密贴合科技企业不同发展阶段的资金需求与风险特征，实现了金融机构风险偏好与科技企业风险特征之间的对接。该模式不仅为科技企业提供了丰富的资金来源，也使金融机构获得可持续的投资回报。科技金融发展推动了北京科技创新能力的提升。2023年，北京专利授权量19.4万件，其中发明专利授权量10.8万件，同比增长22.41%；商标注册量23.6万件；PCT申请量1.14万件；著作权登记量110.7万件。截至2023年底，北京市发明专利有效量57.4万件，同比增长20.20%；商标有效注册量总计307.9万件，同比增长5.88%。每万人口发明专利拥有量262.9件，同比增长20.43%。全市高价值发明专利29.9万件，每万人口高价值发明专利拥有量136.95件，稳居全国第一。

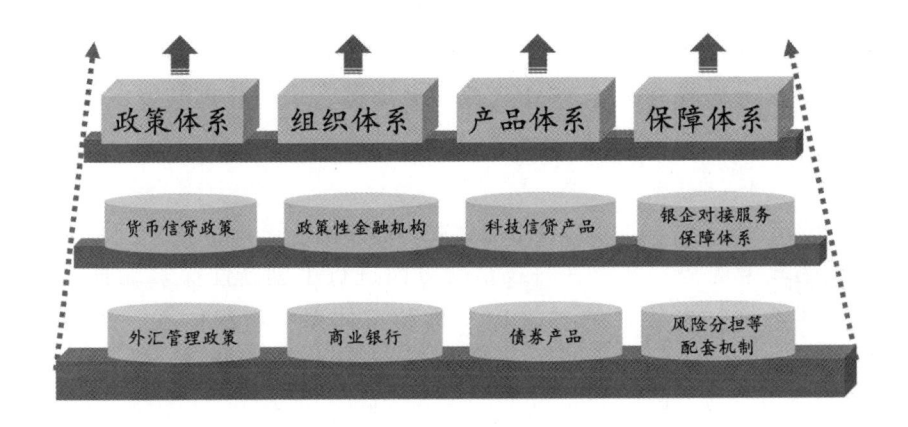

图6.1 北京科技金融服务体系的"四梁八柱"

资料来源：笔者整理。

一 构建系统化政策支持体系

第一，创新货币政策工具。创新运用"京创融"专项再贷款、"京创通""京制通"专项再贴现等货币政策工具，降低科技企业融资成本，同时单列资金额度，专门加大对生物医药、人工智能、未来产业等重点领域的信贷投放力度，确保新增融资重点流向有转型升级需求的制造业企业。

第二，提高跨境投融资便利化程度。作为外汇管理创新的试验田，北京不断简化科技企业的跨境融资流程，实施跨境融资便利化试点等9项贸易和投融资便利化"一揽子"政策，进一步拓宽了处于发展初期的轻资产科技企业的融资渠道，降低科技企业国际融资风险。该政策于2018年首次在中关村国家自主创新示范区试点，试点初期允许符合条件的中小微高新技术企业在一定额度内自主借用外债，不受净资产规模较小的限制。经过三次"扩容提额"，特别是将自主借用外债额度统一调整为1000万美元，并把试点范围扩大至高新技术、专精特新和科技型中小企业，为处于初创期的科技企业开辟了更广阔的融资渠道，助力其快速融入国际市场。截至2024年12月末，已有77家试点企业参与跨境融资便利化试点，签约金额合计约48亿美元，试点企业借款综合成本较境内融资大幅下降，充分支持科技企业创新发展。

第三，疏通科技企业融资堵点。北京紧密围绕科技金融发展需求出台了一系列政策措施，如《关于对科技创新企业给予全链条金融支持的若干措施》《金融服务北京地区科技创新、"专精特新"中小企业健康发展若干措施》等（见表6.1），旨在改善北京金融支持科技创新的政策环境，打通科技企业融资的"最后一公里"。

表6.1　　　　　　　　北京科技金融主要政策文件

发文时间	发文主体	政策文件
2020年1月10日	北京市地方金融监督管理局、中国人民银行营业管理部、中国银行保险监督管理委员会北京监管局、中国证券监督管理委员会北京监管局	《关于加大金融支持科创企业健康发展的若干措施》
2022年6月25日	北京市地方金融监督管理局，北京市科学技术委员会、中关村科技园区管理委员会，中国人民银行营业管理部，中国银行保险监督管理委员会北京监管局，中国证券监督管理委员会北京监管局，北京市海淀区人民政府	《关于对科技创新企业给予全链条金融支持的若干措施》

续表

发文时间	发文主体	政策文件
2022年9月29日	中国人民银行营业管理部，国家外汇管理局北京外汇管理部，中国银行保险监督管理委员会北京监管局，中国证券监督管理委员会北京监管局，北京市地方金融监督管理局，北京市科学技术委员会，中关村科技园区管理委员会，北京市经济和信息化局，北京市财政局，北京市商务局，北京市知识产权局	《金融服务北京地区科技创新、"专精特新"中小企业健康发展若干措施》
2023年10月27日	北京市人民政府办公厅	《北京市中关村国家自主创新示范区建设科创金融改革试验区实施方案》
2024年10月24日	中国人民银行北京市分行等	《关于完善首都科技金融服务体系 助推新质生产力加快发展的意见》

资料来源：笔者整理。

二 健全多层次科技金融组织体系

近年来，北京不断优化金融支持科技创新的组织体系，充分发挥政策金融与商业金融的协同效应，精准对接各类科技企业多元化需求。

第一，鼓励政策性银行完善科技创新工作机制。通过优化科技金融激励考核办法，引导政策性银行将制造业贷款与战略性新兴产业贷款纳入年度关键考核指标，确保金融支持科技创新的战略方向不动摇。同时，北京还建立由高层领导挂帅的金融支持科技创新工作小组，强化跨部门协作与战略规划，集中力量支持原创性、引领性科技攻关项目。

第二，引导商业银行构建专业化的科技金融服务体系。北京在中关村等科技创新高地率先推动成立科技金融专营组织机构，并配套实施监测评估与管理机制，推动超过70家银行支行深耕科技金融领域，使得北京成为全国科技金融机构最为密集的城市。同时，北京还鼓励有条件的中资银行设立科技金融事业部，通过设立专职审查人、优化审批流程、定制风控模型及实施专项激励措施，显著提高科技企业贷款审批效率与服务质量。截至2024年末，北京科技企业贷款余额1.14万亿元，同比增长10%，有贷户数同比增长12%。其中，专精特新中小企业的信贷覆盖率接近60%。另外，北京还开展科技金融领军机构培育工作，将中国工商银行北京中关村分行等14家机构确定为科技金融领军机构,然后由这些科技金融领军机构建立专门的组织架构和专业人才团队,并制定了针对性的科技金融工作管理制度及考核机制,以此推动北京科技金融产品和服务创新。从这些科技金融领军机构的数据来看,截至2023年末,其科技贷款余额22.27亿元,与上年相比增长57.25%,科技贷款新发放额占比30.14%,远高于北京市科技贷款平均增速和专营化程度。

三 建立多元化专业性的科技金融产品和服务体系

第一,提高金融产品和服务个性化定制化程度。北京积极引导银行机构开发契合科创企业特性的信贷产品,构建"科创金融产品超市"等一站式服务平台,通过精准对接银企需求,有效提升金融服务的覆盖面与满意度。例如,中国工商银行北京分行根据科技企业在不同发展阶段的经营特点和金融需求,形成"伙伴成长计划"综合化、全产品、一站式金融服务方案;中信银行"领航e贷"产品以其最高1000万元的额度、便捷的"积分卡审批"模式以及创新的投贷联动服务,拓宽了中小科技企业的融资渠道。另外,北京还积极探索通过"投贷联动"等模式创新,为科技企业提供贷款和股权投资支持。例如,北京中关村银行根据自身的风险承受能力、信贷管理策略和行业发展方向,精挑细选优质股权投资机构并与之达成战略合作协议,密切关注合作机构推荐的企业动态,同时对已获得股权投资的企业,提供一定比例的贷款支持和配套金融产品服务,实现股权与债权的有机结合。

第二,推动科技保险市场发展。北京积极推动科技保险产品创新,进一步发挥科技保险作用,引导保险公司推出一批契合战略性产业特点的特色科技保险产品,特别是试点并推广小额贷款保证保险、专利保险、信用保险、贸易融资保险以及针对重点新材料应用和关键研发设备的特色保险,为中小科技企业参与国际贸易、抵御市场风险提供坚实保障。截至2021年10月11日,北京试点开展的知识产权保险试点,已累计为23家"冠军企业"的300件专利、131家硬科技中小微企业的1335件专利、189家十大高精尖小微企业的1731件专利,提供风险保障33.3亿元。

第三,建立完善多层次资本市场服务体系。为发挥多层次资本市场赋能提升作用,加快完善中小企业金融支持体系,北京依托中关村形成的"1+6+10"模式,在全国首批设立专精特新专板,积极汇聚股权投资机构、证券交易所、债券市场等多方资源,为科技企业提供从天使投资、创业投资到新三板挂牌、境内外上市，再到担保融资、直接融资、并购重组、信用贷款、信用保险及贸易融资等全方位、全周期的金融服务，持续探索解决专精特新企业发展早期的信息不对称、发展欠规范、融资渠道匮乏等难题痛点，在企业融资规模、多层次资本市场联动、入板企业数量、政策支持方面实现领跑。截至 2024 年 11 月初，北京专精特新专板企业数量已达 489 家（486 家在板企业、3 家适用"绿色通道"挂牌新三板后退板企业），其中孵化层 98 家、规范层 297 家、培育层 94 家。专板企业中，专精特新中小企业达 296 家，国家级专精特新"小巨人"企业 86 家，创新型中小企业 87 家。专板企业累计融资 150 亿元，帮助 3 家企业通过"绿色通道"机制完成新三板挂牌。

四 营造高效协同的科技金融发展生态

第一，建立协同创新工作机制。北京市政府携手金融监管部门、科技部等共同建立了高层次的联席会商机制，定期研判金融形势，协同推进金融支持科技创新的各项工作，确保政策精准落地，资源高效配置。同时，中国人民银行营管部牵头成立北京市科技金融服务创新工作领导小组，旨在打造全国领先的科技金融创新高地，引领首都金融与科技深度融合。

第二，建立银企对接服务机制。为打造更加便利的营商环境，加快国际科技创新中心建设，北京围绕新一代信息技术、高端装备制造产业、新材料和生物医药四大产业，持续深化专利预审服务改革，助力创新发展跑出"加速度"。另外，北京还创新性地搭建了金融超市平台。该平台集"银企融资对接桥梁"与"信贷产品信息披露"功能于一体，为银企双方提供了沟通渠道，促进了融资对接成功率与效率的提升。

第三，创新搭建以"金融+政务"大数据为主的"创信融"平台。北京依托大数据与云计算技术，创新性地搭建了"创信融"平台。该平台以"金融+政务"大数据为核心，通过整合政务、金融、市场等多维度数据，为银行机构提供精准的企业画像，助力银行在贷前、贷中、贷后各环节实施全面、深入的风险管理，从而有效提升科技型企业的贷款可获得性。目前，"创信融"平台已成功助力 2 万余家中小企业获得超过 220 亿元的贷款支持。

第四，完善融资风险分担和补偿等配套机制。为进一步完善金融支持科技创新的风险管理体系，北京设立了包括知识产权质押融资成本分担、风险补偿在内的 20 余项配套政策资金，旨在通过提高风险分担与补偿力度，降低金融机构的顾虑与成本，引导更多金融资源向科技创新领域倾斜。此外，北京持续扩大担保覆盖范围，特别是对专精特新"小巨人"中小企业，不仅将其单户担保金额上限由1000万元提升至3000万元，还适当提高了代偿率上限并降低了平均担保费率，切实减轻了企业的融资负担，为科技创新类中小企业注入了更多金融活水。

第二节　上海

作为我国的经济中心与国际金融中心，上海近年来始终秉持多元并进的策略，将发展科技金融与国际金融中心建设相融合，统筹内外两种资源，实现金融机构风险偏好与科技企业风险特征之间更好的匹配。聚焦于全面服务科技创新企业从萌芽至壮大的全生命周期，上海不断加码科技金融领域的深耕细作，构建了"1+4+1"的立体框架，即一套保障机制、四大功能板块和一个服务平台（见图6.2）。其中，一套保障机制作为坚实后盾，集财税激励、组织保障与高效沟通协调机制于一体，为科技金融的稳健发展保驾护航，有效降低了金融机构服务科技企业时所面临的风险。四大功能板块则如四轮驱动，涵盖科技信贷的精准滴灌、资本市场的多元融资、股权投资的深度赋能和科技保险的全面护航，全方位满足科技企业多元化、全链条的金融需求。科技信贷的精准滴灌，确保了金融机构能依据科技企业不同成长阶段的风险特征，提供定制化的信贷产品，实现风险与收益的最优平衡；资本市场的多元融资，为科技企业提供了全方位融资渠道，满足不同风险偏好投资者的需求；股权投资的深度赋能，通过引入战略投资者与风险投资机构，利用其在特定行业或技术领域的专业眼光，识别并投资于具有高成长潜力的科技企业，实现风险共担与利益共享；科技保险的全面护航，则为科技企业研发、生产、市场等环节提供了全面的风险保障，进一步减轻了金融机构对科技企业风险管理的担忧。一个服务平台作为前沿阵地，实现线上线下深度融合，运用大数据、人工智能等技术手段，精准分析科技企业的风险特征与金融需求，实现与金融机构风险偏好的智能化匹配。该平台依托先进的科技金融信息服务平台、广泛分布的线下服务站点以及专业精干的科技金融服务专员与专家团队，为科技企业提供一站式的金融服务。2023年，上海专利授权量为15.91万件，其中，授权发明专利4.43万件，同比增长20.51%；发明专利授权率为52.34%，增长0.65%。近五年专利授权量增长58.19%，年均增长14.55%。截至2023年末，上海累计授权发明专利31.17万件，有效发明专利24.14万件，同比增长19.53%。

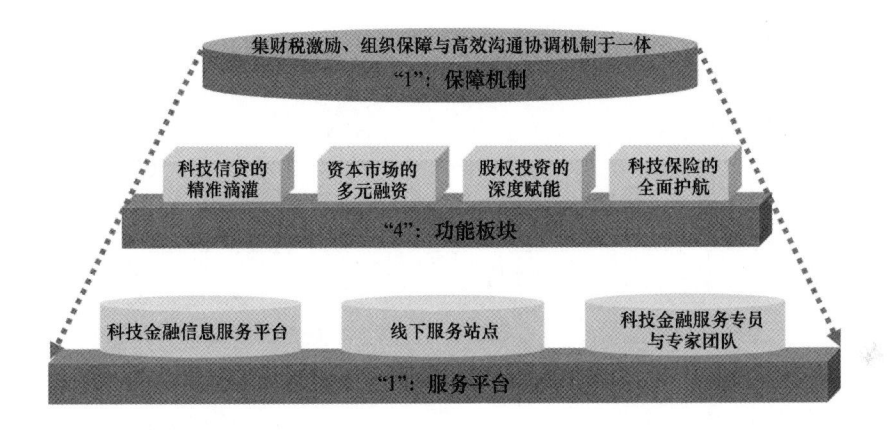

图6.2 上海科技金融服务的"1+4+1"立体框架体系

资料来源：笔者整理。

一 强化科技金融的保障机制

第一，优化科技金融工作机制。2024年，中国人民银行上海总部联合五家单位建立科技金融联系协调机制，印发《上海科技金融服务能力提升专项行动方案》，充分调动政府资源、金融机构等多方力量，创立上海科创金融联盟，推出"点心贷"等创新金融产品，旨在为初创期科技企业量身定制覆盖全生命周期的综合金融服务方案。

第二，出台精准支持政策。为降低科技企业融资成本，中国人民银行上海总部2023年7月推出了"沪科专贷""沪科专贴"等专项再贷款、再贴现政策工具，为上海地区尚未合作的名单内优质企业和长三角地区含金量高的中小企业提供专属的金融服务与贴现率优惠。截至2024年3月末，这些政策工具已累计发放资金达444.9亿元，惠及超过6200家科创企业，助力117家企业首次获得信贷支持。另外，上海还出台了一系列科技金融政策（见表6.2），包括《上海市人民政府关于推动科技金融服务创新促进科技企业发展的实施意见》《上海市科学技术委员会、上海市金融服务办公室关于试点开展科技型中小企业短期贷款履约保证保险工作的通知》等40余项政策。这些政策紧密围绕科技金融、股权投资、融资担保、小额贷款、信贷风险补偿与利息补贴等多个维度，精准对接科技企业从初创到壮大的全链条金融需求。

第三，设立知识产权质押融资贷款专项资金。为深入贯彻《关于促进上海市知识产权金融工作提质增效的指导意见》，上海设立了知识产权质押融资贷款专项资金，率先开展风险"前补偿"试点工作。该专项资金专门用于支持科技企业以专利权、新药证书、软件著作权等知识产权为质押物，解决其融资难题。

表 6.2　　　　　　　　上海科技金融主要政策文件

发文时间	发文主体	政策文件
2015 年 8 月 21 日	上海市人民政府办公厅	《关于促进金融服务创新支持上海科技创新中心建设的实施意见》
2020 年 1 月 8 日	上海市人民政府办公厅	《加快推进上海金融科技中心建设实施方案》
2020 年 1 月 20 日	上海市第十五届人民代表大会	《上海市推进科技创新中心建设条例》
2021 年 7 月 28 日	上海市人民政府	《上海国际金融中心建设"十四五"规划》
2022 年 12 月 26 日	上海银保监局、上海市发展和改革委员会、上海市经济和信息化委员会、上海市科学技术委员会、上海市财政局、上海市地方金融监督管理局、上海市知识产权局、上海推进科技创新中心建设办公室	《上海银行业保险业支持上海科创中心建设行动方案（2022—2025 年）》
2024 年 3 月 15 日	中国人民银行上海市分行	《2024 年上海信贷政策指引》
2024 年 5 月 21 日	国家金融监督管理总局上海监管局	《关于做好上海银行业科技支行梯度培育 提升科技金融专业能力工作意见的通知》
2024 年 9 月 4 日	上海市人民政府办公厅	《上海高质量推进全球金融科技中心建设行动方案》
2024 年 12 月 30 日	中共上海市委金融委员会办公室、上海市财政局、国家金融监督管理总局上海监管局、中国人民银行上海市分行	《上海市 2024—2025 年科技型中小企业和小型微型企业信贷风险补偿实施办法》

资料来源：笔者整理。

二　构建多元化、接力式科技金融服务体系

上海精心构建多元化、接力式科技金融产品与服务体系，全方位满足科技企业金融需求。

第一，创新能适配需求端发展的科技信贷产品。在信贷产品创新上，上海金融机构积极发挥专业与资源优势，深度挖掘科技企业独特需求，不断在产品、服务和机构设置等方面开展突破性创新，实现对上海科技创新重要承载区、功能区的产业园区的金融全覆盖。例如，交通银行创新推出"科创易贷""科创易投"等系列"交银科创"产品；浦发银行在"张江创孵基地"设立了国内首个科技支行，专注于为科技企业提供流动资金支持。中国农业银行上海分行在临港新区和张江科学城试点"科技企业员工持股计划"与"股权激励贷款"，并依托上海数据交易所，创新推出知识产权质押融资、数据资产质押贷款等前沿产品，为科技企业融资开辟了新路径。为发挥知识产权保护在促进创新创造、扩大对外开放、优化营商环境中的关键作用，上海率先开展知识产权与金融要素创新融合，聚焦科技型服务贸易企业面临的维权难题、融资难题以及运营难题，打造"政府引导、市场运作、企业自愿"的知识产权保险"上海模式"，启动专利保险试点工作，推出一系列知识产权新险种，并率全国之先首创知识产权交易保险，有效帮助服务贸易企业化解经营过程中遇到的风险。截至2024年第一季度末，上海辖内科技企业贷款余额1.16万亿元，同比增长36%；贷款户数3.32万户，同比增长46%。专精特新企业贷款余额3039.08亿元，同比增长45%。高新技术企业贷款余额6633.36亿元，同比增长21%。知识产权质押融资贷款余额144.27亿元，同比增长90%。

第二，加快建设多层次资本市场。聚焦生物医药等前沿领域，上海实施了一系列上市培育计划，建立科创企业上市培育库，同时设立上海证券交易所科创板，助力符合条件的科技企业通过上市挂牌、债券发行、并购重组等多种方式拓宽融资渠道，显著提升了直接融资比例。2011年以来，上海在全国率先开展专精特新企业培育工作；2024年3月，上海开启了专精特新专板开板暨认股权综合服务试点工作，162家企业集体登陆上海专精特新专板。截至开板当天，上海已累计培育2万余家创新型中小企业、1万余家市级专精特新中小企业、685家国家级专精特新"小巨人"企业。已有158家专精特新企业在A股上市，占全部上市公司的比例超过1/3。

特别是2023年度，专精特新企业在全市新上市企业中占比近六成。

第三，持续优化科技投资生态。充分发挥政府和国有引导基金的杠杆作用，利用集成电路、生物医药、人工智能三大先导产业设立的超120亿元的母基金引导80%以上的子基金资金和社会资本向早期、小型、硬科技企业倾斜，为科技创新注入源头活水。此外，上海还稳步推进"投贷联动"试点，通过"银行+认股权""银行+产业园区+认股权""银行+担保+认股权"等多种模式，帮助科技企业获取风险投资，缓解财务压力。截至2024年3月，上海已成功落地19单认股权项目，且标的企业均为医疗器械、新能源等行业的优质科创企业，其中11家高新技术企业、10家专精特新企业、1家专精特新"小巨人"企业。

第四，创新科技保险产品。在科技保险领域，上海立足科创金融改革试验区建设，全国首创"科技企业创业责任保险"，并推出"生物医药产品责任保险"等系列专属保险产品，同时辅以保费补贴政策，以此降低科技企业的创新风险。另外，政府、银行与保险公司也不断加强合作，共同构建了风险共担机制，为科技企业的稳健发展提供了坚实保障。截至2023年12月，已有49家科技孵化器投保"科技企业创业责任保险"，参保创业企业300家，参保创业者816人，承保风险2937.6万元；313家企业投保"生物医药人体临床试验责任保险""生物医药产品责任保险"，承保风险61.6亿元。

三 搭建科技金融高质量发展支撑平台

第一，设立上海市科技金融信息服务平台。该平台是集公益性和专业性于一体的科技金融信息服务平台，旨在为科技型中小企业提供一站式的金融服务解决方案，包括贷款申请、融资对接和信息查询等服务。同时，该平台还引入了微信客服系统，实现了"一对一""面对面"的在线咨询服务，即时响应企业需求，高效解决信息不对称问题，不断提升企业的办事效率与满意度。

第二，成立科技金融服务站。为进一步提升金融服务科创新的政策传导效率与服务质量，上海精心布局，先后设立了17个科技金融服务站，年服务企业超过2000家次，有效促进了政府、金融机构、科技企业之间的对接。此外，上海还专门建立"沪小科"科技志愿服务团队，定期深入企业，开展路演活动、政策宣讲会等，面对面解答企业疑惑，提供个性化的政策咨询服务。通过一系列举措，上海有效推动了科技创新政策落地生根，助力科技企业实现更快更好发展。

第三节 深圳

作为我国最重要的科技创新中心之一的深圳，其科技金融发展始终立足大湾区，充分利用本地科技企业和金融机构市场主体活跃的优势，统筹内外两方面资源，辐射全国。在以市场需求为驱动的同时，发挥政府的引导作用，着力打造科技金融发展新生态，不断提高科技金融供求双方风险匹配程度。这一特征贯穿于其构建的"2+5+6"金融支持科技创新服务体系（见图6.3）之中。其中，"2"即财政与金融双重扶持策略。通过激励银行机构采取更为灵活的风险评估模型，勇于向具有创新潜力但短期盈利不确定的科技企业放贷；同时，鼓励担保机构根据科技企业知识产权、研发能力等软性资产制定特色化担保方案，合理提高风险承担能力。此外，引导保险机构设计针对科技企业特定风险的保险产品，提供全方位的风险保障。这一系列举措旨在打破传统金融壁垒，使金融机构的风险偏好更加贴近科技企业高风险、高成长性的本质。"5"是指五大方面具体举措，包括：通过完善科技金融服务体系，丰富金融产品供给，满足科技企业金融需求；推动科技金融创新发展，鼓励金融工具和服务模式创新，以适应科技企业多样化的融资需求；引导风投和创投支持科技，利用创投资本的风险偏好与科技企业风险特征的天然契合，加速科技成果转化；强化资本市场枢纽功能，畅通科技企业上市融资渠道，为其长期发展提供强有力的资本支持；加强平台智库服务支撑，为科技企业与金融机构搭建信息交流平台，促进双方更深入了解，增强匹配度。"6"是指科技金融"六专"管理机制，从专用制度、专业人才、专项考核、专门风控、专属支持、专线对接层面，确保了金融机构能够专业、高效地服务于科技企业。特别是专门风控机制的建立，要求金融机构在评估科技企业风险时，不仅要考虑传统财务指标，更要注重企业的技术创新能力、市场前景等核心要素，从而实现风险偏好与科技企业风险特征的更好匹配。

在相关政策的推动下，深圳的科技创新能力在全国处于领先位置。2023年，全市国内专利授权235100件，居全国首位。其中，发明专利授权62252件、实用新型专利授权108347件、外观设计专利授权64501件。

深圳有效发明专利拥有量300379件，其中高价值发明专利拥有量173723件。PCT国际专利申请量15854件，连续20年居全国大中城市首位；PCT国际专利申请公开量17161件，在国际创新城市对比中排在第二位。另外，根据2024年深圳市政府工作报告数据，自2019年工信部正式启动专精特新"小巨人"企业培育计划以来，深圳已有742家中小企业入选前五批专精特新"小巨人"名单，叠加第六批的298家，深圳截至目前共有1040家国家级专精特新"小巨人"企业。深圳是第六批"小巨人"企业获批数量最多的城市，共有298家，占全国总数的近10%，占广东省总数的50%以上。总量上，深圳专精特新"小巨人"企业总数仅次于北京，位居全国第二。

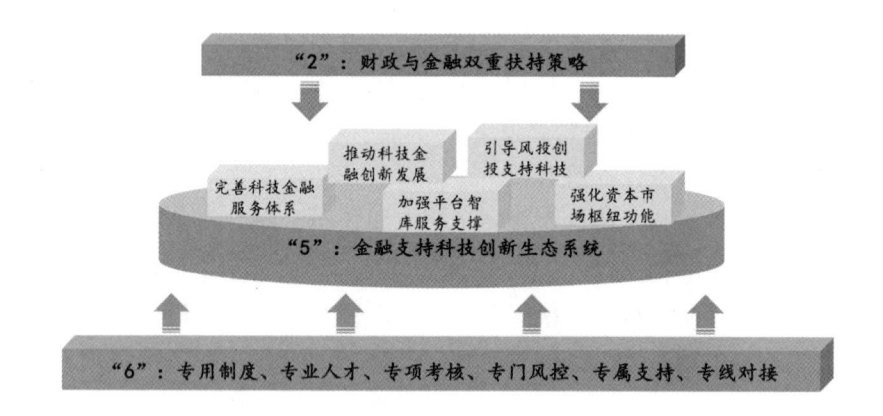

图6.3 深圳"2+5+6"金融支持科技创新服务体系

资料来源：笔者整理。

一 发挥政府引导作用

在促进金融机构和科技企业风险匹配方面，深圳市政府紧密结合本地市场主体的需求特点，采取针对性措施，弥补市场失灵。

第一，完善科技金融政策支持体系。近年来，深圳先后围绕降低科技企业创新活动不确定性、提高金融机构风险偏好等方面，密集出台了一系列政策文件（见表6.3）。其中，《深圳经济特区科技创新条例》首次专设"科技金融"章节，为科技金融的融合发展奠定了坚实的法律基础；此后，《关于促进深圳风投创投持续高质量发展的若干措施》的发布，进一步畅通了创新产业投资渠道，促进了资本与创新的深度融合；《深圳市关于金融支持科技创新的实施意见》旨在全面完善科技金融服务体系，为科技创新提供全方位、多层次的金融支持。这一系列政策文件的出台强化了深圳金融支持科技创新的顶层设计，为后续工作的顺利开展奠定了坚实的基础。

表6.3　　　　　　　　深圳科技金融主要政策文件

发文时间	发文主体	政策文件
2020年2月28日	深圳市科技创新委员会	《深圳市科技型中小微企业贷款贴息贴保项目管理办法》
2020年8月28日	深圳市第六届人民代表大会常务委员会	《深圳经济特区科技创新条例》
2021年2月18日	深圳市人民政府办公厅	《深圳市关于进一步促进科技成果产业化的若干措施》
2021年3月29日	深圳市人民政府办公厅	《深圳市关于进一步提高上市公司质量的实施意见》
2022年4月7日	深圳市地方金融监督管理局	《关于促进深圳风投创投持续高质量发展的若干措施》
2023年10月8日	深圳市地方金融监督管理局、深圳市科技创新委员会、中国人民银行深圳市分行、国家金融监督管理总局深圳监管局、中国证券监督管理委员会深圳监管局	《深圳市关于金融支持科技创新的实施意见》

资料来源：笔者整理。

第二，设立政府引导基金带动社会资本。与社会资本相比，国有资本具有一定的政策性属性，兼顾经济效益和社会效益，能够更好地匹配科技创新活动的高风险特征。2015年，深圳设立了总规模超过1000亿元的政府引导基金，是国内成立最早、规模最大、资金实际到位的政府引导基金之一。2018年成立深圳天使母基金，认缴规模100亿元，主要投资于种子期、初创期科技企业，在全国天使类引导基金中规模最大。

第三，发挥政策性担保机构的风险分担作用。以政策性担保机构深圳市高新投集团为例，截至2023年10月，该集团累计为超81000家企业提供超11000亿元金融支持，成功助推370家企业在境内外公开挂牌上市。

二 创新科技金融专属业务模式

为初创型科技企业创新"科技初创通"的专属科技金融服务模式。在中国人民银行深圳市分行、深圳市市场监督管理局以及市知识产权局的指导下，深圳地方征信平台首创为初创型科技企业"画像"的征信产品"科技初创通"。"科技初创通"通过深度挖掘海量数据，为"死亡之谷"的初创型科技企业精准画像，打通融资"最初一公里"。截至2024年9月末，"科技初创通"已服务14家初创型科技企业，授信放款5398万元。此外，针对初创型科技企业，深圳充分发挥风投创投行业的优势，机构数量和基金管理规模均位居全国前列，为这些有潜力的企业提供"投早投小"的支持。同时，深圳按照"一产业集群、一专项基金"的思路，重构产业引导基金体系，并探索设立20亿元的科技创新种子基金，旨在精准引导各类资本投向战略性新兴产业和未来产业领域，为初创科技企业注入更多的发展动力。此外，深圳还积极推动线上化、批量化、智能化的金融服务模式创新，为初创科技企业提供更加便捷、高效的融资体验。

第二，创新"腾飞贷"专属信贷业务模式。针对业务即将起飞的高成长期科技企业，中国人民银行深圳市分行率领辖内金融机构专门研发创新型信贷业务模式——"腾飞贷"。"腾飞贷"模式打破了传统金融机构的授信思维，将关注点从企业的财务报表转向其未来发展潜力和市场前景，使得企业的新增订单、资金周转情况及合作对象等均可作为贷款评估的重要依据，将银行从传统的"看抵押、看担保"转变成"看未来、看成长、看技术"，并通过法律文书约定银行分享企业未来的成果。截至2024年9月末，已有21家银行与51家企业签约了"腾飞贷"，累计发放贷款15.3亿元，环比6月末分别增长了50%、54.5%和112.5%。

第三，为成熟期的大型科技企业提供综合金融服务。针对处于成熟阶段的大型科技企业，深圳提供了涵盖并购融资、研发融资、风险管理、资金归集及债券承销等在内的一站式综合金融服务。2023年，深圳市融担基金为科技企业贷款提供了高达32.16亿元的融资再担保服务，惠及企业数量达4264家，有效缓解了企业的融资难题。同时，深圳积极引导保险机构参与科技保险服务，探索"保险+科技+服务"的创新模式，如国任财产保险推出的"科研保"等产品，为科技企业提供了更加全面的风险保障。在知识产权金融服务方面，深圳已初步构建起以知识产权为核心的金融服务生态，知识产权证券化产品累计发行79单，规模达到178.79亿元，发行量和规模均居全国前列。此外，专利和商标质押融资也取得了显著成效，为科技企业提供了更加灵活多样的融资渠道。

深圳全周期科技金融产品与服务供给体系如图6.4所示。

成熟期	• 全方位、综合化的金融服务 • 涵盖并购融资、研发融资、风险管理、资金归集及债券承销等在内的一站式综合金融服务
成长期	• 专属化、定制化的金融服务 • 研发贷、并购贷、员工持股贷及认股权贷等具有鲜明科技特色的金融产品、"腾飞贷"模式、"金融驿站"项目
初创期	• 线上化、批量化、智能化的金融服务 • 举办"深圳创投日"活动、按照"一产业集群、一专项基金"的思路，探索设立20亿元的科技创新种子基金，精准引导各类资本投向战略性新兴产业和未来产业领域

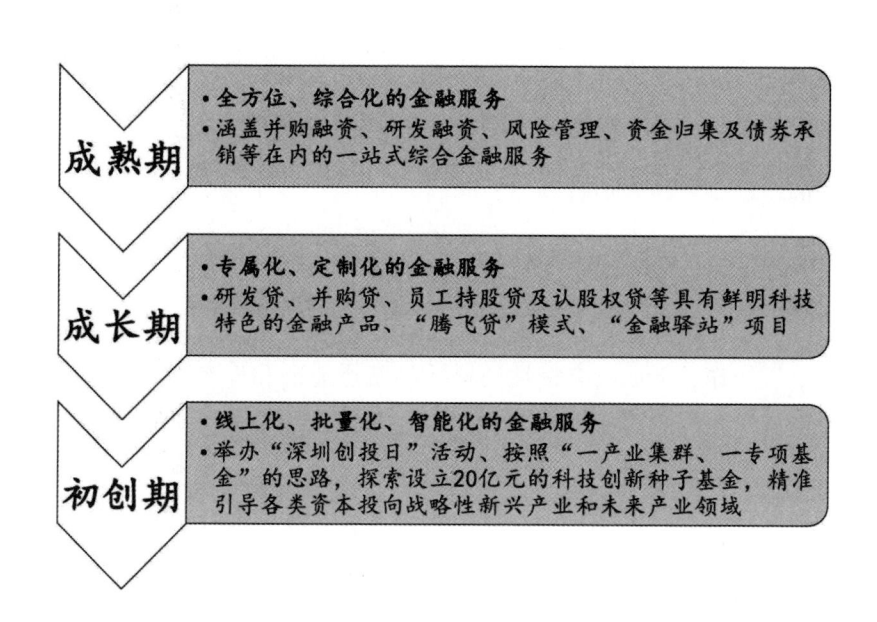

图6.4 深圳全周期科技金融产品与服务供给体系

资料来源：笔者整理。

三 构建专营服务体系

第一，科技支行领航开展专业化的信贷服务。深圳银行业在科技金融组织体系方面持续创新，深圳银行业纷纷成立或认定科技金融事业部、科技支行、科技特色支行、科技特色网点等。截至2024年3月，已有9家银行的20家支行被确立为首批科技支行，主要服务前海、河套和深圳高新区等科技企业。这些科技支行立足于中小科技企业"高成长潜力、高风险并存、轻资产运营"以及"技术导向、人才驱动、未来可期"的特质，致力于提供专业化、特色化的金融服务。例如，中国工商银行深圳市分行形成了"科技金融中心+特色支行网络"的全方位服务架构，中国建设银行深圳市分行建立了"科技金融创新中心"的差异化政策支持体系。截至2023年末，深圳科技信贷余额已突破1.11万亿元大关，占整体贷款规模的12.03%，新增国家高新技术企业1615家，累计培育国家级专精特新"小巨人"企业742家，为科技创新提供了坚实的资金后盾。

第二，建立"六专"保障机制，精细化服务科创企业发展。深圳针对专营服务机构，创新性地建立了"六专"机制——专用制度、专业人才、专项考核、专门风控、专属支持、专线对接，确保科技企业能够获得更加精细化的金融服务。通过单列信贷规模、实施优惠内部资金转移定价、下放授信审批与产品创新权限等措施，科技企业获得了更大的融资便利。同时，提高不良贷款容忍度，运用先进的信息技术提升风险管理能力，为科技企业的稳健发展保驾护航。

四 统筹内外资源，优化科技金融生态

第一，统筹内外两方面资源。一是立足粤港澳大湾区。通过加强大湾区内部分工协作，形成具有韧性的科技创新产业链和生态圈；探索"深圳商行+香港投行"的投贷联动新模式。二是向全国辐射。深圳将科技金融服务范围延伸到其他地区。以创投业为例，截至2023年末，深圳私募股权创投基金投资项目19992个，投向全国企业12338家。从风险匹配角度看，这种方式一方面可以帮助金融机构在更大范围内分散风险；另一方面也能够把深圳的成功模式向全国推广，帮助金融机构获取高收益以弥补其早期阶段可能产生的损失。

第二，强化融资担保机制。深圳充分发挥科技保险风险保障功能，积极推进知识产权保险、科技成果转化费用损失保险以及首台（套）重大技术装备、首批次新材料、首版次软件等险种发展，构建涵盖科技企业生产经营、科技研发、成果转化全过程的产品体系。鼓励符合条件的保险公司发展高新技术企业出口信用保险，持续优化线上投保关税保证保险。鼓励有条件的地区开展科技保险风险补偿试点。研究将科技项目研发费用损失保险、专利保险、知识产权海外侵权保险、数据知识产权被侵权损失保险等纳入市级专项资金的支持范围。实施小额贷款保证保险补贴，对于通过

小额贷款保证保险发放的新贷款，银行按实际发放贷款金额的0.5%奖励，保险公司按实际承保贷款金额的1%奖励。2025年1月，深圳市知识产权局发布《深圳市知识产权保险产品清单（2025版）》，涵盖全市6家保险机构共81款知识产权保险专属产品，覆盖专利、商标、商业秘密、版权、地理标志、植物新品种、集成电路布图设计、数据知识产权等知识产权类别，包括海外知识产权维权保险、数据知识产权安全保险、专利许可信用保险、知识产权资产评估职业责任保险等特色产品。近年来，深圳高度重视并加快推进知识产权保险工作，出台《关于进一步加强知识产权质押融资工作的指导意见》等政策文件，指导保险机构积极开发知识产权保险产品，鼓励创新"科技+保险"服务模式，大力提升保险保障能力和服务水平，为创新主体自主知识产权的确权、用权、维权提供风险保障，持续激发社会创新动力和经营主体活力。2024年1月发布的《深圳市市场监督管理局知识产权领域专项资金操作规程》提出实施知识产权保险资助，对深圳企业投保海外侵权责任保险、专利执行保险及专利被侵权损失保险相关险种的，每年给予50%、最高不超过20万元的保费扶持，鼓励企业通过知识产权保险抵御风险。截至2024年底，深圳知识产权保费累计近8000万元，为17000余家企业提供风险保障近70亿元。

第三，完善"股贷债保"联动的金融服务支撑体系。为优化科技金融生态体系，深圳不断完善"股贷债保"联动的金融服务支撑体系。紧密联动深圳"20+8"产业基金群、天使投资引导基金和科创种子基金等多元化资金来源，形成合力，共同助力科技企业尤其是初创期和小微企业的快速发展。同时，深圳依托西丽湖国际科教城等全市重大科技创新平台，强化科技企业、科研项目与金融机构之间的沟通交流，推动科技金融资源向园区和企业精准投放，实现"入园惠企"的目标。

第四，打造科技金融发展新生态。深圳在金融机构与科技企业之间建立有效沟通平台，降低信息不对称，更好地实现风险匹配。一是以高交会促进金融机构与科技企业对接。创办于1999年的中国国际高新技术成果交易会是目前中国规模最大、最具影响力的科技类展会，在促进产业资本与科技成果对接方面发挥了重要作用。二是开展"深圳创投日"活动。2022年11月8日，深圳启动"深圳创投日"系列活动，成为全国第一个为创投行业设立节日的城市，以每月8日为时间节点举办不同产业、不同赛道的产投融对接活动。截至2023年11月，累计实现超1130亿元的重大基金签约，638家优质企业登台路演。三是创新银企对接模式。2022年6月，深圳创新启动"金融驿站"项目，充分利用现有的党群服务中心、行政服务大厅、各银行网点，设置实体驿站网点，并在深圳金服平台上设置驿站服务专区和绘制"驿站地图"，实现科创类中小微企业金融服务有效触达和精准服务。

第四节　杭　州

杭州以建设国家科创金融改革试验区为契机，依托于本地数字经济发达的优势，紧密结合本地科技企业金融需求特点，持续深化科技金融的体制、机制、产品和服务创新，提高金融机构风险偏好与科技企业风险特征之间的匹配程度。从最初的以"银政合作"为主导的"科创1.0"模式到以"投贷联动"为特色的"科创2.0"模式，再到目前以数据和专业驱动为核心的"科创3.0"模式，进一步打通了股权与债权融资的壁垒，为科技企业提供了更加灵活多样的资金支持。杭州科技金融发展强调利用大数据、人工智能等先进技术，精准评估科技企业风险，定制化设计金融产品与服务，实现了金融机构供给与科技企业需求的对接，科技创新能力不断提升。2023年，杭州新增发明专利授权量3.2万件；截至2023年末，杭州市有效发明专利拥有量15.3万件，位居全国省会城市第一；高价值发明专利拥有量6.5万件，同比增长27.29%，每万人高价值发明专利达到52.6件。

一　完善科技金融保障机制

第一，完善金融支持科技创新的政策体系。杭州相继出台《杭州市人民政府关于完善科技体制机制健全科技服务体系的若干意见》《杭州市构筑科技成果转移转化首选地实施方案（2022—2026年）》《杭州市落实省"315"科技创新体系建设工程2024年工作计划》等政策文件（见表6.4），为科技金融发展营造有利政策环境。

第二，出台财税补贴政策。杭州每年向创业引导资金存款提供2亿元的财政支持，并给予财政基准利率20%的补助，以此激励金融机构设立科技支行和科技特色支行。

第三，推动金融顾问制度和科技金融的深度融合。为有效应对科技企业的融资需求，浙江通过推动科技金融生态场景与金融顾问制度的深度融合，组织了104家成员单位和3400多名金融专业人士，提供公益性的金融服务。这些服务覆盖了不同发展阶段和领域的科技企业，实现全方位、一站式、定制化的金融支持。

表6.4 杭州科技金融主要政策文件

发文时间	发文主体	政策文件
2020年12月17日	杭州市人民政府	《杭州市人民政府关于完善科技体制机制健全科技服务体系的若干意见》
2021年3月29日	杭州市人民政府办公厅	《关于金融支持服务实体经济高质量发展的若干措施》
2022年5月10日	杭州市人民政府办公厅	《杭州市加快中小企业"专精特新"发展行动计划》
2022年11月17日	中共杭州市委办公厅、杭州市人民政府办公厅	《杭州市构筑科技成果转移转化首选地实施方案（2022—2026年）》
2023年1月19日	杭州市人民政府办公厅	《杭州市人民政府办公厅关于建设现代金融创新高地助力经济高质量发展的实施意见》
2023年12月23日	杭州市人民政府办公厅	《强化企业科技创新主体地位加快科技企业高质量发展的若干措施》
2023年12月27日	杭州市人民政府办公厅	《杭州市人民政府办公厅关于打造全国专精特新名城的实施意见》
2024年3月12日	杭州市科技创新工作领导小组办公室	《杭州市落实省"315"科技创新体系建设工程2024年工作计划》
2024年12月30日	杭州市人民政府	《杭州市未来产业培育行动计划（2025—2026年）》

资料来源：笔者整理。

二 优化科技金融产品和服务

第一，首创以高层次人才作为精准服务对象的"人才银行"模式，引领银行信贷服务创新升级。2016年，浙商银行在全国首创以高层次人才作为精准服务对象的"人才银行"模式，其初衷是服务国家"卡脖子"技术攻坚战略，协助解决归国人才创业的后顾之忧。2020年，中国人民银行浙江省分行会同浙江省委人才办等6部门，在全省推广"人才银行"服务模式，鼓励银行"以人定贷"。各类科技人才可凭创业计划、项目可行性认证或仅凭学历证明即可申请贷款，初创期贷款额度最高可达1000万元，成长期可达5000万元。同时，人才企业贷款最长期限可达10年，还享有最长3年的"还息不还本"宽限期。在浙商银行推动下，"人才银行"业务模式目前已走出杭州、走出浙江，在北京和深圳等地复制推广。截至2024年9月末，浙商银行"人才银行"累计服务高层次人才客户3654户，融资余额311.05亿元，户均融资约850万元。服务的高层次人才中，国内外院士、国家或省部级高层次人才占比超过一半，行业赛道则集中在生物技术、高端装备、信息技术和新材料等国家战略性新兴产业。在其他信贷产品方面，杭州银行业紧跟科技企业发展需求，不断推出具有针对性的信贷产品。从"浙科贷"到"专精特新贷"，再到"企业创新积分贷"及"科易贷"等，这些金融产品覆盖了科技企业从初创到成长的各个阶段。同时，"贷款+外部直投""投贷保一体联动"等新型服务模式的探索，进一步拓宽了科技企业的融资渠道，实现了金融服务的全面升级。2024年9月，浙江省经济和信息厅发布了《关于浙江省第六批专精特新"小巨人"企业和第三批专精特新"小巨人"复核通过企业名单的公示》。根据公示数据，杭州资本体系赋能培育87家企业入选，占全省公示名单总数的21.75%，较2023年增长8.47%，累计企业数量为481家，第六批新增156家，在全国城市排名为第五。

第二，拓宽直接融资渠道。为满足科技企业多样化的融资需求，杭州积极支持符合条件的企业发行双创专项债务融资工具、科创票据、高成长债等直接融资产品，为科技企业提供了更多的资金来源。

第三，发挥风险投资作用。杭州通过组建规模庞大的科创基金和创新基金，有效发挥了风险投资的引导作用。这些基金不仅赋能培育了众多专精特新"小巨人"企业和独角兽、准独角兽企业，还成功孵化了多个优质项目，如高维医药、西湖烟山科技、强脑科技等。此外，"凤凰行动计划2.0版"的实施，更是通过资金、政策和服务的全链条支持，助力更多企业成功上市，成为资本市场上的"金凤凰"。

第四，创新知识产权保险产品。杭州积极开展知识产权保险等创新试点，将保险机制融入知识产权治理体系。围绕知识产权的创造、运用、保护三大环节，杭州推广了全链条的知识产权保险产品，并将其纳入全省专利转化专项计划支持方向，为科技企业提供了更加全面的风险保障。

三 搭建金融综合服务平台

第一，建立科创特色融资专区。针对科创企业的独特性和多元化融资需求，杭州金融综合服务平台创新开设了"知识产权""供应链""专精特新"等特色融资专区。这些专区依托智能风控系统和多维度评价模型，能够深入剖析不同类型、不同阶段、不同领域的科技企业特点，为其量身定制更为匹配的金融产品。通过"融资+融智""产业+科技"的赋能式服务，平台不仅解决了企业的资金难题，还促进了企业智力资源的整合与产业升级。据统计，该平台自运行以来，已累计帮助10万家企业获得总授信金额超2800亿元。

第二，开设"数知通"平台。在知识产权质押融资领域，浙江省在全国率先推出了数据知识产权领域的一体化服务平台——"数知通"。该平台集数据知识产权的存证公证、登记服务、运营交易、收益分配、权益保护等功能于一体，为企业提供了便捷、高效的线上服务。通过"数知通"，企业可以更加安全、规范地管理和运用其数据资产，进一步激发数据要素的价值创造潜力。

第三，建立科创金融标准体系。为推动科创金融的规范化、标准化发展，结合《杭州市科创金融专营机构（组织）认定管理办法（暂行）》，杭州率先在全国探索科创金融标准体系建设。该体系聚焦科创企业标准、专营机构标准、科创产品服务标准三大核心领域，制定了科创金融专营机构的认定标准。通过标准的制定与实施，杭州将进一步优化科创金融生态环境，吸引更多优质金融资源和服务机构集聚。

第五节 苏州

近年来，苏州积极探索推动科技与金融的融合，通过构建政府与市场相结合的服务生态，逐步构建起了集政策扶持、资本助力和风险保障于一体的科技金融综合服务体系。该模式的特色体现为多元化的参与主体和协同合作的机制（见图6.5），以实现金融机构风险偏好与科技企业风险特征之间的匹配。其中，政府作为引导者，充分发挥财政科技专项资金的指挥棒作用。政府通过制定优惠政策、搭建服务平台、引导资源配置等方式，降低了科技企业的融资门槛，缓解了金融机构对于科技企业高风险性的顾虑。银行发挥主力军作用，调整和优化风险评估模型，创新推出针对科技企业的专属信贷产品和金融服务，满足科技企业融资需求，展现了银行风险偏好的灵活性与前瞻性。保险公司与担保机构主要为科技企业的创新活动提供有效的风险保障，有效分散了金融机构面临的潜在风险，增强了金融系统对科技企业风险的包容性和支持力度。创投机构为科技企业注入更多的资本活力和市场动力。券商则利用其专业优势，为科技企业提供上市辅导、并购重组等全方位服务，助力科技企业快速成长。2023 年，苏州专利授权量 130771 件，其中发明授权 26959 件、实用新型授权 93739 件、外观设计授权 10073 件。截至 2023 年底，全市有效发明专利量达 129899 件，同比增长 24.31%，每万人有效发明专利拥有量达 100.25 件，每万人高价值发明专利拥有量达 40.91 件，位居全国前列；PCT 国际专利申请 2866 件，位居全省第一；36 项专利获第 24 届中国专利奖，获奖总数连续 8 年位居全省第一。全市有效商标注册量 697177 件，位居全省第一。2023 年全市版权作品登记总量 130494 件，其中一般作品登记 80408 件、计算机软件著作权登记 50086 件，数量位居全国、全省前列。另外，截至 2024 年末，苏州境内外上市企业总数增至 267 家，其中 A 股上市 219 家，数量位居全国第五。219 家 A 股上市企业中，科创板 55 家，总量位居全国第三，北交所 12 家，总量位居全国第二。此外，还有新三板挂牌企业 250 家，总量位居全国第四。全市 219 家 A 股上市企业中有 190 家为高新技术企业，占比达 87%，74 家为国家级专精特新"小巨人"企业。25 家上市企业入围 2024 中国民营企业 500 强，绝大多数企业拥有较强的自主创新能力和核心技术。

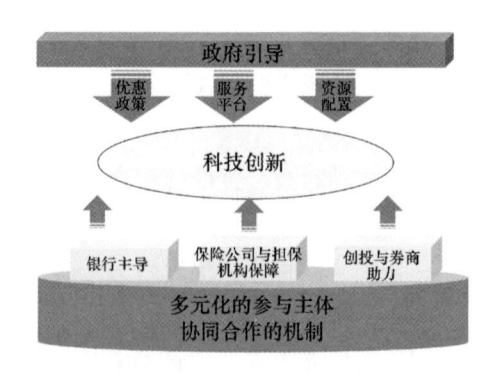

图 6.5 "多元化参与主体＋协同合作机制"的苏州模式

资料来源：笔者整理。

一　围绕痛点难点完善政策保障机制

第一，做好科技金融政策的顶层设计。苏州高度重视科技金融政策的顶层设计，先后发布《苏州市实施"八大工程"全面提升科技创新能力的若干政策》《关于进一步推动苏州科技金融工作的若干重点措施》等政策文件（见表6.5），构建苏州市科技金融发展政策框架。

第二，建立部门政策互补和协调机制。苏州市财政局、科技局、金融办等多部门紧密合作，共同推出了科技支行专项风险资金池、科技贷款贴息、科技保费补贴、科技金融风险共担等政策以及独角兽企业和瞪羚企业培育计划等一系列创新举措，有效缓解初创型科技企业融资难、融资贵问题，消除金融机构在贷款投放过程中的顾虑。例如，在省、市、区三级财政的支持下，苏州建立多层级风险补偿资金池，并每年从数亿元的金融改革专项基金中，将70%以上的资金逐渐用于支持中小微企业的信用保证和小微贷基金池；"科贷通"按销售收入5000万元以下、5000万元到2亿元、2亿元以上对科技企业进行分类，分别给予50%、40%、30%的风险补偿，重点支持对象补偿比例达80%。

表6.5　　　　　　　　苏州市科技金融主要政策文件

发文时间	发文主体	政策文件
2009年9月4日	苏州市人民政府	《苏州市人民政府关于加强科技金融结合促进科技型企业发展的若干意见及主要任务分解表的通知》
2015年9月21日	苏州市人民政府	《苏州市金融支持企业自主创新行动计划（2015—2020）》
2016年6月8日	中共苏州市委、苏州市政府	《中共苏州市委、苏州市政府关于实施打造具有全球影响力产业科技创新高地五大行动计划的决定》
2023年4月10日	苏州市第十七届人民代表大会常务委员会	《苏州市科技创新促进条例》
2024年3月25日	苏州市人民政府	《苏州市实施"八大工程"全面提升科技创新能力的若干政策》
2024年11月26日	中共苏州市委、苏州市人民政府	《关于进一步推动苏州科技金融工作的若干重点措施》

资料来源：笔者整理。

二 紧扣需求优化科技金融供给

第一，丰富完善科技金融经营载体。苏州各金融机构积极响应政策要求，纷纷设立科技支行等专营机构，配套成立"企业自主创新金融支持中心""科技金融产品研发中心""投贷联动金融中心"等特色部门或功能性总部，提升科技金融服务的专业化与精准化水平。

第二，聚焦重点领域，创新特色产品。在苏州财政科技专项资金由"拨"改"贷"、由"拨"改"补"的科技金融1.0版本，围绕科技企业全生命周期打造"科贷通"科技信贷产品体系的科技金融2.0版本的基础上，2022年苏州科技金融创新了"产业创新集群贷"的3.0模式，提出"一产业一榜单""揭榜挂帅"等新模式。"一产业一榜单"是指科技部门根据重点细分产业向科技企业征集信贷需求，形成并发布需求榜单，每个榜单的上榜企业20家左右，包括龙头上市公司以及科技初创企业。"揭榜挂帅"则指银行机构根据自身条件选择某个榜单，揭榜后，对榜单上有信贷需求的企业一视同仁、全部放贷，每个榜单的信贷额在1亿元左右，单个企业的授信额度在100万—1000万元。科技发榜、银行揭榜、揭榜即贷，在商业逻辑上，让榜单内龙头企业信贷产生的效益去弥补初创小微企业的风险，激励银行在内部信贷审批体系上创新；在政策推动上，通过财政科技专项资金最高80%风险补偿的撬动，帮助科技初创企业和小微企业获得贷款，让科技财政的引导和撬动作用得到更好发挥。在三次科技金融迭代创新基础上，2023年底，苏州迭代4.0新模式，推出"科创指数贷"，通过构建科创指数评价体系，为企业创新水平"画像"，以"科创指数"小切口带动金融资源优配置，帮助科技企业将创新力转化为融资力。截至2024年第三季度末，苏州科技企业贷款余额5968.16亿元，较年初增加796.12亿元，增速15.39%，高于各项贷款增速9.29个百分点；1—9月，全市科技保险保费收入11.23亿元，保单数量3.64万件，其中主要财产保险公司承保科技研发、成果转化风险类保险583笔，保额较上年同期上升31.0%。全市银行、保险等机构深耕科技金融，有力支持了一大批科技企业发展。

第三，联动产业和基金，积极培育先导产业。以市、区两级国有金融控股集团为主导，苏州创建了多只直投基金，并联合国内知名风险投资公司以混合所有制形式设立了母基金。同时，苏州还吸引了大量社会资本参与，共同创建了创业投资引导基金、领军直投基金和产业基金等，为园区科技企业提供了从初创到IPO上市的全周期金融服务。截至目前，苏州已累计募集股权投资基金规模达3800亿元，成功引导了生物医药、纳米技术应用、人工智能等先导产业，形成了"元禾系""国发系""高新系"，以及以相城科技金融产业园和苏州湾金融小镇等为代表的创业投资集聚区。近年来，苏州市工信局积极落实《优质中小企业梯度培育管理暂行办法》，锚定专精特新培育目标，依托市"专精特新企业之家"等企业服务载体，超前谋划企业培育，做细做实申报辅导，着力培育能够专注于细分市场、聚焦主业且自身创新能力强、成长性好的企业成长为专精特新"小巨人"。江苏省工信厅2024年9月发布了《关于江苏省第六批专精特新"小巨人"企业和第三批专精特新"小巨人"复核通过企业名单的公示》，全省共711家企业入围，其中苏州市206家，占比为29%，排全省第一位，排全国城市第四位。

第四，着力解决首贷难问题。为解决科技企业轻资产、缺少抵押物以及"首贷难"问题，苏州采取了多项创新举措。一方面，通过推出"专利贷""版权质押贷""商标贷"等知识产权质押融资产品，盘活科技企业的无形资产；另一方面，建立"首贷""信用贷"正向激励机制，如"金融支持企业自主创新行动计划"每年按银行为企业发放单户500万元及以下信用贷款总额的5%给予奖励，专项用于对冲风险弥补损失；对"首贷""信用贷"达到一定企业户数和贷款规模的银行，给予现金奖励并配置一定规模的财政存款。

三 发挥政务服务政策服务器作用

苏州在推动科技金融服务创新的过程中，融合"线下+线上"联动模式，充分发挥政务服务政策服务器的核心作用，为科技企业提供了更加高效、精准的金融支持。

第一，打造"科技企业数据库"。为引导金融机构为不同发展阶段的科技企业提供更加贴合的金融服务，苏州科技主管部门精心打造了"科技企业数据库"。将科技企业分为五个梯次，动态记录企业的科技创业历程、专利授权情况、研发团队实力以及研发投入、产品收入等关键数据，形成能监测苏州科技创新动态发展的"晴雨表"。

第二，探索建设科技金融生态圈线上平台。结合本地情况，苏州积极探索建设科技金融生态圈线上平台。以"园易融"等投融资服务信息平台为代表，这些平台有效连接了科技企业数据库与资金池，实现了政务、征信、财务、知识产权等大数据的深度融合。通过构建"创新积分"体系，平台可以连接资金供给侧与需求侧，并推出政策性量化金融产品，如"创新积分贷"和无抵押的"科创指数贷"，为那些研发能力强、成长潜力大、掌握关键核心技术的企业提供精准画像和融资对接服务。

第三，探索设立科技金融服务中心。围绕医疗器械、光子等新兴产业，苏州设立了科技金融服务中心，推出了一系列多元化、多层次的金融产品"组合拳"，如"融医贷""光子贷""天使贷"等，这些产品精准对接产业高质量发展的需求，为科技企业提供了强有力的金融支持。通过这一系列举措，苏州充分发挥了政务服务政策服务器的功能，自2024年以来，已累计为2500余家企业提供了超过120亿元的融资支持，并帮助近200家企业成功备案授信金额近5亿元。

第六节 青岛

在科技金融发展方面，青岛坚持"聚焦一条主线、创新两项服务、完善三个机制"的"123"模式（见图6.6），先后推出科技信贷"白名单"制度、科技金融投贷联动模式、科技金融特派员专项行动等一系列创新政策，以"真金白银"支持科创企业，打通科创金融的堵点难点。其中，"1"即为核心主线——增加科技金融供给，强化金融支持力度。引导金融机构积极调整风险偏好，科学评估科技企业的成长潜力与长期价值，为具有创新能力和市场前景的科技项目提供资金支持。"2"是从两方面创新特色金融服务，即推广投保贷融资模式与白名单企业金融服务。两项服务精准对接了科技企业不同发展阶段的风险管理需求。投保贷融资模式通过引入保险机制，有效分散了金融机构的风险，使其更敢于向处于初创期、风险较高的科技企业伸出援手。白名单企业金融服务对科技企业进行筛选，确保入选企业具备较高的成长潜力和较低的违约风险，进一步增强了金融机构的投资信心，实现了风险与收益的合理平衡。"3"是三个关键机制的健全与完善：银企对接机制、助企纾困机制与工作落实机制。三个关键机制为有效对接金融供给和科技企业之间的需求提供了制度保障。银企对接机制促进了信息的透明与高效交流，降低了信息不对称带来的风险；助企纾困机制则在科技企业面临困境时及时提供援助，保障了金融支持的连续性和稳定性；工作落实机制则确保了各项政策措施的有效执行，提升了金融服务的效率与质量。2023年，青岛有效发明专利拥有量7.4万件，同比增长24%；每万人口有效发明专利拥有量71.83件；PCT国际专利申请1442件。全市有效发明专利拥有量、每万人口有效发明专利拥有量和PCT国际专利申请量均居全省第一位。

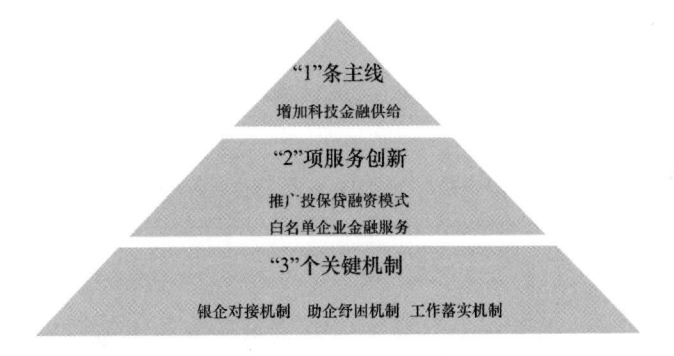

图6.6　青岛科技金融服务的"123"模式

资料来源：笔者整理。

一　加强科技金融顶层设计

第一，统筹设计科技金融发展协调机制。为系统引导金融机构积极开展科技金融工作，青岛市科技局联合9部门共同发布科技金融专题政策文件，从强化资金供给、完善服务体系、加大创新力度等方面提出发展科技金融的行动指南。加快推进实施四大专项行动，促进金融支持科技创新等12项重点工作积极开展，为金融机构积极参与科技金融工作提供了明确的指导和有力的支持。青岛发布的科技金融主要政策文件见表6.6。

表6.6　青岛科技金融主要政策文件

发文时间	发文主体	政策文件
2020年9月14日	青岛市科学技术局等	《青岛市促进科技与金融融合补助资金实施细则（试行）》

续表

时间	发文主体	政策文件
2024年6月5日	青岛市人民政府办公厅	《关于加强财政金融协同联动支持全市经济高质量发展的若干政策》
2024年7月31日	青岛市人民政府	《青岛市深入推进科技创新加快建设科技强市行动计划（2024—2028年）》
2024年8月1日	青岛市科学技术局等	《加强科技财政金融协同支持企业创新发展的若干政策措施》
2024年9月27日	青岛市科学技术局等	《青岛市科技创新贷款贴息管理办法》
2024年9月27日	青岛市科学技术局等	《关于印发青岛市科技金融投（保）贷融资模式实施细则的通知》

资料来源：笔者整理。

第二，分类指导金融机构发展科技金融。为有效推动科技金融高质量发展，青岛针对不同类型的金融机构采取了差异化策略。一方面，引导国有大行和股份制银行发起"领航行动"，争取总行支持，构建涵盖"科技金融服务中心—科技专营支行—科技金融示范网点"的三级科技金融服务专营体系。例如，中国银行青岛分行优先服务先进制造业和战略性新兴领域的优质企业，先后推出"中银企E贷·信用贷""中银企E贷·银税贷""惠如愿·专精特新贷""鲁贸贷""中银厂房贷""人才贷"等针对支持关键核心技术、"卡脖子"技术的科技企业的系列产品；浦发银行青岛分行构建"5+7+X"浦科产品体系（见图6.7），通过"浦创贷""浦投贷""浦研贷""浦新贷""浦科并购贷"5个产品，适配科技企业全生命周期融资需求，同时建立以"科技五力模型"为代表的科技金融专属风险评价体系，精准刻画企业信用画像。另一方面，青岛注重地方金融机构的特色化发展，鼓励其创新科技信贷产品和服务模式，重点支持科技企业的高质量发展。例如，青岛银行针对科技企业不同发展阶段，先后创新推出无抵押贷款的"科创易贷""科创快贷""人才快贷"等20余款信贷产品，形成丰富的产品矩阵，全方位服务各成长阶段科技企业，支持科创企业开展技术转化、产业升级。截至

2023年末，青岛银行"科创易贷"业务余额4.57亿元，"科创快贷"业务余额0.93亿元，"人才快贷"业务余额3.32亿元。另外，还重点指导政策性银行青岛分行运用好政策性专项资金，主动对接重点科研院所、高等院校和央企国企实验室等科研机构的科技研发和转化需求，加大对基础科学和科技研发的资金支持。

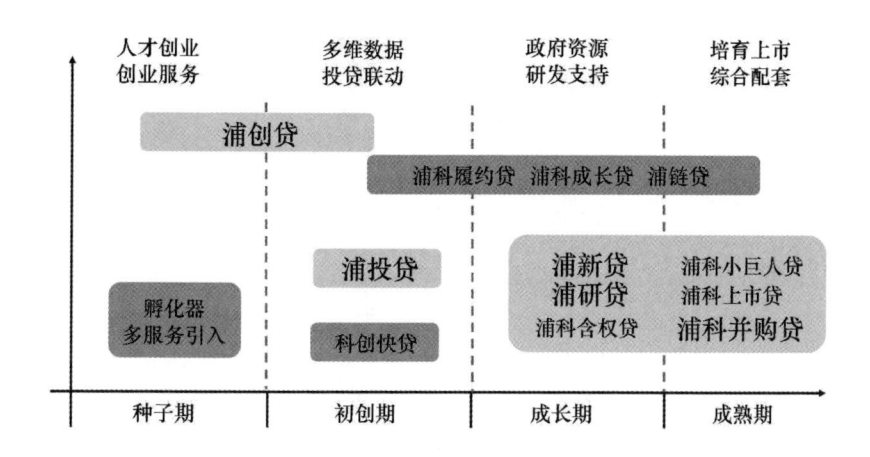

图6.7 浦发银行青岛分行的"5+7+X"浦科产品体系

资料来源：笔者整理。

第三，推动建设科技金融专营机构。青岛市政府指导金融机构积极设立科创金融事业部、科技支行等专营机构，提高科技金融服务的专业性和针对性。与此同时，在青岛市政府的引导下，金融机构还从内外部选配具有科技行业背景、科技金融专业知识的复合型高级管理人员加入科技金融团队，共同打造高水平的科技金融服务体系。例如，青岛银行初步搭建了以专营机构和特色支行为两翼的科技金融专营机制，成立了山东省第一家科技支行。

二 激发科技金融供给活力

第一，充分发挥货币政策工具作用。为激励金融机构更加积极地投身于科技创新领域，青岛灵活运用了科技创新再贷款、政策性开发性金融工具、设备更新改造专项再贷款以及制造业中长期贷款等货币政策工具。这些货币政策工具加速推动了科技创新领域项目建设以及初创期、成长期科技型中小企业的首次贷款。截至 2023 年末，法人银行已累计向科技企业提供央行优惠信贷资金 63.2 亿元、科技创新再贷款 317 亿元、科创领域设备更新改造项目资金 5.8 亿元。

第二，加大科创领域直接融资支持。为强化对科技企业全生命周期的直接融资服务功能，青岛建立科创票据直接融资的工作流程，并在银行间债券市场成功发行了山东省首单期限 1 年、利率 2.28% 的 7 亿元的用途类科创票据，拓宽了科技企业融资渠道，降低了融资成本。

第三，推动科技金融投（保）贷业务增量扩面。鼓励银行保险机构创新"创新积分贷""科技人才贷""首台（套）重大技术装备保险"等新科创产品，成功实现知识产权质押贷款、专利质押贷款保险的持续增量扩面。另外，基于"股权投资"与"信贷投放"相结合的思路，创新完善科技金融投（保）贷融资模式，以投资协议或认股承诺为前提，通过投贷、投保贷、跟贷等多元组合，为初创期科技企业提供资金支持，在国家投贷联动试点基础上探索新的融资模式。截至 2023 年末，青岛 18 家银行运用科技金融投（保）贷融资模式已累计向 730 家轻资产科技企业发放贷款 40.3 亿元。

第四，发挥财政资金撬动作用。青岛市科技局会同市财政局等机构连续发布多项科技金融相关政策，其中财政科技股权投资办法明确，财政科技资金以股权投资形式，支持科技企业开展关键技术攻关、重大科研成果转化、产业化示范等，促进科技企业成长壮大；同时，推动健全财政科技资金股权投资体系，吸引更多社会资本参与和支持科技创新，拓宽科技企业融资渠道，降低科技企业融资成本以及技术研发、成果转化风险。科技股权投资聚焦青岛市重点产业领域，重点支持新领域、新赛道以及具有引领带动作用的关键技术攻关和产业化示范项目。投资对象是具有高成长性、发展前景良好的科技企业，优先支持市级以上创新创业大赛中获奖的企业、高层次人才领衔创办的企业、创新性强且发展成熟度高的企业，单个项目的投资强度最高可达 1000 万元。

三　完善科技金融保障机制

第一，深度优化银企对接机制。为强化对科技创新等重点领域企业纾困金融支持，青岛一方面线上运用银企对接服务平台，另一方面线下推动 182 家商业银行网点设立首贷信用贷服务中心，常态化举办小微企业贷款政策宣介会，推出"延期还本付息码上办"等便捷服务，确保企业融资需求得到及时响应。截至2023年末，银企对接服务平台已累计为1664家企业提供1496.6亿元的信贷支持，首贷信用贷服务中心已为小微企业提供40亿元的首次贷款和193.4亿元的信用贷款资金支持。

第二，完善政策宣传机制。围绕金融服务科技创新等重点领域，青岛积极设立金融惠企政策宣传月，广泛宣传国家惠企纾困金融政策，推广科技创新特色信贷产品和服务，提升企业对金融政策的知晓度和利用率。

第三，优化工作推进机制。为健全完善科技金融"部署、调度、督导"推进机制，青岛不仅通过召开专题会、印发文件等方式，部署全年科技金融发展工作，还通过建立科技创新领域信贷投放月度通报机制，定期督导金融机构开展科技金融的实际情况。另外，青岛还组织举行科技金融信贷业务竞赛等活动，充分调动金融机构开展科技金融工作的意愿和能动性。

第四，建立科技企业、专精特新企业白名单。为更加精准地支持科技企业发展，青岛建立了科技企业和专精特新企业白名单制度，同时青岛市科技局联合多个部门逐年更新发布白名单企业及摸排融资需求，组织银行机构对"白名单"企业开展常态化走访对接，提供"一企一策"差异化融资服务。截至2023年末，青岛已为7759家科技企业和5099家专精特新企业建立了白名单，并发放贷款余额分别达到1134.9亿元和848.1亿元，有力促进了企业的快速成长。

第五，建立科技金融特派员制度。青岛从科技管理部门和银行、创投、保险、担保、法务、财务、孵化等机构中遴选出一批懂科技、悉金融、熟政策的人员作为科技金融特派员，并委派他们深入科技企业一线，解决企业创新发展的实际融资需求。截至2023年末，青岛已培养科技金融特派员330余人，服务企业7000多家，帮助企业获得融资支持280亿元，辅导6家科技企业成功上市。

第七节 合肥

作为自然禀赋有限、产业基础薄弱的后发内陆城市，合肥近年来围绕科技创新和产业发展，充分发挥政府的引导作用，组建国有资本投资公司，支持商业银行具有投资功能的子公司合作搭建产业投资基金，发展多元化股权融资，为科技企业提供高质量金融服务。在科技金融发展方面，其特色主要体现在政府的引导作用以及其独特的资本运作方式。其中，政府引导在实现科技金融供需双方风险匹配方面发挥了重要作用。政府通过直投或产业基金投资于上市公司的定向增发，或在当地合资打造IPO项目实体，待项目成熟后通过二级市场减持或项目IPO、并购转让等方式实现股权退出，并将盈利所得重新注入投资基金，形成良性循环，持续放大资本杠杆效应（见图6.8）。这一过程中，合肥不仅实现了资本的增殖，还通过投资带动了一大批产业链上下游企业的集聚，促进了新兴产业集群的快速发展。据国家知识产权局公布的专利数据，2024年，合肥共授权专利61717件，其中发明专利17371件，同比上升12.57%，占全省的52.91%。截至2024年底，全市拥有有效发明专利81356件，每万人发明专利拥有量为84.45件。根据工信部2024年10月发布的第六批专精特新"小巨人"企业拟认定名单，合肥市共有60家企业入围，较2023年增长15%，占全国的2.0%、占全省的53.1%，均创历史新高，通过率为30.8%，高于全国7.6个百分点。至此，合肥市专精特新"小巨人"企业总量达248家，居全国城市第14位、省会城市第6位。

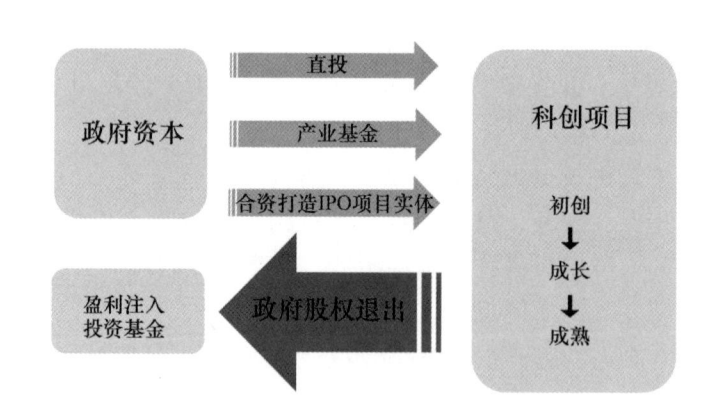

图6.8 金融支持科技创新的合肥模式

资料来源：笔者整理。

一　夯实科技金融政策保障体系

第一，完善财政金融协同支持政策。为调动金融发展科技金融的主观能动性，一方面，先后出台《合肥市知识产权融资风险补偿基金管理办法

(试行)》《合肥市科创金融改革试验区建设方案》等政策文件（见表6.7），从健全科创金融机构体系、优化科创企业评价标准、创新股债结合融资模式、培育全周期"基金丛林"等方面提出发展科技金融的行动计划。另一方面，积极出台制造业融资财政贴息和数字化改造项目贷款贴息等政策，最大限度地降低科技企业融资成本。另外，为有效缓解科技金融风险，合肥首创金融支持科创企业"共同成长计划"，设立了2亿元的贷款风险补偿引导资金和融资担保机制，并通过省、市、县三级的风险分担和联保，为高质量发展科技金融提供服务。

表6.7 合肥科技金融主要政策文件

发文时间	发文主体	政策文件
2021年8月27日	合肥市市场监督管理局	《合肥市知识产权融资风险补偿基金管理办法（试行）》
2023年5月2日	安徽省金融工作领导小组	《合肥市科创金融改革试验区建设方案》
2024年11月8日	合肥市科学技术局、合肥市财政局	《2023年合肥市科技创新产业政策实施细则（修订)》

资料来源：笔者整理。

第二，建立科技金融联动机制。为提高投融资便利化水平，合肥积极构建科技企业名单定期推送、供需撮合和监测调度机制，并通过定期开展对接活动，加强政银企之间的沟通与合作，为科技企业提供更加精准、高效的金融服务。同时，合肥还不断深化跨境贸易和投融资便利化改革，试点应用跨境金融服务平台场景，并优化跨境人民币优质企业便利化政策，为科创主体开展贸易投资活动提供了更多便利。截至2023年末，通过跨境金融服务平台，合肥已为70家企业办理超2.5亿美元的出口应收账款融资，为13家企业办理超2000万美元的出口信保保单融资。

第三，完善科技金融监管和风控体系。在推进金融科技创新的同时，合肥高度重视监管和风险防控工作。通过完善对科技企业创新行为的全生命周期包容审慎监管机制，既激发了企业的创新活力，又有效防范了金融风险。同时，合肥还指导金融机构履行金融科技伦理管理主体责任，将银行落实科技金融风险防控主体责任情况纳入评价参考体系，确保科技金融活动在合规、安全的前提下高水平开展。

第四，建立省市联动、横向协作和点面结合的改革机制。为解决科技企业融资难题，合肥创新性地组建了会聚 19 家省级金融机构负责人的金融专家团，通过定期与行业主管部门、科技专家、企业家的对接交流，准确把握科技金融发展的脉搏和趋势，为科技企业提供更加精准、有效的金融支持和服务。

二　创新全生命周期科技金融产品和服务体系

第一，构建科技金融服务网络。为更好地支持科技金融发展，合肥精心布局了科技金融服务网络，建立了"科技金融中心+特色机构+专业团队"的科技金融组织架构。截至目前，合肥共建设了 7 家总行级科技金融服务中心和 1 家总公司级科创保险中心，设立了 67 家科技（特色）支行和科技子公司。同时，合肥创新性地推出了"政府+银行+担保+平台公司"的联动服务模式，实现了政府、银行、担保机构和平台公司之间的紧密合作。在这一模式下，政府批量推荐的科创企业能够获得更加精准和高效的支持，包括高成长性企业融资支持计划等专项政策。此外，合肥还积极指导银行机构创新科技信贷产品，如"成长接力贷""政信贷"等，这些产品覆盖了从种子期到成熟期的各个阶段，为科创企业提供了全方位的融资支持。截至 2023 年 11 月，合肥科创金融改革试验区建设一年来，科创金融服务平台累计为科创企业授信 2.94 万笔，总金额达 431.74 亿元。

第二，打造科技金融"基金丛林"。为引导更多资金支持科创企业发展，合肥一方面密切关注重点产业和科创发展需要，利用市政府母基金的引导作用，精选并积极引进新能源汽车、光伏新能源、集成电路、人工智能、新材料等关键产业链项目。另一方面，对于投资周期较长、收益较低、社会资本投资活跃度不高的产业，市政府母基金发挥牵头作用，引导组建了 150 亿元的"天使基金群"，专注于早期、小型、科技企业的投资。另外，合肥还设立了空天信息、城市安全、种业等专项基金和科技型基金，以促进产业发展的全链条，并引导近 100 亿元的社会资金投资于初创科技企业。

第三，拓宽直接融资渠道。合肥出台省市协同的风投创投支持政策，精心编织了一张引导社会资金流向科创企业项目的网络。同时，合肥启动了"科创100"上市专项行动,旨在打造一批具有国际竞争力的科创企业集群,创新性地推出了"数字平台+特色金融+投资基金+咨询服务+品牌活动"的创业孵化模式,为科创企业提供从创业孵化到融资、路演、知识产权保护等一站式服务。除此之外,合肥还探索发行全国首批混合型科创票据和首单私募"科技创新+专项用于集成电路"双贴标公司债券。2024年以来,合肥共累计发行125.25亿元科创类债券,首发募资规模更是达到了147.47亿元,培育4家企业在科创板市场上市。

三 优化科技金融发展生态

第一,鼓励科技企业对标上市标准,并对成长期的科技企业实施"七星级"评价体系。该体系旨在通过股权和债券等多元化融资渠道,解决企业在科技创新过程中资金需求不足问题。

第二,在省综合金融服务平台上设立科技金融专区。利用大数据技术形成企业信用评分,为有融资需求的科技企业提供信用贷款。另外,积极推进科创金融服务平台的建设,研发设计了专为科创企业量身定制的信用评价体系——"研值分"。该体系通过大数据分析,对企业的科研投入、知识产权、团队力量等关键指标进行综合评估,为科技企业提供精准的信用评级服务。这不仅帮助企业更有效地获得融资,而且促进了企业融资成本的降低和融资效率的提升。该平台自上线以来,已为8家金融机构提供了超过2300次的服务,授信企业数量达到1138户,授信金额高达60.73亿元。这些数据充分证明了科技金融服务平台促进科技企业长期发展的效果十分显著。

第七章　科技金融发展的国际经验

发展科技金融离不开对发达国家成功经验的借鉴。当前，各国（地区）金融体系受历史条件、立法环境甚至文化、政治选择等因素的影响而各不相同，在制度安排和政策实践上差别很大，很难用一个相对统一的模式进行概括。根据各类参与主体在运作过程中所处的不同地位，大致可以将科技金融或金融支持科技创新的模式划分为政府主导型、资本市场主导型、银行主导型三大类。虽然不同的国家和地区依据各自的国情选择了适合自身的支持模式，但是总体上看，各国发展科技金融的关键仍然是使得金融供给特别是资金供给的风险偏好与科技创新活动的高风险特征相匹配。同时，政府、金融市场、商业银行、其他类型金融机构、中介服务机构等各类金融服务供给主体均在支持科技创新中发挥重要作用。本章主要以美国、英国、德国、日本和以色列作为参考对象，重点介绍五国金融体系在支持科技创新中的特色、优势及其成功经验。

第一节　美国

在当今全球科技竞争的舞台上，尽管美国与世界其他各国之间的科技创新实力的差距正在逐步缩小，但不可否认的是，近年来诸如ChatGPT、常温超导、可回收运载火箭等具有颠覆性的技术成果，大多仍源自美国。美国仍然在多数关键前沿科技领域占据主导地位，亚马逊、英伟达、IBM、微软、苹果、特斯拉等美国科技巨头也持续深刻引领全球资本市场的潮流。这背后与金融体系的支持密不可分。从美国金融支持科技创新的模式来看，其是资本市场主导型模式的典型代表，最大的特点在于以成熟的资本市场为中心，构建起了一整套全国性的、功能完备、各个领域衔接紧密的金融支持体系，涵盖了专业化的政策性金融机构、配套的财政税收体系、发达的风险投资体系、完善的信贷担保体系等多种要素，各要素之间的协调配合为科技创新提供多元化、多层次的金融支持，同时也极大地降低了单个金融供给主体所面临的风险。

一 资本市场体系

（一）完善的股票发行和交易市场

美国多层次股票市场不仅为各类科创企业的融资提供了良好条件，同时也在支持科创企业融资的过程中不断完善和发展。例如，由场外市场逐步形成的纳斯达克市场，在支持创新融资的过程中，不断增设新的市场板块，通过资本市场分层更好地满足不同性质科创企业的上市要求，同时也为不同风险偏好投资者提供更丰富的投资选择。

美国拥有全球最发达的资本市场，从全国统一的资本市场到地方性的区域市场，形成了多层级、功能完备的资本市场体系。具体来说，美国的资本市场可以分为三个层级。第一层是主板市场，主要是纽约证券交易所（NYSE）。一直以来，纽约证券交易所都是全球规模最大、流通量最高的证券市场，并在2006年与泛欧证券交易所合并组成纽交所—泛欧证交所。纽交所—泛欧证交所的上市标准是最高的，采用集中化的拍卖竞价，主要服务于发展成熟、有良好业绩的大型企业，是成熟期科技企业融资的主要选择。第二层是二板市场，主要包括美国证券交易所和全国证券交易商协会自动报价表（NASDAQ），美国证券交易所的上市标准较纽约证交所低，因此融资范围更宽，为中小科技企业的股权融资提供了较好的平台，也为从事风险投资业务的金融供给主体提供了有效的退出渠道。NASDAQ成立于1971年，是以支持高成长性中小企业上市融资为主要目标的场外交易市场，目前是世界第二大证券交易所，数据显示，有九成以上的美国成长型企业在该市场上市交易。由于NASDAQ的交易品种多，上市、不上市均可交易，股票不挂牌，股价可自由协商、没有固定场所和时间，融资方式灵活，使其成为中小科技企业融资的最主要渠道。纳斯达克市场也因此成为聚焦创新型高成长公司的股票市场的代名词。第三层是向广大中小企业提供股权融资的场外交易市场（OTC）。这是一种分散的无形市场，其组织形式是做市商制度。企业只要在美国证券交易委员会注册并达到一定的信息披露标准，就可以委托一个或几个做市商在OTC市场公开发行。除此之外，美国还有很多地方性证券交易所，这些交易所基本没有上市功能，只是作为主要资本市场的区域交易分支机构。

美国资本市场的最大特点是其层级流动性。各个层次之间不是孤立的，而是可以上下变通的。越来越多的成长型科创企业可以通过高效完善的转板机制，实现从较低层次向高层次市场板块转移，或者从较高层次退到较低层次的市场板块中。层次分明的市场结构和严格的升降板制度，既为科创企业提供了多元化的融资渠道，使市场能够更好地满足科创企业差异化的融资需求，也可以通过上市公司资源在资本市场的自由流通，进一步提升整个资本市场的资源配置效率，还能确保不同层次资本市场中的企业质量与投资者的风险偏好相匹配。

严格执行的退市制度、强有力的行政监管和完善的司法救济制度也成了保障投资者权益的重要手段，对资本市场秩序起到了良好的规范作用，进一步提高了投资者对科技创新的风险偏好。当前退市制度主要分为自愿退市和强制退市两种，前者主要由公司并购、自愿清算等原因发起，后者则由交易所因公司违反持续挂牌标准而发起。为增强退市的可操作性，纽约证券交易所和纳斯达克证券交易所分别制定了与上市要求相协调的详细的退市标准，具备较强的可操作性，尤其是在事关投资者权益的强制退市方面。在行政监管方面，根据美国1934年颁布的《证券交易法》成立的美国证券交易委员会作为统一管理全国证券市场的最高行政机构，具有一定的立法及司法权，专门行使管理、监督全国证券发行与交易活动的职能，负责检查投资银行、证券发行人及大股东活动。尤其自20世纪40年代以来，美国联邦制定和颁布了一系列法律和法规，赋予了证券交易委员会以更大的权限，包括调查权和处罚权。这种强有力的集中式行政监管体制，与证券业自律管理互为补充，在美国的股票市场上形成了一个"国会—证券交易委员会（SEC）—自律组织"的监管金字塔，切实提高了监管效能。而早在1970年就颁布实施的《证券投资者保护法案》，以及据此建立的投资者保护基金，有效防范证券公司破产所带来的投资人的非交易损失，从而在券商面临破产或陷入财政危机时，投资者依然能够得到应有的赔偿，最大程度上维护了投资者的正当权益。

（二）灵活的债券发行市场

除股权融资外，企业债券融资也在资本市场中占据了重要位置，这是美国企业一种重要的外源融资方式。美国政府对企业发行债券融资的规定较为宽松，企业与作为承销商的证券公司对债券发行总额、发行条件协商一致即可作出发行决定，发行期限可分为短期、中期和长期，且没有地域限制。目前，美国企业债券市场规模非常庞大。美国证券业与金融市场协会（SIFMA）数据显示，2023年末美国企业债券存量规模占当年美国GDP的39.84%。同时，在灵活的债券发行市场中，还存在一个活跃的"垃圾债券"包销市场，使得科技创新型企业可发行资信等级较低或无等级债券，为其提供了一个便捷的融资平台。一些高科技公司如Intel发展初期也曾利用"垃圾债券"的方式获得所需资金。另外，部分地区还以州政府名义发行专门支持工业和制造业发展的债券，再将资金以低息贷款的方式支持科技型企业，以企业未来的盈利作为还款来源。前者往往通过较低价格或较高票面利率，以补偿债券持有者投资科技创新背后的潜在高风险，而后者则主要以政府信用作为背书，提高持有者对风险的容忍程度。

二 政策性金融机构

事实上，中小企业对一国科技创新的贡献力度非常大，美国亦如此。从数量上来看，美国科技创新有一半以上来自中小企业。在中小企业科技创新活动中，美国小企业管理局（SBA）发挥了不可替代的重要作用。其成立于1953年7月30日，是经美国政府授权而成为美国政府中唯一能够提供信用贷款的部门。它作为一个专门的政府机构，主要通过直接向中小企业提供政策性融资贷款等金融服务，以支持其创新活动。SBA的金融支持主要有担保贷款、小企业投资公司计划（SBIC）、小企业技术转移计划（STTR）等。SBA作为政府职能部门，这类支持手段往往具有很强的政策性，重在发挥政府资金的杠杆效应，而不刻意追求高额回报，因此即使面对具有较大创新风险的科技企业，依然能向拥有长期投资价值或良好社会意义的创新活动提供有效的资金扶持。此外，由于美国政府对企业创新产品，尤其是符合产业扶持政策的产品，实行优先采购或首购政策，即实行保护性购买政策，SBA内部还专门设有相关办公室，以协助中小企业获得地方政府采购合同和大型联邦政府采购中的分包合同。

SBA担保贷款是指由SBA推出的一系列贷款计划，旨在支持小企业的成长和发展。但这些贷款并非直接由 SBA 提供，而是通过合作银行和贷款机构发放，其中 SBA 提供担保，以降低商业性金融机构面临的贷款违约风险，增加小企业的贷款可获得性。目前贷款主要分为 7a 和 504 两种不同类型，前者通用性较强，可用于几乎所有业务需求，而后者则重点为上升期的中小企业提供购买或开发固定资产的融资支持。

1992 年，为促进科研机构（如大学和国家实验室）的科技创新成果向生产力转化，也为促使企业与科研机构开展直接合作，进一步推动高新技术经济的不断发展壮大，美国通过了《加强小型企业研究与发展法》，同时设立了由 SBA 负责协调和组织的 STTR。该计划的主要特征在于搭建了一个基于政府—企业—科研机构的三方互动平台，同时政府为中小企业发展提供资金和政策作为创新平台，扮演着良好的服务者角色。小企业创新研究计划（SBIR）与 STTR 类似，该计划也主要旨在鼓励小企业从事科研和开发（R&D）工作，并通过联邦政府的资金资助帮助小企业在高风险的技术领域中开发新产品和服务。

美国政府引导基金 SBIC 计划则起源于 1958 年美国颁布实施的《中小企业投资法案》，旨在利用财政资金最大限度地撬动民间资本，引导私人股权资本和长期债权资本投向本土创新创业型中小企业。SBIC 是指经美国 SBA 许可后设立的私人风险投资公司，通过政府杠杆担保融资方式募集社会资金，以贷款、股权投资或者股债结合的方式投资于初创期或盈利能力较弱的科技型小企业。从资金来源看，SBIC 主要包括三个部分：一是获得 SBIC 牌照的私人注册资本，二是政府匹配的杠杆资金，三是 SBIC 发行的债券和参与证券（SBA 担保）在资本市场上筹集的资金。从组织形式看，SBIC 一般为期限 10 年的有限合伙形式，其有限合伙人（LP）包括养老基金、商业银行、基金会、信托机构、保险公司等机构投资者或高净值客群等私人资本，其中养老基金占比最大。从运行模式看，SBIC 先后采取优惠贷款、债务担保和权益担保的方式来引导民间资本创办小企业投资公司，向小企业提供长期贷款或股权投资。从融资支持机制来看，主要有无杠杆 SBIC、债券担保类 SBIC 和股权担保类 SBIC，目前债券担保类 SBIC 是投资的主力。三类 SBIC 融资方式对比见表 7.1。

表 7.1　　三类 SBIC 融资方式对比

类型	无杠杆 SBIC		债券担保类 SBIC			股权担保类 SBIC
	直接贷款资助	银行持有的非杠杆 SBIC	债券 SBIC	影响力投资债券	早期债券 SBIC	参与型证券
开始时间	1958 年	1967 年	1985 年	2011 年	2012 年	1994 年
当前状态	1984 年停止	—	—	不再接受新申请	不再接受新申请	不再接受新申请
资金来源	国会拨款	银行资本	社会资本	社会资本	社会资本	社会资本
最低私人资本要求	无	无	500 万美元	500 万美元	2000 万美元	1000 万美元
融资杠杆	无杠杆	无杠杆	私人资本的 200%，每个 SBIC 最高 1.75 亿美元	私人资本的 200%，每个 SBIC 每个最高为 1.75 亿美元	私人资本的 100%，每个 SBIC 最高为 5000 万美元	私人资本的 200%，每个 SBIC 最高 1.75 亿美元；两个或两个以上受共同控制的 SBIC 最高 2.5 亿美元
投资方向	通常专注于主要使用债务和混合融资的后期、夹层和收购投资	无特定投资方向	通常为后期投资和夹层投资	通常为后期投资和夹层投资；至少 50% 投向清洁能源、教育低收入或农村地区，2014 年修改后将先进制造业纳入投资范围	至少 50% 投向早期小型企业（在首次融资之前的任何会计年度中都没有正现金流量）	主要投向投资创业初期和发展早期的小企业
费用	—	—	SBA 年费、利息费用和在其提供担保的 5 年托管期内，每年收取担保额度 1% 的担保费	SBA 年费和利息费用	标准债券：前 5 年每季度支付一次利息；折现债券：前 5 年无须支付利息和 SBA 年费。6—10 年每季度支付欠款利息和 SBA 年费	—

续表

类型	无杠杆 SBIC		债券担保类 SBIC			股权担保类 SBIC
	直接贷款资助	银行持有的非杠杆 SBIC	债券 SBIC	影响力投资债券	早期债券 SBIC	参与型证券
利润分红	无	无	无	无	无	SBIC 和 SBA 的具体分割比例按照私人资本杠杆的比例（参与证券总值/私人资本）确定。SBA 分享 SBIC 约 8% 的净利润

资料来源：笔者整理。

SBIC 既为中小企业开展创新活动提供了充裕的资金，也极大地降低了风险投资者支持创新活动的风险损失，激发了广大市场主体的投资热情，掀起了民间资本投资热潮。自此美国小企业数量剧增，在计划实施的前五年，被批准成立的 SBIC 就高达 692 家，管理着 4.64 亿美元的私人资本，在美国风险投资中占绝对地位。2008 年国际金融危机爆发后，美国将 SBIC 的最大权益投资比例降为 10%，进一步减弱了 SBIC 对被投资企业的控制权，以更好地保障创新企业的独立发展。由于严格的执照审批和事中管理，目前 SBIC 的数量稳定在 300 家左右。截至 2022 年末，SBIC 数量为 307 家，其中债券型 SBIC 达到 242 家，占比 78.83%。银行持有的无杠杆 SBIC 的数量则稳定在 50 家左右，近年来略有增加。由于 2004 年 SBA 停止为参与型证券 SBIC 提供新的担保，参与型证券 SBIC 的数量逐年减少。截至 2021 年末，SBIC 累计为中小企业提供了超过 18.9 万次融资，合计资金超过 1160 亿美元，其中包括安进、苹果、联邦快递、英特尔、特斯拉以及全食超市等知名企业。2022 年，SBIC 提供了 78.6 亿美元融资，其中包括 19.2 亿美元的股权融资；累计服务了 1217 家中小企业，创造了近 13 万个就业岗位。

SBA 的设立及其职能的运行，通过主动的金融支持使得各类科技创新型小企业的创新意愿和能力有了很大的提高，也在一定程度上为资本市场投资技术创新活动起到了良好的示范和激励作用，提升了社会资本的风险偏好，并持续引导各类资本有序地进入和退出。

三 风险投资体系

风险投资在促进科技创新、缓解科创企业融资困境方面具有重要意义。美国风险投资尤其倾向于投资初创期高科技企业，在风险投资支持的初创公司中，研发投入的85%来自风险投资资金。美国风险投资协会（NVCA）的数据显示，2023年美国风险投资市场规模已经达到1705.9亿美元，其中投资在软件行业占比接近40%、制药与生物技术行业占比为12.52%（见表7.2），被誉为美国高新技术产业的孵化器。

表7.2　2023年按行业划分的美国风险投资交易情况

行业	交易金额（十亿美元）	占比（%）
商业产品和服务	27.46	16.10
消费品和服务	10.69	6.27
能源	3.91	2.29
混合计算机设备和用品	6.77	3.97
混合计算机服务与系统	13.12	7.69
IT硬件	6.34	3.72
传媒	1.39	0.81
其他	10.63	6.23
制药与生物技术	21.36	12.52
软件	66.64	39.06
交通运输	2.28	1.34
合计	170.59	100.00

资料来源：NVCA 2024年年报。

世界上最早的风险投资公司——美国研究发展公司于1946年在美国成立，是世界上第一家真正意义上的风险投资公司。截至2023年底，美国风险投资体系共有3417家风险投资公司（见表7.3），累计完成13608笔风险投资交易。据估算，当前美国风险投资总量仅为美国GDP的0.2%——

0.3%，在GDP中的直接比例相对较小，但它对美国经济的长期结构性转型有重要影响。NVCA的数据显示，风险投资支持的新创企业对美国GDP的贡献率达到了惊人的约21%。美国的风险投资取得如此巨大的成就主要基于以下几个原因。

表7.3　　　　　　　　2023年美国风险投资统计概要

	2007年	2015年	2023年
现有风险投资（VC）公司数量（家）	987	1519	3417
现有风险投资（VC）基金数量（只）	1616	2511	7238
首次募集风险投资（VC）基金数量（只）	47	217	117
当年筹资风险投资（VC）基金数量（只）	199	581	474
当年风险投资（VC）募资数额（十亿美元）	33.20	42.4	66.9
风险投资（VC）管理资产（AUM）总额（十亿美元）	219.20	366.8	1212.90
风险投资（VC）管理资产（AUM）平均数额（百万美元）	150.10	125.9	170.5
迄今为止风险投资（VC）基金平均规模（百万美元）	125.60	119.7	127.6
当年风险投资（VC）基金平均募资规模（百万美元）	184.40	92.1	157.5
每家风险投资机构管理资产（AUM）中位数（百万美元）	24.00	29.1	38.4
迄今为止风险投资（VC）基金规模中位数（百万美元）	53.00	44	35.4
当年风险投资（VC）基金募资规模中位数（百万美元）	100.00	20	36.5

资料来源：NVCA 2024年年报。

第一，组织形式优势突出。作为风险投资的重要组织形式，有限合伙制是对代理问题的有效解决形式，是控制创新风险潜在损失、提高投资主体风险承受能力的重要机制，其自20世纪70年代诞生以来一直在风险投资组织形式上占据着主导地位。据统计，美国目前采取有限合伙制组织形式的风险投资机构占全国的80%以上。

第二，投资资金来源广泛，机构投资者仍占绝对主导地位。美国风险投资资金来源多元化，主要有养老基金、大学捐赠基金、保险机构、主权财富基金、各类企业财团、家族办公室和高净值个人等。其中机构投资者通常占比一半以上，是最主要的资金来源。稳定的资金来源也为风险资本持续开展创新投资业务提供了良好的外部条件。

第三，投资内容多样。风险投资一般比较青睐在企业的成长期和扩张期进行投资。据NVCA统计，分阶段来看，2023年种子前/种子轮投资活动相对于其他阶段占比下降。在过去的十年里，种子前/种子轮投资平均占所有风险投资交易的36.7%，并在2020年达到峰值37.7%，随后稳定在37.2%左右。但在2023年，种子前/种子轮投资规模仅占32.1%，是至少十年来的最小占比。分行业来看，人工智能尤其是生成式AI（如ChatGPT）是2023年风险投资中的一个重要主题。尽管人工智能本身并不新鲜，但生成式AI的普及使得这一领域在风险投资中占据了越来越多的份额，投资者对与人工智能和机器学习相关的初创软件公司的投资兴趣显著增加。分地域来看，2023年约60%的风险投资交易集中在加利福尼亚州、马萨诸塞州、纽约州、得克萨斯州和佛罗里达州。不过在全美各地还存在一些区域热点，例如得克萨斯州奥斯汀的金融科技和人工智能、华盛顿特区的健康科技、科罗拉多州丹佛的先进能源/深度技术，以及北卡罗来纳州研究三角区的生物科技。涵盖领域广、创新实力强的科技企业为不同风险偏好的风险资本，提供了多样化的投资对象。

第四，退出渠道畅通。退出是风险投资基金生命周期的终点，缺乏自由退出机制对风险投资行业来说是一个毁灭性灾难。美国风险资本退出投资方式灵活多样，可根据各自的投资状况，采取不同的方式退出。主要的退出方式有：公开上市、并购和特殊目的收购公司（SPAC）等。2023年，全美共有999次披露的退出交易，总披露价值为615亿美元。完善的退出机制是风险资本开展创新投资最根本的前提条件，是风险资本及时有效限制投资损失的最重要手段。目前最主要且最理想的退出方式之一仍是被投资企业公开上市后退出。

同时，在美国金融市场上还形成了风险贷款和风险投资良性循环的投贷联动模式。据估计，美国有超过20家从事过风险贷款业务的银行（科技银行）或非银行金融机构，风险贷款的市场规模是风险投资市场规模的10%—20%。以硅谷银行为代表的科技银行与专业风险投资机构之间彼此合作，通过组建专家服务团队、创新产品设计、开展知识产权质押贷款业务和加强风险管控，将债权和股权相结合，形成投贷联动的服务模式。科技银行获得科创企业提供的低成本存款和认股权证，同时提供多样化的金融服务解决科创中小企业不能盈利的难题。这种多市场投资主体之间的协调配合，不仅能提高创新成功的可能性，还可以通过共担创新风险的方式，降低单个主体承担的失败损失，有利于调动投资积极性。目前来看，多数初创企业在争取风险投资的同时，也会使用风险贷款，以进一步帮助其提高企业估值、吸引投资、助力可持续发展，如 Facebook、Amazon 等都曾利用风险贷款来帮助自身快速发展。在美联储持续加息背景下，硅谷银行虽因错误投资固收债券等导致巨额浮亏，出现集体挤兑，并于 2023 年 3 月初倒闭，但其为创新金融机制和服务所作出的探索和尝试仍值得肯定。这种良好的服务模式也正在得到延续，目前美国还有过渡银行（Bridge Bank）、联信银行（Comerica Bank）、广场 1 号银行（Square 1 Bank，现属于 Pacific Western Bank）等机构积极开展科技银行的相关业务。良好的投贷联动模式为美国"硬科技"的发展提供了持续的金融动能。

四 财税政策

20 世纪 80 年代之后，为增强美国的经济竞争力，美国把促进高新技术产业的发展和对传统产业的改造作为战略重点，特别重视在财政和税收领域对科技创新实施大力支持。这种直接的政府扶持有效规避了以盈利为目的的商业性金融支持科技创新背后的高风险难题，弥补了市场不足。

（一）不断扩大在研发领域的财政投入

美国政府利用其雄厚的国家财力，不断加大研发领域的财政预算投入。1970 年，美国联邦政府在研发方面的投入仅为 149 亿美元，2007 年达到 1372 亿美元。2008 年，为执行"美国竞争力计划"，联邦研发预算资助总额增至 1427 亿美元。2023 年研发领域财政投入进一步增至 1900 亿美元，比 2022 年增长约 13%，是近年来最大的研发支出增长之一。在地缘政治博弈和海外竞争加剧的背景下，美国加大了对研发领域的财政资金投入。2018 年出台《国家量子计划法案》，确立为期 10 年的国家量子计划，要求在 2019—2023 年（即首个五年周期）对国家标准与技术研究院、国家科学基金会、美国能源部专门投入 12.75 亿美元用于落实计划；2024 年 12 月，美国参议院修订发布了《国家量子计划重新授权法案》，授权联邦政府在未来五年提供 27 亿美元的资金，加速联邦科学机构的量子研发。2021 年通过《2021 年美国创新和竞争法》，授权拨款 1900 亿美元用于加强美国技术和研究，并单独批准支出 540 亿美元,用于加强美国对半导体和电信设备的生产和研究。2022年出台的《芯片与科学法案》,将为美国半导体的研发与生产提供520多亿美元的政府补贴,还将为芯片工厂提供投资税抵免;法案另授权拨款约2000亿美元,用于促进美国未来10年在人工智能、量子计算等各领域的科研创新。这些法案的出台反映了美国政府越来越重视确保自身在未来继续保持全球研发领域的领先地位。

(二)科学基金的建立和产学合作的形成

1980年通过的《拜杜法案》首次以立法的形式鼓励和推动产学研合作,深化了产学合作。进入21世纪以来,随着科学技术化、技术科学化的趋势进一步加强,工业与科研机构都在寻求一种能够增进沟通、加强合作的机制。而科学基金作为一种集合社会财富投资科学事业的社会机制,能够促进跨学科与高科技领域的研究与开发工作。因此,成立由财政拨款资助的国家科学基金会(NSF),以解决工业发展瓶颈作为科研机构的研究重心,增强整个工业体系的国际竞争力。2021—2023年,NSF的财政预算逐步由约84亿美元增长至99亿美元,增长约18%。2024年,在美国政府初步预算中,NSF的预算预计进一步增加,超过100亿美元。目前,NSF特别注重针对人工智能、量子信息科学和气候变化等相关尖端科技领域研究的支持,同时还加大了对STEM(科学、技术、工程和数学)等教育的投资规模,以更好地应对21世纪的各种挑战,确保下一代科学家和工程师的培养。

(三)持续实施的税收优惠政策

美国政府为科技创新活动制定并实施了各类税收优惠政策。例如,1981年通过的《经济复兴税法》明确规定:"对投入符合一定条件的小企业的股本所获得资本收益实行至少5年的5%税收豁免;对于新购机器设备,折旧年限低于3年的设备减税2%,折旧年限3—5年的设备减税6%,折旧年限5年以上的设备减税10%。"1988年通过的《国内税收法》进一步规定:"企业研究费用如有比上年计算增加的部分,20%可直接冲抵应纳税所得额。若企业的研发费用超过前一年或几年的平均值时,超出部分可享受25%的所得税抵免。用于技术更新改造的设备投资可按其投资额的10%抵免当年应缴所得税。如果企业委托大学或科研机构进行基础性研究,研发费用的65%可直接从应纳所得税中抵免。"2001年,根据《经济增长与减少税收法案》,美国政府允许小企业将更大数额的新增投资立即列入费用，同时永久地取消继承家族企业的遗产税，大大刺激了企业的研发投资。2008年国际金融危机爆发后，2009年颁布实施的《美国复苏与再投资法案》通过实施高达2883亿美元（约占方案总额的1/3）的减税和税收投资计划进一步刺激了企业创新和经济发展。

第二节 英国

与美国类似，英国金融支持科技创新的模式也是资本市场主导型。近年来，英国虽然面临科技创新资金投入不足、科技合作弱化、科技人才流失、企业创新能力下降等问题和风险，其科技创新的核心可持续竞争力正受到严重威胁，但是世界知识产权组织发布的《2023年全球创新指数》显示，目前英国创新能力仍位列全球第四，仅次于瑞士、瑞典以及美国。脱欧后，英国政府为有效解决科技创新领域所遇到的各类问题，使其能够维持全球科技超级大国地位，并保持其在创新领域的全球领导者的领先优势，在既有经验上出台了一系列扶持科技创新的新措施。

一 多层次资本市场

英国形成了一个覆盖广泛、服务多元的资本市场体系。伦敦证券交易所作为欧洲最活跃的市场之一，2023年末整体市场估值超过3万亿英镑。从提供给大型成熟企业的主板市场到支持中小型企业和其他成长型企业的另类投资市场，再到高级市场和场外市场，伦敦证券交易所为不同企业提供了灵活多样的融资渠道，也为资本市场投资者提供了适应风险偏好要求的投资对象。与美国复杂的多层次资本市场不同，伦敦证券交易所主要以内部分层为主，通过增设不同的市场板块形成了多层次的资本市场（见图7.1）。

英国多层次资本市场主要包括场内市场（主板市场）、另类投资市场和场外市场。主板市场又可以进一步被细分为高级市场、标准市场、高增长市场和专业投资者基金市场，其中，高级市场对上市企业要求最高，主要定位服务于国内外的成熟企业；另类投资市场是由伦敦证券交易所主办但独立运行的创业板市场，主要针对新兴的成长型科创企业；场外市场则主要通过一套完整的挂牌、交易、信息披露等规则，为更初级的未上市的中小企业股票交易提供服务，同时一般由投资银行作为非上市证券的做市商。但在资本市场中，最具有英国特色、最能体现对科创企业包容性的是高科技市场，该市场板块没有单独的上市、交易等机制，而是将主板市场中的高级市场和标准市场两大板块中致力于技术创新的创新型企业作为独立的交易行情列出，形成独立的板块以凸显对技术创新型企业的支持。

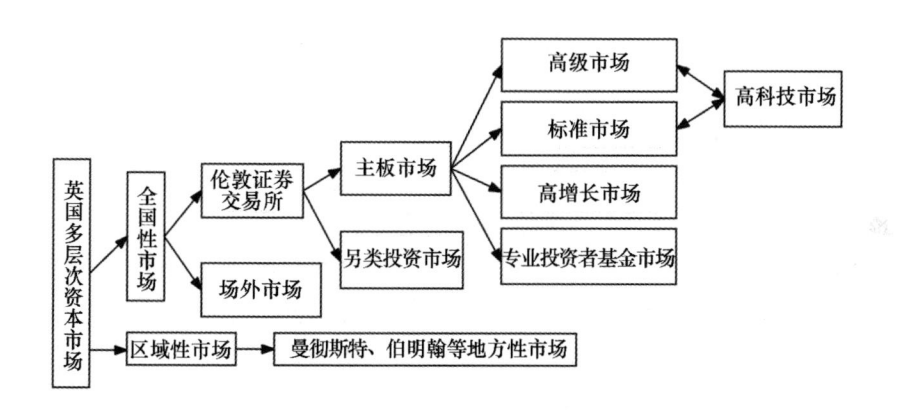

图 7.1　英国多层次资本市场

资料来源：笔者整理。

同时，各层次市场在上市、转板、退市方面均实施了差异化的制度安排，增强了对科创企业的包容性，确保了投资者能根据市场层次准确区分不同创新风险程度的企业，有效助力各高新技术领域的科创企业上市融资。在上市标准方面，科创企业尤其是处于初创期的企业，其盈利能力较弱，主板市场和另类投资市场充分考虑了其特殊性，淡化盈利能力指标要求，降低上市门槛。在转板机制方面，当在场外市场挂牌交易的企业达到某一特定条件时，即可以从场外市场转板到另类投资市场，甚至更高一级的主板市场。在退市制度方面，由于各层次资本市场上市标准普遍较为宽松且淡化了对财务指标要求，企业退市标准也主要集中在非财务指标方面。

二　全生命周期金融服务

为做好全生命周期的金融服务，英国政府除不断完善资本市场建设外，在风投和私募领域也采取了多元化策略和举措。如设立企业投资计划（EIS）、种子企业投资计划（SEIS）、风险投资信托计划（VCT）和耐心资本项目（BPC）等引导资本重点扶持科技型中小企业，帮助其在不同阶段获得持续资本支持，尤其是在早期得到投资。还通过区域天使项目（RAP）和国家安全战略投资基金（NSSIF）引导投资扶持初创期战略科技项目。这些具有政策属性的风险投资计划为高风险的创新活动提供了多元化的金融支持。Dealroom 公司公布的数据显示，2023 年英国科技型中小企业累计吸收风投资金估计超过 100 亿英镑，仅次于美国。此外，受到政府投资性基金的鼓励和引导，英国私募市场还成功吸引了其他各类投资者群体，既包括养老基金、保险公司、主权财富基金等机构投资者，也包括积极的个人投资者。2022 年，英国科技行业筹集了 274 亿英镑私募资本，位居欧洲第一。

同时，英国还是少数在国内资本市场中围绕风险投资制定了比较完备的法律制度的欧洲国家，这是其金融支持科技创新的一个显著特点。英国的《公司投资法》《风险投资信托法》明确规定：为在风险投资领域进行投资的投资者提供税收优惠；对于风险投资信托的个人投资者进行税收抵免，而风险投资获得的投资收益也可进行所得税抵扣。明确的法律制度和优惠的投资政策在一定程度上激发了市场化主体投资高科技企业创新活动的热情，进一步增加了创新活动资金供给。

此外，由于科创企业面临与传统行业不同的风险种类与性质，科技保险也成为英国全生命周期金融支持的重要环节。受英国相对成熟的保险制度的影响，保险市场通过提供大量中长期保险服务，如专业责任保险、网络安全保险、产品责任保险、知识产权保险等，为科创企业在发展过程中有效分摊了创新风险。同时，英国也在积极探索综合利用科创基金及科技保险工具为客户提供一站式服务的模式。

第三节　德国

根据世界知识产权组织发布的《2023 年全球创新指数》，德国位列第八，创新能力长期处于世界前列。德国作为全球最具创新力的国家之一，金融支持科技创新的模式是典型的银行主导型。

一 政策性银行

科技创新活动投入高、风险大、不确定性强,同时中小科技企业面临盈利能力差、现金流不稳定、抵押资产质量偏低等系列问题,传统银行信贷无法满足其创新活动的资金需求。在德国强大的银行金融体系中,具有政府背景的政策性银行在金融支持科技创新的过程中扮演着极为重要的角色。因此,为更好地适应科技企业,特别是中小型科技企业创新活动的需要,德国政府成立的政策性银行通过向其提供间接融资贷款,并实施有效的贷后监督,一定程度上有效化解和管理了部分创新风险,大幅提高了创新主体的主动性,契合了市场投资主体的风险偏好,从而有力地支持了高科技产业的创新活动。

德国复兴信贷银行(KFW)作为目前德国金融市场上主要的政策性银行,其主要任务是支持科技型企业的发展,不同于商业型金融机构以盈利作为经营的唯一目标。该银行由德国政府出资成立并提供担保,重点负责协助政府实施关于中小企业的金融扶持政策,同时配合管理年度财政预算中的中小企业发展基金等各类资助或补助项目。KFW 成立于 1948 年,联邦和州政府分别出资 80% 和 20%。目前,KFW 对中小企业的放款占新发放贷款的比重在 40% 以上,对中小企业(德国标准:年营业额低于 5000 万欧元,雇佣人数少于 500 人的企业被称为中小企业;欧盟标准:年营业额低于 5000 万欧元或年资产负债表总额不超过 4300 万欧元,雇佣人数少于 250 人的企业被称为中小企业)的贷款占德国中小企业贷款的 30%。在资金来源方面,KFW 的主要融资渠道是发行债券、向央行贷款及申请财政资金支持等。得益于德国政府的信用背书,国际资本市场往往给予 KFW 较高的信用评级,从而使其可以较低成本筹集资金,且由于无须向德国政府上缴经营利润,KFW 能向科技型企业提供包括低息贷款在内的各类低成本资金支持服务。例如,其提供的名为次级贷款的信贷融资产品,本质上是类似于债券的长期信用风险资金,而其提供的股权投资更类似于单纯的财务投资,并不过度干涉被投资企业管理层的经营决策。

具体来看,当前 KFW 主要提供两种服务模式:一是通过商业银行机构间接向企业提供长期低息的转贷款,通常年利率低于市场利率 2%—3%。这类贷款由 KFW 承担主要的信贷风险(通常为 80%),而中介机构在获得收益的同时仅承担部分信贷风险（通常为20%）。该模式允许商业银行以较低风险获得相对较高的收益，有效调动了其支持中小企业的积极性。二是KFW通过全资资本子公司（KFW Capital）设立引导基金对创新型中小企业进行股权投资。如设立高科技创业引导基金（HTGF）、欧洲复兴计划创新项目（ERP），引导资本"投早、投小、投高科技"；启动"未来基金"项目，促进未来技术研发，引导投资"硬科技"。德国政府通过实施配套政策、协调配套资金的方式，主导创新投资活动，显著提升了社会资本对科技创新风险的容忍度，成功引导社会资本主动为高科技企业提供资金支持。2023年，KFW Capital投资规模达到了21亿欧元，其中HTGF已吸引了超过45家资金方，管理规模超过14亿欧元，累计为700余家高科技企业提供融资，超过170家企业在证券交易所上市或通过其他途径退出。另外，德国的中小企业盈利能力普遍相对较强，对于不愿上市的企业，基金也可以靠利润分配来实现投资回报。截至2023年末，KFW总不良率仅为1.24%。

二　商业银行

长期以来，德国金融模式有三大特点。一是德国金融业主要服务于实体经济，经济一直处于"小金融、大实体"的状态。具体来看，金融业增加值占GDP的比重一直较低，20世纪90年代以来长期维持在5%左右，且占比逐年降低，2021年仅为3.42%。而德国制造业一直保持强劲发展态势，20世纪90年代制造业增加值占GDP的比重稳定在20%左右，2021年为18.26%。二是德国金融业以银行业为主，资本市场发展程度相对较低。表7.4显示，截至2021年，德国共有银行1401家，资产合计为7.3万亿欧元。三是德国为商业银行、公共银行、信用社三个层级三支柱银行体系，具有私有化程度低、覆盖范围广泛、非营利性银行占比较高等特点。德国银行机构一般可以分为全能银行和专业银行两大类，其中全能银行是德国银行业的主体。全能银行不受分业经营限制，除正常的存贷业务外，各类证券承做、买卖均可以涉及。德国企业，特别是中小型科技企业的长期金融资金供给几乎全部来自银行信贷。同时，德国的银行系统不仅在资金方面为中小科技企业的创新活动提供有力支持，政府公布并实施的针对中小企业的各类优惠政策也都离不开银行参与。

表 7.4　　　　　德国银行业体系概况（2021 年）

全能银行类别	数量（家）	总资产（万亿欧元）	资产占比（%）
商业银行	251	3.81	52.10
大型银行	3	2.02	27.60
地方银行	139	1.33	18.20
外资银行	109	0.46	6.30
公共银行	377	2.36	32.30
州立银行	6	0.8	11.00
储蓄银行	371	1.55	21.20
信用社	773	1.14	15.60

资料来源：德意志联邦银行官网。

目前，德国银行业三大支柱——商业银行、公共银行、信用社的贷款规模估计占到德国中小企业信贷的 70%。作为全能银行的德国商业银行，大多立足服务实体经济，不仅从事贷款服务、参与投资基金，还长期保持与中小科技企业的合作关系和畅通的沟通机制，允许拥有企业股份、代表股东参与公司决策投票及提供专业的投行咨询等。因此，德国商业银行在经营过程中往往会与多家中小企业形成稳固的绑定关系，充当其主要和长期的融资伙伴，当企业遇到经营困难时，德国商业银行还会帮助企业协调和其他银行的债务关系，助力企业渡过难关，发挥金融稳定器作用。这种深度融合的银企关系，既为科创企业提供了多元化金融服务，也增强了银行业参与创新活动的风险偏好和内在动力，提升了银行业金融支持的深度和广度。例如，大型商业银行可以通过提供全流程金融服务支持科创企业发展，或为初创企业提供长期的无息或低于市场水平低息贷款；公共银行与信用社则可以深耕所在区域，直接面向中小企业提供针对性更强的融资服务。

同时，德国还建立了以担保银行为核心，商业银行、担保银行共同分担风险的融资担保体系。这种市场主体之间形成的风险共担关系，有效避免了单一主体对失败风险的过度承担，增加了各类主体参与创新活动的积极性，从而提升了科创企业融资的可获得性和便利性。目前德国主要有 17 家担保银行为无抵押中小企业贷款特别是科创企业提供担保，年度总担保贷款超过 20 亿欧元，占中小企业融资额度的 2% 左右。担保银行由工商业协会、储蓄银行、商业银行等机构联合设立，担保费率与企业信用评级挂钩，通常为 1.75%—2.5%。商业银行和担保银行对担保贷款通常按照 20% 和 80% 的比例来分担风险。同时，联邦政府和州政府为担保银行提供反担保，对损失进行较高比例（通常为 65%—75%）的风险补偿。由于实际损失率较低，联邦政府每年的风险损失补偿金约为 3000 万欧元。

第四节 日本

与德国类似，日本的科技金融发展也可以归结为银行主导型。作为全球领先的科技强国之一，不同于欧美在集成电路、生物医药等领域的原创技术优势，日本的创新更加侧重技术改善及日常应用普及。回顾第二次世界大战后的日本创新，日本企业研发了多项引领世界的高科技产品，包括用于手术的内视镜技术、新干线高速铁路系统、发光二极管技术，以及丰田的精益生产方式，等等。在消费品领域，方便面、索尼随身听、任天堂家用游戏机和油电混合动力汽车等均源自日本。这些发明不仅推动了全球技术发展，至今仍深刻影响着消费者的生活方式。表 7.5 显示，日本 2022 年前沿技术准备指数位列全球第 19，排在发达国家前列，其中金融指标排名更是进入了全球前三。

表 7.5　　　　　　　　　2022 年前沿技术准备指数排名

国家	总得分	2022 年	2021 年	名次变化	金融指标	科技创新指标
美国	1	1	1	—	2	2
德国	0.92	7	9	2	40	5
英国	0.89	17	3	-14	12	6
日本	0.88	19	18	-1	3	7
以色列	0.88	20	20	—	60	19

资料来源：联合国贸易和发展会议《2023 年技术与创新报告》。

一　法律政策环境

日本以立法的方式明确了金融支持科技创新的财政税收政策，涵盖基本法、组织法、促进法、行为法等，具体包括《国民金融公库法》《中小企业金融公库法》《中小企业基本法》《中小企业投资扶持股份公司法》《中小企业现代化资金扶持法》《中小企业技术开发促进临时措施法》等30多部中小企业专门法规。由此形成专门的法律体系，为中小企业特别是创新型科技企业的迅速发展提供了稳定的法治环境和良好的制度保障，有效减少了外部环境不确定性对创新的不利影响，降低了创新活动的外在风险。

1995年《科学技术基本法》的制定和实施，有效推动了日本系统、独立、连续的科技政策体系的建立。根据此法，每五年更新一期的《科学技术基本计划》（后修订为《科学技术创新基本计划》）成为日本科技发展的重要技术指引（见表7.6），为各类研发主体从事基础性研发工作提供了鼓励和扶持，同时也为社会资本投资科学研究领域指明了正确方向，降低了创新投资的风险，提高了投资积极性。

表7.6　日本科学技术基本计划的主要内容（第一至第六期）

第一期（1996—2000年）	第二期（2001—2005年）	第三期（2006—2010年）	第四期（2011—2015年）	第五期（2016—2020年）	第六期（2021—2025年）
构筑新的研发体系：扩充竞争性研究资金；培养超1万名博士后；促进政产学的人才交流；实施科技评价制度。第一期基本计划政府支出总额目标为17万亿日元（实际为17.6万亿日元）	基本理念：创造新的知识、通过知识创造经济活力；通过知识创造丰富的社会。政策支柱：（1）确定战略重点：推进基础研究、确定重点研发领域；（2）改革科技研发体系：实现竞争性研究资金的新增；强化政产学的合作机制。第二期基本计划政府支出总额目标为24万亿日元（实际为21.1万亿日元）。第三期基本计划政府支出总额目标为25万亿日元（实际为21.7万亿日元）		基本方针：推动科技创新一体化的发展、重视人才培养以及人才培养机构的作用、实现与社会共同创造的利民政策。震后复兴：确定特定领域以及任务的优先级；加强基础研究和人才培养；建立彻底的PDCA循环[计划（Plan）、执行（Do）、检查（Check）和处理（Action）]和行动计划的改革等。第四期基本计划政府支出总额目标为25万亿日元	四大支柱：（1）未来的工业创造和社会变革：实现社会5.0；（2）应对经济和社会问题：努力解决基础设施和资源等的重要政策挑战；（3）加强基础能力：青年女性的培训和晋升、国立大学改革、经费改革；（4）实现人才、知识、资金的良性循环：推动开放式创新、培育新企业、区域振兴。第五期基本计划政府支出总额目标为26万亿日元	与社会未来景象的"联动+"实现社会5.0。潮流：颠覆性创新给经济和社会带来的影响；强调以人为本/可持续性、多样性/包容性。目标：确保可持续性、确保韧性、实现经济发展与物质的丰富性、提高在国际社会的存在感。第六期基本计划政府支出总额目标为30万亿日元

资料来源：笔者整理。

在税收优惠领域，1963年颁布实施的《日本中小企业现代化促进法》规定"经营指定企业的中小企业者按租税特别措施法的规定，对其固定资产可以作特别折旧"。1985年制定的《促进基础技术开发税制》和《关于加强中小企业技术基础的税制》，进一步完善了关于研究开发类经费的税额抵扣制度，并鼓励中小企业在引进新技术、购置新设备的过程中实施特别折旧制度。2023年末，通过的《令和6年税制修正案》进一步加强了针对战略性领域制造业发展的税收优惠政策，包括电动汽车（含储能电池）、绿色钢铁（不使用化石燃料制造的钢铁）、绿色化学（由植物和回收废物制成的化学品）、可持续航空燃料和半导体等行业，明确规定："属于这五个领域的企业投资购置所属领域的生产设备，该生产设备的投资额可在10年内根据产品的产量和销量按一定比例抵免企业所得税的应纳税额，企业每个纳税年度享受该税收优惠政策、碳中和投资促进税收优惠政策以及数字化转型投资促进税收优惠政策所抵免的税额之和最高可达该年度企业所得税应纳税额的40%（半导体领域的抵免上限为20%），当年不足抵免的，可以在以后4个纳税年度结转抵免（半导体领域的结转年限为3年）。"丰富的税收支持政策为中小企业的经营活动特别是科技创新活动提供了有力支持，有效降低了创新研发的投资成本和风险。

此外，《中小企业投资法》还鼓励日本风险投资发展以满足高科技产业的融资需求。健全的法律体系的支持和保障，以及日本政府大力实施的针对科技型中小企业的涵盖税收优惠、金融支持等多个领域的各项产业促进政策，有效促进了日本科技创新活动的发展。

二　间接融资体系

日本的科技创新主要以民营企业为主，而以都市银行为代表的银行体系的间接融资又是企业资金供给的主要来源。一直以来，间接融资体系的构建，特别是信贷机制的完善，是日本政府金融部门的工作重心，并设立了一批专门服务于各类企业的政策性金融机构，包括商工组合中央金库、科技企业金融公库、国民金融公库、日本开发银行等。这类具有政府背景的组织既服务于日本产业政策的需要，同时又兼具商业金融机构的营利性特征，可以通过市场化的机制和手段，为中小型科技创新企业提供多样化的资金支持服务。因此，在日本的间接融资市场上，实际上形成了政策性金融机构与商业性金融机构有机结合、相互协作、共同促进的金融组织结构（见表7.7）。

表 7.7　　　　　　　日本三大政策性信贷机构基本情况

机构名称	成立时间	主要业务范围	资金来源
商工组合中央金库	1936 年 12 月	由政府和科技企业协会等共同出资组成，为团体内成员提供信用贷款、票据贴现等	政府拨付的资本金和发行的债券
科技企业金融公库	1953 年 8 月	向规模较大的科技企业提供长期低息贷款，贷款侧重于支持重点产业	政府拨付的资本金、政府借款及发行中小企业债券
国民金融公库	1949 年 6 月	专门为难以获得银行信贷资金的科技企业融通小额中转资金	政府拨付的资本金和向政府借款

资料来源：笔者整理。

此外，日本间接融资市场上还存在一些中小金融机构，其功能和定位不同于传统大型政策性金融机构，其主要通过提供差异化的金融支持，以满足不同类型中小企业的融资需求，特别是初创企业。目前，日本向科技企业提供信贷服务的中小型金融机构有很多，表7.8列举了日本主要中小型金融机构的性质、主要特征或功能。日本发达的间接融资体系，以及信贷市场中不同类型资金供给机构的相互配合，为中小企业开展不同风险程度的创新活动提供了更广泛的资金来源和更丰富的金融产品选择。

表 7.8　　　　　　　日本主要中小型金融机构基本情况

机构名称	机构性质	主要特征或功能
地方银行	中小型信贷类金融机构	主要服务对象为本地的中小型科技企业
信用金库	由信用协同组合发展而来的合作制金融机构	一是实行会员制，会员结构以当地企业为主；二是每个成员拥有一票表决权；三是业务领域有一定限制
信用组合	中小型合作制金融机构	规模比信用金库小，突出合作机制，业务限于组合内的成员、地方公共团体、非营利法人的存款和非会员存款
劳动金库	小型合作性质的金融机构	加强共济活动，提高劳动者生活水平

资料来源：笔者整理。

三 信用担保体系

中央和地方两级信用担保体系作为有效的信用补充机制，构成了日本科技金融模式的重要特色，为中小科技企业获取金融贷款提供了重要支持和保障。日本52家信用保证协会共同构成了地方信用担保体系的主体，为科技型中小企业日常信贷融资活动提供信用保证。日本信用保证协会的成立可追溯至1953年《信用保证协会法》的出台，此后日本政府还陆续制定了与之配套的《信用保证协会法施行规则》《信用保证协会法施行令》等法律条文，以法律形式明确了信用协会的各项经营活动，进一步严格规范了该信用担保机构的日常工作。这类政策性融资担保服务机构的资本金主要来源于政府出资、金融机构摊款和累计收支余额三部分，同时协会所在地的政府部门还会根据当地信用保证业务发展的需要，为其提供补充资本金。而由日本政府统一设立的中小企业信用保险公库则主要为信用保证协会所开展的企业信贷担保业务进行再担保，在其发生担保损失时，帮助其偿还一定比例的不良贷款。这一反担保制度的安排极大地增强了信用保证协会提供融资保证的信心，同时也可通过创新风险的进一步分散，降低担保体系发生系统性风险的可能性和破坏程度。

对于科技型中小企业来说，在信贷融资过程中，如需担保服务可直接向当地信用保证协会申请。协会在收到申请后，将统筹安排商业性金融机构向满足担保条件的企业发放贷款，并为该笔信贷资金提供担保服务。央地两级协同建设和完善信用担保支持平台，使得企业可以以较低成本（仅需缴纳0.1%或0.5%的保证费用）获得全额担保服务。相关申请程序也较为简捷，既提高了商业性金融机构为创新活动提供信贷资金支持的意愿和能力，也有效避免了因贷款融资不畅等原因给企业创新所带来的不利影响。

第五节 以色列

以色列在实现国家现代化的过程中，借第三次科技革命之力，在中东地区率先启动创新驱动发展战略，成功克服了自然环境恶劣、资源贫乏、人口稀少、市场狭小等不利因素的影响，国家竞争力陡然提升。以色列科技金融发展模式是典型的政府主导型，同时作为复制美国硅谷模式最成功的国家之一,其高科技产业集群通常被认为是美国以外最成功的硅谷模式。根据世界知识产权组织(WIPO)全球创新指数排名,十多年来以色列始终排在全球"创新领导者"梯队前 25 位,2023 年位列第 14。

一 政府主导的创业引导基金

20 世纪 90 年代,以色列政府认识到资本短缺是限制国内高科技企业发展的主要障碍。20 世纪 90 年代初期,为应对这一挑战,以色列经济与产业部首席科学家办公室(OCS)推出 Inbal、Yozma 和 Magnet 等针对高科技产业的重要融资项目,旨在通过学习国外成熟的风险投资模式,推动国内风险资本(VC)行业的发展。表 7.9 总结了以色列实施的支持国内创新研发事业的主要融资项目。

表 7.9　　　　　　　　　以色列的主要创新融资项目

项目名称	主要内容
Inbal	该项目成立于 1992 年,目标是通过为投资提供担保以激励公开交易的风险基金(VC)公司。政府拥有的保险公司(Inbal)可以提供不超过投资初始资本总额 70% 的担保比例,但该项目将对其所覆盖的 VC 公司实施部分限制
Yozma	该项目于 1993 年启动,是一个由政府出资 1 亿美元设立的风险投资项目,旨在支持国内有限合伙风险投资基金的建立,为处于早期阶段的 VC 基金提供资金支持。通过引导私人部门的共同投资,该项目促进了以色列 VC 行业的产生和发展
Magnet	该项目成立于 1992 年,旨在鼓励由工业公司组成的财团(涉及两个或两个以上的公司以及至少一个大学)进行预竞争性通用研究。Magnet 项目可以为批准的研究项目提供高达 66% 的无偿资金资助
Magneton	该项目旨在通过促进公司与学术界之间的相互合作,鼓励科学技术从学术界运用于产业界。该项目可以为批准的研究项目提供高达 66% 的无偿资金资助
Technological Incubators Program	该项目成立于 1992 年,年度总预算为 2500 万—3000 万美元,主要用于支持初创企业在其前三年的运营过程中将创新想法转化为实质上的商业创新。目前,该项目对所有以色列初创企业开放
R&D Fund	该项目是以色列经济与产业部首席科学家办公室(OCS)支持所有以色列公司从事技术研发活动的主要融资机制。该项目可以为批准的项目研发支出提供高达 50% 的财政资金资助,适用于各种科学领域(如通信、IT、生物技术等)的研发项目

续表

项目名称	主要内容
Tnufa	该项目旨在帮助处于初创阶段的企业评估创新概念及其技术和经济潜力，并为其在专利申请、原型构建、业务计划准备、与行业合作伙伴建立商业关系等方面提供协助。该项目可以为批准的研究项目支出提供高达85%的资金资助，每个项目的最高资助额为50000美元
Nofar	该项目旨在帮助企业弥补基础研究与应用研究之间的差距。该项目可以为批准的研究项目支出提供高达90%的无偿资金资助，每个项目的最高资助额为100000美元
Heznek	该项目是一个政府种子基金。它将作为一只共同基金，帮助政府与另一投资实体针对某一初创企业共同投资一定金额，但投资者有权以初始价格购买该初创公司的政府股票
Israel-U. S. Binational Industrial R&D Foundation	该项目成立于1977年，旨在促进和支持非国防领域的联合工业研发活动（由以色列和美国的私营部门进行）。该项目可以为每个企业批准的研发支出提供高达50%的资金资助
Britain-Israel Industrial R&D Foundation	该项目成立于1999年，旨在为在英国和以色列进行的合作研发活动提供资金支持，但每个企业的研发工作至少有30%必须在另一国家进行。该项目将为批准的合作项目合理的研发成本提供高达50%的资金资助
Israeli Life Science Funds	该项目旨在支持以色列生命科学行业的发展。政府作为基金的有限合伙人，为该基金提供高达8000万美元的投资资金。政府承诺其投资的资金规模将与私人部门投资者的承诺相匹配，即该基金至少在生物制药领域的投资规模将三倍于政府承诺
EUREKA	该项目是泛欧洲政府间项目，旨在协调政府、研究机构和私人部门在创新领域的努力。在项目框架内，以色列政府可以为批准的研究项目支出提供不超过50%的资金支持，是本土企业获取OCS研发拨款的重要资金渠道
Bridging Aid Program	该项目适用于本土企业在研发、制造和投向市场之间的过渡阶段，其目标是支持和帮助已完成研发阶段的公司制造样机（样品），并在潜在客户的场地进行安装演示。该项目可以为批准的研究项目支出提供高达50%的无偿资金资助
Katamon	该项目鼓励工业公司、学术研究团体和水务基础设施公司之间的合作，进而可以有效促进水技术项目的发展。该项目可以为批准的研究项目支出提供高达50%的无须偿还的资金资助

续表

项目名称	主要内容
Sub-contracting Industrial R&D Program	该项目重点支持以色列企业作为分包商承担外国公司的民用研发项目。该项目旨在鼓励以色列企业与外国合作伙伴成立合资企业,协助其将技术先进的产品推向市场,可以为研发项目成本提供不超过20%的资金资助
Exploratory Studies for Industrial R&D Projects Program	该项目旨在帮助缺乏研发经验的初创企业或小型企业在研发阶段投入巨额资金前,对新技术的市场潜力进行系统性研究,可以为批准的研究项目支出提供高达50%的资金资助,最高为30万美元
Europe's R&D Framework Agreement	该项目旨在促进以色列-欧盟之间的共同研发合作,可以为以色列的企业和研究机构提供与欧洲同行合作参与联合实施项目的机会,从而帮助它们更好地进入欧洲市场。该项目可以为中小企业提供高达75%的资金资助,为大型工业合作伙伴提供高达50%的资金资助

资料来源:笔者整理。

尤为值得一提的1993年启动的Yozma项目,该项目是由以色列政府主导的以推动国内创新创业和高科技产业发展为目的的政策性基金,主要投资于通信、IT和医疗技术领域的公司,尤其是基础设施和技术支持的相关公司。该项目的实施也为以色列国内风险资本投资的从无到有奠定了坚实的基础。该项目拥有两项职能,除了政府直接投资初创企业,还联合国内外私人投资者共同注资建立风投基金。作为母基金,Yozma项目将初始资金中的80%投入与国际投资者合作共同设立的10个风险投资基金里,这些外国投资者包括Walden、Oxton、Advent、DaimlerBenz、DEG、GAN、Singpore Technologies等国际上著名的集团公司。Yozma项目平均每只基金投入800余万美元,但到1996年初,该项目成功用1亿美元的基金撬动了1.5亿美元的国际基金资本。作为一类重要的政府投资项目,以Yozma项目为代表的政府引导基金的迅速发展增加了风险资本的供应,成功帮助初创企业和中小型企业缓解了创新活动过程中的资金限制,降低了因资金约束导致的创新风险。

20世纪末,以色列政府还通过允许私人投资者以优惠条件买断政府股份,实现了政府引导与市场参与的良好互动,提高了资本投资创新的风险偏好,从而有效吸引了大量社会资本进入高科技领域,扩大了基金计划的投资规模,充分发挥了政府资金的杠杆效应,成功推动了以色列 VC 市场的繁荣。目前,Yozma 项目引进的国际资本已超过 50 亿美元,在以色列全国范围内培育的风险投资基金总数超过 60 个,风险资本总额超过 100 亿美元。

二 科研机构与产业界的紧密合作

自 20 世纪 90 年代以来,以色列已经形成了世界上最成功的高科技产业集群之一。蓬勃发展的风险投资行业不仅使得以色列变成了"中东硅谷",还使得以色列特拉维夫都会区(含赫兹利亚、拉马特甘、阿什杜德等卫星城)被称为"硅溪"。"硅溪"作为全球仅次于美国硅谷的创业集群,是信息与通信技术(ICT)、软件、数据通信、电光学、硬件设计、互联网等领域的全球重要的创新中心。以特拉维夫—雅法市为中心,占地约 1516 平方千米,人口约 405 万的大城镇群汇聚了以色列约 77% 的初创企业、81% 的投资机构和 85% 的高新技术产业,还吸引了英特尔、微软、谷歌、华为等世界高科技巨头入驻,是享誉全球的创业圣地。这种由风险资本创造的集群效应,有效支持了高科技集群的成长。但成功的企业集群化发展背后也离不开政府(特别是经济部下属的 OCS)、学术和产业之间的良性互动。

在学术界—产业界—政府的"三螺旋"创新体系中,以高校为代表的科研机构兼顾着技术创新与技术转移两种使命,其终极价值的实现表现为创新成果的商业化。1958 年,以色列第一个技术转让公司"耶达"(YEDA)在魏茨曼科学研究所成立。此后,以色列的 6 所研究型大学均陆续设立了技术转移公司,主要负责创新成果与应用技术的商业化开发,且承担着加强所在高校与国内外产业界合作的职责,致力于将其技术创新转化为最终的工业产品。如今,许多以色列大学仍然设有技术转移公司,比如以色列理工学院的 Bronica 和特拉维夫大学的 StarTau。在技术创新的全链条过程中,政府通过 OCS 提供拨款和融资支持科研机构和产业组织的合作研发,科研机构不断为创新提供重要的智力资本,而产业组织则负责将科学研究和技术成果商业化。官、产、学共同参与的技术创新大幅缩小了各个主体所面临的创新风险,有效推动了创新活动的开展。

第六节 启示与借鉴

通过对主要模式的代表性国家科技金融发展经验进行总结梳理，我们可以得到以下几方面启示。

第一，促进股权融资市场发展。从美国、英国等国家经验可以看到，制度完善、覆盖全面、层次分明的股权融资市场可以在很大程度上适应科技创新活动的金融需求，通过吸引具有不同风险偏好的投资者扩大市场规模，有力推动科技企业尤其是中小科技企业的发展壮大。股权融资市场良好运行离不开基础制度的规范和完善。只有建立涵盖上市、转板、退市、监管、惩罚和投资者救济与保护等多方面内容的完善的基础制度体系，才能明晰各市场主体权责界限，实现对投资者正当权益的有效保护，为资本市场高效运行"保驾护航"。

第二，大力发展风险投资。风险投资与科技创新相伴相生，较高的风险偏好使得其能够对具有高风险特征的科技创新活动提供有效支持。以美国为代表的发达国家经验充分证明了这一点。从世界范围来看，作为科技企业上市前融资的最主要渠道之一，风险投资不仅为科技企业发展提供资金支持，帮助其解决发展初期的融资难题，还会通过参与日常经营决策、提供社会资源等方式，为科技企业在内部管理、市场开拓方面提供建设性意见和实质性帮助，在科技创新活动的早期融资阶段发挥着不可替代的重要作用。由此可见，应该把风险投资作为我国科技金融发展的重中之重。

第三，不应忽视银行体系的作用。尽管强调资本市场、风险投资在促进科技创新中的作用，但德国、日本等国的发展经验表明，银行业同样可以在促进科技创新中发挥重要作用。这一点对我国以银行为主导的金融体系尤其具有借鉴意义。其中，德国和日本的经验均表明，政策性银行在推动科技创新中发挥了重要作用。这也启示我们，在我国科技金融发展过程中，需要优化商业银行业务模式，增强其对科技创新的支持力度，同时推动政策性银行与商业银行的协同，以更好地满足科技企业的金融需求。

第四，政府在发展科技金融中发挥着极为重要的作用。从各国经验来看，无论是哪种发展模式，政府都在科技金融发展或促进科技创新中发挥着极为重要的作用，能够有效弥补市场失灵，包括设立政府引导基金、建立风险补偿机制等。当然，在发挥对市场引导作用的同时，政府应避免直接持股企业,以及过度的行政干预;同时,要加强与市场化机构的协同,做到适时退出,避免对社会资本产生"挤出效应",真正让利于民。

第五,优化法律和政策体系为科技创新提供良好的外部环境。持续优化支持科技创新的法治环境,通过阻止垄断的形成、鼓励市场良性竞争、重视知识产权保护,有利于为科技企业营造公平的经营环境,特别是为中小型科技企业经营提供基本的法治保障。尤其是在知识产权保护方面,保护知识产权就是保护创新。只有当科技创新主体能够从创新中充分获益,才能够更好地保护市场主体的创新积极性。

第八章　发展科技金融的着力点

发展科技金融千头万绪。围绕风险匹配这一关键以及现阶段科技金融发展方面存在的突出问题，可以重点从以下方面采取有针对性的措施，包括大力发展资本市场，发挥银行业基础性支撑作用，促进股权投资机构发展，优化科技金融产品和服务，以国有资本带动社会资本，总结地方经验、构建地方政府竞争新模式等。从风险匹配角度看，大力发展资本市场和股权投资机构主要是为了引入风险偏好更高的投资者，同时发挥资本市场的风险识别和风险定价功能，更好地匹配科技创新活动的高风险特征；促进专营机构发展、优化股权结构等有助于提高银行自身的风险偏好以及对科技企业的风险识别能力；发挥国有资本的引导作用主要是基于国有资本具有一定的政策性属性，兼顾经济效益和社会效益，进而能够弥补市场失灵；优化科技金融产品和服务的目的在于通过创新产品和服务降低科技金融供需双方的信息不对称，提高风险匹配程度；总结地方经验是从地方的实践探索中总结出规律性认识，减少科技金融发展中的不确定性；以发展科技金融为抓手构建地方政府竞争新模式的意义在于：通过激发地方政府的能动性，不断优化科技金融生态环境，减少科技金融供求双方之间的信息不对称。

第一节　大力发展资本市场

与银行业相比，资本市场可以引入风险相对较高的投资者，从而能够与科技创新活动的高风险投资更好地匹配。特别是，资本市场还具有独特的价值发现和风险定价功能，能够更好地识别科技企业的风险和发展潜力。与美国等发达国家相比，我国资本市场发展明显滞后，在支持科技创新活动方面还存在较大不足。一是上市门槛偏高。尽管与其他类型企业相比，现有科技企业上市门槛相对较低，但绝对水平仍然比较高。受制于传统思维，现行上市标准对科技企业价值的评估仍然基于过去业绩，而不是未来发展潜力，导致门槛偏高。根据《上海市证券交易所科创板企业发行上市申报及推荐暂行规定（2024年4月修订）》，企业申报科创板发行上市需要同时满足4项指标，其中包括最近三年营业收入复合增长率达到25%，或者最近一年营业收入金额达到3亿元。从实际情况来看，能够满足上述要求的企业大多数资金需求已经有所缓解。二是IPO政策松紧尺度不一。尽管已经实行注册制，但不同时期IPO政策容易受到市场波动的影响，导致松紧尺度不一，不利于科技企业形成稳定的上市预期，也不利于风险投资机构通过被投资企业的IPO上市实现退出。比如，从2023年8月开始，我国资本市场先后出台了多项政策加强IPO市场监管，主要包括：2023年8月27日，证监会要求统筹一二级市场平衡、优化IPO和再融资监管安排，阶段性收紧IPO节奏，促进投融资两端的动态平衡。2024年3月15日，中国证监会发布的《关于严把发行上市准入关从源头上提高上市公司质量的意见（试行）》提出8项政策措施，要求严把拟上市企业申报质量、压实中介机构"看门人"责任、突出交易所审核主体责任等。2024年4月12日，国务院发布《关于加强监管防范风险推动资本市场高质量发展的若干意见》，要求提高发行上市辅导质效，扩大对在审企业及相关中介机构现场检查覆盖面；压实发行人第一责任和中介机构"看门人"责任，建立中介机构"黑名单"制度。同日，沪深交易所优化上市条件。在此背景下，至2024年8月26日，在1年时间内我国A股市场IPO受理135家，同比减少超七成；按上市日期计算，IPO成功上市的公司共129家，同比减少293家，募资合计962.54亿元，同比下降79.69%，发行费用合计92.92亿元，同比下降74.96%；因主动撤回而终止审核的IPO项目共481家，同比翻倍。三是退出通道不畅。长期以来，我国资本市场没有建立完善的退出机制，上市公司"只进不出"，大量劣质上市公司仍然留在资本市场，资本市场无法实现优胜劣汰，对优质科技企业上市造成阻碍。近年来，我国资本市场退市制度建设有所改善。2020年10月5日，国务院发布《关于进一步提高上市公司质量的意见》，要求优化退市标准、简化退市程序、加强退市监管。2020年11月2日，中央全面深化改革委员会第十六次会议审议通过《健全上市公司退市机制实施方案》。根据该方案要求，沪深交易所在2020年12月31日发布修订后的《股票上市规则》《退市公司重新上市实施办法》等配套规则。自 2020 年实施退市改革以来，退市公司数量大幅增加。2023 年共有 47 家公司退市，其中强制退市 44 家，强制退市数量已超过改革前退市数量总和。尽管如此，我国 A 股市场年均退市率不足 1%，而美国纳斯达克市场年均退市率接近 8%，差距仍然十分明显。四是高收益债券市场发展滞后。目前我国科创债券和科创票据的发行主体主要是信用等级较高的金融机构或者投资公司，这些机构将所筹集的资金进一步投向科技企业，而真正由信用等级偏低的科技企业发行的高收益债券还非常少，高收益债券市场发展方面还处于起步阶段。从发达国家经验看，信用债市场中高收益债券的占比在 20% 左右，总体呈现级别低、收益高、数量多、规模小、期限长等特点，对于满足信用等级偏低的科技企业融资需求具有重要作用。

从未来情况看，要把发展多层次资本市场作为发展科技金融的重中之重。一是完善不同市场之间的差异化定位与协同。健全涵盖创业板、科创板、新三板等在内的多层次金融市场体系；统筹推进新三板基础层、创新层制度创新，稳步扩大区域性股权市场创新试点范围，健全各层次市场互联互通机制。二是降低科技企业上市门槛。优化以信息披露为核心的注册制架构，制定重点领域专项信息披露指引，提高市场透明度。在加强信息披露的基础上，适当降低科技企业上市门槛，淡化规模、盈利等指标要求，将研发费用作为更重要的价值评估依据，为那些暂时未盈利但具有较好发展潜力的科技企业上市提供空间。三是完善退市制度。降低退市门槛，优化退市板块挂牌流程，提高退市效率。拓宽退市渠道，支持引导不具备持续经营能力的企业采取自愿退市、协议退市、回购、吸收合并等方式退市。四是推动高收益债券市场发展。加快市场主体培育，以科创型、创新型、专精特新等企业为核心，逐步形成高收益债券供给端。优化市场基础设施建设，在强化注册审核、发行簿记、交易、托管及结算等系统建设的同时，着力完善相关交易制度、流动性安排、信用增级和市场退出机制。加强高收益债产品创新，发展信用保护工具，提高投资者参与高收益债券市场积极性。

第二节 发挥银行业基础性支撑作用

银行业是我国金融体系的主体，2023 年末我国银行业机构总资产在金融业机构总资产中占比 90.5%。作为信贷资金的提供者，银行通过收取利息获取收益，无法更多地分享科技企业的成长收益，获得的收益相对有限，不足以覆盖其所承担的风险，导致银行缺乏服务科技企业的积极性。因此，与资本市场相比，银行业在支持科技创新方面存在先天不足。现阶段银行在支持科技创新方面存在的主要问题如下：一是银行对科技企业的股权投资渠道不畅。股权投资为银行分享科技企业成长收益提供了一种可能渠道，但现阶段面临诸多障碍。一方面，直接股权投资业务被现有法律所禁止。2015 年修订的《中华人民共和国商业银行法》第 43 条规定："商业银行在中华人民共和国境内不得从事信托投资和证券经营业务，不得向非自用不动产投资或者向非银行金融机构和企业投资。"受此限制，银行无法通过直接股权投资方式为科技企业提供资金支持。另一方面，间接股权投资业务规模较小。现行政策框架下，银行主要通过投贷联动试点和市场化债转股等方式间接持有科技企业股权。但这两种方式总体规模均比较小，对科技创新的支持力度较为有限。二是科技企业专营机构发挥作用有限，包括科技支行、科技金融服务中心、科技金融创新中心、科技金融事业部等。现有政策对专营机构的规定比较宽泛，在操作层面主要由银行自己决定，缺少更具体的指导意见。主要体现在：一方面，对专营机构的管理体制不够完善。部分银行对专营机构的审批权限下放还不到位，专营机构在业务流程、考核评价体系、风险容忍度等方面与银行其他分支机构差异不明显，无法充分调动专营机构服务科技企业的积极性；另一方面，银行普遍缺乏兼具金融知识和科技行业背景的复合型人才，对科技企业的风险状况和发展潜力缺乏准确判断。三是以国有银行为主导的银行体系与科技企业的金融需求不匹配。国有银行在我国银行体系中占主导地位。以国有大型商业银行为例，截至 2023 年末，6 家国有大型商业银行总资产规模达到 176.76 万亿元，在银行业金融机构总资产中占比 42.4%；总负债 162.90 万亿元，在银行业金融机构总负债中占比 42.5%。一方面，与非国有银行相比，国有银行面临的考核约束更加严格，因害怕国有资产流失而过于强调保值增值，承担高风险的意愿相对更低，与科技企业的高风险特征更加不匹配；另一方面，现阶段民营企业是我国科技创新的主体，贡献了 65% 左右的发明专利、70% 以上的技术创新成果、80% 以上的新产品。由于存在所有制差异，国有银行对民营企业的支持存在明显不足。四是科技再贷款覆盖范围过窄。如前所述，中国人民银行等部门推出的科技创新再贷款政策覆盖对象仅包括国家开发银行、政策性银行、国有商业银行、邮政储蓄银行、股份制商业银行等21家金融机构，均为大型金融机构，不包括其他中小金融机构，覆盖范围相对较窄，影响了其稳健发展科技金融业务的积极性。例如，一些科技贷款业务占比较高的中小银行反而没有享受到这一政策。

从我国情况看，银行业在很长一段时期内仍将在我国金融体系中处于主导地位，需要发挥银行业在支持科技创新方面的基础性支撑作用。

第一，探索建立商业银行通过股债结合方式服务科技企业的通道。包括扩大投贷联动试点范围、放开金融资产投资公司开展股权投资业务的限制等①。

第二，更好地发挥专营机构的作用，提高银行服务科技企业的专业性。细化关于科技企业专营机构的政策指引，提高专营机构运作的规范性和运营效率。一是提高风险容忍度。可以在现有3%的基础上，引导银行提高对科技支行信贷业务风险容忍度，优化内部考核评价体系，增加科技支行业务开展积极性。二是扩大业务权限。引导银行简化科技支行业务流程，扩大审批权限，降低科技企业准入门槛，增加信用贷款比重，提高科技支行业务开展的自主性和服务效率。三是提高金融服务专业性。引导银行结合科技企业特点，加强产品和服务创新，提高科技支行金融产品和服务的专业性；优化科技支行人才配置，扩充具有科技背景的人才队伍，提高对科技企业风险评估的有效性。

第三，优化银行业股权结构。在保持国有银行主导地位的同时，通过优化银行业股权结构，提高银行业整体风险偏好。一是积极引导非国有资本入股银行，扩充银行资本来源，增加对科技企业的资金供给；二是鼓励优质科技企业入股银行，在提高银行业整体风险偏好的同时，借助科技企业股东的专业优势，提高银行对科技企业的风险识别能力，降低银行风险。

第四，扩大科技再贷款覆盖范围。中国人民银行在开展科技创新再贷款业务过程中，应当依据从事科技企业贷款的规模等对银行进行筛选，扩大政策覆盖范围，让更多向科技企业提供金融服务的中小银行能够享受到科技创新再贷款政策红利。

---

① 详见下文关于投贷联动业务的讨论。

第三节　促进股权投资机构发展

与债权融资相比，股权投资机构可以通过股权投资从被投资企业的长期发展中分享投资收益，从而有意愿承担更高的投资风险，能够更好地匹配科技创新活动的高风险特征。与银行等金融机构相比，我国股权投资机构发展明显滞后，总体规模偏小，对科技创新的支持力度不够。尽管近年来发展较快，但我国天使投资、风险投资、私募股权投资等股权投资业总体规模依然偏小。截至2023年末，我国存续私募股权投资基金规模达11.12万亿元、创业投资基金规模达3.21万亿元，与美国等发达国家差距明显。此外，我国顶尖风投机构数量远落后于美国。胡润研究院发布的《2022年中胡润全球创投机构》显示，全球前十大风险投资机构中，美国占有7席，我国仅占有2席。

制约我国风险投资发展的因素主要有以下两方面。首先，资本市场基础制度囿于传统思维不利于创新和创造性破坏。通过资本市场IPO上市是风险投资机构退出的一个重要渠道。如前所述，现阶段我国资本市场基础制度还不健全，对风险投资机构退出形成制约。其次，耐心资本缺失导致风险投资募资难。一是中长期资金供给不足。长期以来，我国资本市场资金来源以短期资金为主，养老金、保险机构、捐赠基金等中长期资金较为匮乏。2023年我国资本市场中长期资金持股占比不足6%，远低于境外成熟市场普遍超过20%的水平。二是对风险投资机构监管过严。风险投资业本质上是一种科技服务业，如果监管过严，就会影响投资者的积极性。清科数据显示，2023年国有控股和国有参股有限合伙人（LP）合计披露出资金额占比达77.8%，民间资金大量退出风险投资行业。执中、招商银行、财新社联合发布的《中国私募股权市场出资人解读报告2024》显示，近年来政府资金主导募资市场，政府资金成为股权投资市场中的绝对主角。2020—2022年，政府资金出资占比稳定维持在43%—50%，2023年政府资金出资占比达65.6%。与之相对应，民间资本、社会资本的积极性则在下降。三是中长期资金进入通道不畅。保险资金、企业年金、养老金、银行理财资金等中长期资金进入风险投资领域的配套政策尚不完善，比如权益投资风险因子偏高降低了保险资金的投资积极性等。四是缺乏正向激励的税收政策。目前对于风险投资机构投资收益适用单一税率，没有与投资期限反向挂钩，缺乏对中长期投资的激励。

2024年7月，党的二十届三中全会通过的《中共中央关于进一步全面深化改革 推进中国式现代化的决定》明确指出，鼓励和规范发展天使投资、风险投资、私募股权投资，更好地发挥政府投资基金作用，发展耐心资本，从中央层面进一步强调了发展股权投资机构的重要性。此外，2024年6月，国务院办公厅印发《促进创业投资高质量发展的若干政策措施》，围绕创业投资"募投管退"全链条所涉及的各个环节提出了针对性意见，对现阶段股权投资业发展中存在的主要问题均出台了有针对性的政策举措。从未来情况看，促进股权投资机构发展的关键在于将国家出台的上述政策举措落到实处，尤其是要做好以下几个方面。一是健全风险投资退出机制。优化以信息披露为核心的注册制，进一步降低科技企业资本市场上市门槛。保持IPO节奏的平稳，为风险投资机构通过资本市场退出提供稳定的预期。大力发展并购投资行业，建立完善突破关键核心技术的科技企业并购重组"绿色通道"，适当提高轻资产科技企业重组的估值包容性。发展股权二级市场基金（S基金），支持各类国有基金份额通过股权托管交易中心开展转让试点，支持合格境外有限合伙人（QFLP）依托份额转让试点探索开展跨境基金份额转让业务。完善PE/VC非现金分配机制，促进"投资—退出—再投资"良性循环。二是拓宽风险投资资金来源。发挥企业年金和养老金的支持作用，放宽社保基金等中长期资金投向风险投资领域的比例限制，鼓励商业化养老金适量配置股权投资，吸引更多长期资金进入风险投资领域。适当放宽银行理财资金投向风险投资领域的比例限制，允许更多比例的理财资金通过合法合规的渠道进入风险投资领域。适时下调保险资金投资科创板上市普通股票的风险因子，提高保险资金积极性。拓展多元化资金来源，明确慈善基金和捐赠基金的投资范围、方式和比例，允许其在风险可控的前提下进行股权投资，为慈善基金和捐赠基金的投资收益提供税收减免或优惠政策。2025年1月，中央金融办等六部门联合发布《关于推动中长期资金入市工作的实施方案》，重点引导商业保险资金、全国社会保障基金、基本养老保险基金、企（职）业年金基金、公募基金等中长期资金进一步加大入市力度。从未来情况看，对于中长期资金投向风险投资领域也可以出台类似政策。三是推动形成有利于培育耐心资本的税收制度。可以借鉴发达国家做法，对风险投资基金在二级市场减持收益免交增值税，切实降低风险投资行业税负；同时，实施与投资期限反向挂钩的阶梯税率,鼓励各类资本开展长期投资。

第四节 优化科技金融产品和服务

科技金融产品和服务是连接科技金融供给方与需求方的主要载体。现阶段,我国在科技金融产品和服务创新方面还存在一些不足,不能充分满足科技企业的个性化、定制化金融需求,降低了科技金融服务效率。主要体现在:一是知识产权融资配套措施亟待完善。知识产权是科技企业最为重要的无形资产,如何发挥好知识产权的作用对于发展科技金融至关重要。目前,科技企业在知识产权融资方面仍面临诸多困难。首先,知识产权在价值评估、流转处置等方面面临困难。知识产权评估结果差异大、处置变现难度高等是开展知识产权质押融资的核心障碍,导致金融机构对知识产权认可程度不高,很多科技企业在向金融机构融资过程中仅把知识产权质押作为辅助增信措施。其次,知识产权证券化发展滞后。我国知识产权证券化还面临相关法律体系不完善、基础资产选择困难、风险隔离机制不健全等问题,导致融资规模还非常小。二是投贷联动模式作用发挥不够充分。投贷联动是指对于科技企业,在股权投资的基础上,商业银行以债权形式为企业提供融资支持,形成股权投资和银行信贷之间的联动融资模式。我国从2016年开始试点投贷联动,目前存在的主要问题如下:首先,试点范围较小。目前仅有10家银行开展投贷联动试点,一些服务科技企业的金融机构缺乏投贷联动试点,无法开展相关业务。其次,银行因投贷联动业务持有的企业股权资产风险权重偏高。根据2024年1月开始实施的《商业银行资本管理办法》,投贷联动过程中纳入集团合并报表管理的子公司所投股权的风险权重为1250%,对银行资本的消耗较大,降低了银行开展投贷联动业务的积极性。三是企业风险投资基金(CVC)的作用没有得到充分发挥。CVC是指上市公司设立专门私募基金管理人募集资金并围绕公司主业投向标的企业,可以为实体产业输送长期耐心资本,是投早、投小的关键力量。当前上市公司围绕主业进行股权投资仍面临一定障碍。各地政府对上市公司股权投资业务普遍缺乏统筹引导,扶持力度比较有限;此外,监管部门出于防止上市公司偏离主业、防范资本无序扩张等考虑,收紧了相关监管政策,客观上对上市公司开展股权投资业务形成约束。实际中,上市公司股权投资业务长期处于"自发、散发"状态,未能充分发挥创新引领、产业带动的作用。

不同科技创新活动的风险特征和金融需求是不同的，相应地，科技金融产品和服务创新也要体现出多样化和专业性的特点。其中，多样化指的是金融供给主体能够结合各类科技创新活动的不同金融需求提供丰富多样的金融产品和服务，包括股权融资、债权融资、交易结算、风险分担等；专业性是指金融供给主体能够利用最新的技术手段提高金融产品和服务的专业性，为客户提供个性化、定制化的金融产品和服务。科技金融产品和服务创新大致可以从以下两方面入手：一是通过产品和服务创新提高金融供给主体的风险偏好；二是通过产品和服务创新降低科技企业的风险。结合实际中存在的主要问题，未来一段时期，科技金融产品和服务创新的重点领域包括以下方面。

第一，完善知识产权融资保障体系。一是提高知识产权价值评估的科学性。出台知识产权价值评估指引，推动建立知识产权价值评估的权威机构，完善知识产权价值评估体系，提高知识产权价值评估的科学性和公信力。二是完善知识产权质物处置机制。开展知识产权运营服务体系建设，提升知识产权交易、质押、处置等运营能力；探索建立知识产权运营平台，畅通知识产权交易和质物处置渠道。三是拓展知识产权融资渠道和产品。鼓励金融机构加强对知识产权融资产品的研发和创新，推出更加灵活、多样化的融资产品和服务，满足科技企业个性化融资需求。

第二，提高投贷联动模式融资服务能力。一是扩大银行投贷联动业务试点范围。目前仅有少数银行开展投贷联动试点，且仅限于特定区域，一些在服务科技企业方面具有优势的金融机构因缺乏试点资格而无法开展相关业务。从未来情况看，可以进一步扩大投贷联动业务试点范围，允许更多符合条件的银行开展投贷联动业务。可以由银行根据自身情况就开展投贷联动业务试点进行申请，让那些真正有意愿、有能力开展投贷联动业务的银行能够享受到这一政策。二是优化银行资本监管政策。现阶段，银行在开展投贷联动业务方面积极性不高的一个重要原因是投贷联动形成的企业股权资产风险权重偏高，对银行资本消耗较大。从未来情况看，可以进一步优化调整《商业银行资本管理办法》，对于商业银行或其所属集团公司通过投贷联动方式投资科技企业形成的股权资产，在计算资本充足率时适当降低风险权重，减少对银行资本的消耗，提高银行开展投贷联动业务的积极性，做大投贷联动业务规模。三是加强银行投资能力的培养。作为主要从事信贷投放业务的金融机构，银行在开展业务过程中逐渐形成了低风险、低收益的信贷文化，股权投资文化相对薄弱，欠缺专业化的投资能力。因此，为了更好地开展投贷联动业务，银行需要着力培养"技术+产业+金融"的复合型人才，打造专业化的投资团队，提高投资能力，从而能够更好地识别科技企业的投资价值和投资风险，获取更高的投资收益。四是不断丰富和创新投贷联动业务模式。充分发挥外部投贷联动模式的灵活性优势，引导银行扩大外部股权投资机构的合作范围，与各类外部股权投资机构加强合作，建立灵活的合作和收益分享模式，包括PE、VC、政府引导基金等。对于农村商业银行等中小金融机构，可以探索由省联社或改制后新成立的法人实体牵头成立股权投资机构，与所属农村商业银行实现投贷联动。政府主管部门可以积极搭建平台，帮助商业银行和股权投资机构实现对接。五是做好股权投资业务的风险隔离。严格要求针对科技企业的股权投资业务由独立于银行的法人主体来执行，包括银行发起成立的投资子公司以及在银行股东层面成立的投资子公司等，从制度层面做好风险隔离，防止股权投资业务风险向银行体系传导。从2016年投贷联动试点情况看，试点银行风险在投贷联动业务开展以后并未出现明显上升，一定程度上说明现有的风险隔离机制是有效的。

第三，更好地发挥CVC的作用。支持上市公司与专业投资机构通过合资设立基金管理人等方式开展深度合作；推动开展CVC等股权投资业务试点，围绕国家重点支持的科技创新领域进行投资布局；优化与上市公司股权投资有关的监管政策，允许上市公司设立子公司作为私募股权投资基金管理人围绕主业开展股权投资业务。

第五节 以国有资本带动社会资本

与社会资本主要追求经济效益不同，国有资本具有一定的政策性属性，兼顾经济效益和社会效益。国有资本的这种特点决定了其可以在支持科技创新方面发挥重要作用，弥补市场失灵，也是耐心资本的重要来源。从实践中看，国有资本可以通过政府引导基金等方式直接或间接投资于科技企业。当前，国有资本支持科技创新仍面临一些体制障碍。主要体现在：一是国有资本管理理念亟待转变。首先，在国有资本管理中过于强调保值增值。科技创新活动本身具有较高的风险，社会资本通常不愿意进入。国有资本的进入从根本上是为了弥补市场失灵，因此也必然需要承担较高的风险，这与保值增值的管理理念产生矛盾。特别是在风险相对较高的科技创新活动的早期阶段，尤其需要国有资本介入。其次，习惯于以科技创新活动是否有成熟经验为参照作为判别标准。在科技创新活动处于跟随阶段时，这一做法是可行的。但随着我国科技实力的增强，越来越多的科技创新活动进入"无人区"，这一理念已经无法适应实践发展需要，导致国有资本在一些重大前沿性科技创新领域缺少布局。二是对国有资本支持科技创新的考核评价体制亟待优化。首先，没有形成有效的容错机制。对于国有资本投资的事后审计巡查过于严格，缺少对科技创新活动风险的正确认知，风险容忍度偏低，没有形成尽职免责的容错机制，严重影响了国有资本投资的积极性。特别是，对于国有资本投资主体高管的容错机制尤为薄弱。一些国有资本投资主体在普通员工尽职免责方面进行了一些尝试，但对于高管的追责仍非常严格。一旦出现投资损失，高管会面临较重的处罚甚至丢掉职位，而投资成功并不会大幅增加其收益，权责存在明显的不对等。其次，考核方式存在缺陷。部分地方政府主管部门对于国有资本投资科技企业采取按年考核，考核周期较短，没有考虑科技创新活动所具有的长周期特征，需要很长时间才能产生收益。一些地方政府主管部门评价国有资本绩效的首选指标仍然是经济效益，考核指标单一，忽略了国有资本所具有的政策性属性，也没有充分考虑科技创新活动产生的潜在社会效益。一些地方政府主管部门对国有资本投资按项目逐一进行考核，忽略了大部分科技创新活动会面临失败这一行业发展规律。

针对国有资本支持科技创新中存在的体制机制障碍，可以重点从以下几方面入手，以国有资本带动社会资本。

第一，转变国有资本管理理念。一是从法律或制度层面对投资于科技创新领域的国有资本进行重新定位。可以依据资本投向将国有资本分为公益性和半公益性两大类，并扩大公益性资金的规模。其中，公益性资金主要投资于科技创新活动的早期，包括研发阶段以及成果转化的早期阶段，即天使轮及之前阶段；半公益性资金主要投资于天使轮及之后阶段。对于公益性资金，淡化保值增值要求，破除以是否有成熟经验为参照的旧观念，以国有资本能否在长周期内促进科技创新作为最终评价标准；对于半公益性资金，适当降低在资本保值增值方面的要求。二是加大国有资本对股权投资领域的投资力度。在国有资本运用过程中应当转变债务融资思维，充分认识股权投资行业在促进科技创新中的重要作用，加大国有资本在股权投资领域的投资，扩大政府引导基金的规模，鼓励国有资本通过股权投资方式进入风险相对较高的科技创新活动早期阶段。

第二，优化国有资本考核评价机制。一是推动容错机制真正落地。出台更为明确的政策，完善国有资本投资科技创新领域的容错机制，提高风险容忍度，营造尽职免责的良好氛围。借鉴负面清单管理方式，只要不涉及违法违规、重大过失和其他道德风险，则对相关人员不予追究责任。除了在普通员工层面建立容错机制，更要在国有资本投资主体高管层面推动容错机制真正落地。近期，四川、广东、湖北、上海等地国资纷纷开启"容错"之门，对其他地区具有重要的借鉴意义。比如，湖北省国资委2024年9月出台《湖北省国有企业容错免责事项清单（2024年版）》，规定包括政策调整和市场波动、初创企业风险控制、科研成果转化损失等10种情形可予以免责，其中种子基金和风险投资基金在如实报告已知风险的前提下，因高不确定性导致的损失可被视为尽职免责。二是完善国有资本考核方式。依据科技创新活动的经营周期对国有资本考核周期进行调整，使得二者尽可能相匹配；丰富考核指标体系，在经济效益考核基础上适当增加其他非经济效益指标，更好地反映国有资本投资的社会效益；在考核中更多地采取打包考核的方式，减轻对项目逐一考核时偶然因素造成的干扰；完善国有资本投资中的跟投机制，增加对相关人员的正向激励，减少道德风险。近期，部分地区在国资创投考核方面也进行了优化调整。比如，2024年12月上海市国资委联合市委金融办共同发布《市国资委监管企业私募股权投资基金考核评价及尽职免责试行办法》，规定上海市国资委监管企业对股权基金进行整体评价，不以单一项目亏损或未达标作为基金或基金管理人负面评价的依据。

第三，加强国有资本与社会资本在支持科技创新中的协同。一是避免在国有资本退出过程中与社会资本争利。明确在支持科技创新过程中国有资本公益性和半公益性的定位，制定清晰明确的退出办法，淡化经济效益考核，让利市场，不与社会资本争利。二是促进政策性金融与商业性金融的协同。鼓励政府引导基金与市场化创投机构探索更加有效的协同机制，在支持科技创新方面形成合力。引导政策性金融机构与商业金融机构在支持科技创新方面采用"总对总"方式进行合作，发挥各自优势，实现优势互补。

第六节 总结地方经验，构建地方政府竞争新模式

改革开放以来，地方政府竞争是促进中国经济增长的关键因素。现阶段，我国经济发展面临的内外部不确定性有所增加，经济下行压力较大，有必要以科技金融为抓手，构建地方政府竞争新模式（以下简称"新模式"）。所谓新模式是指通过完善相关政策，以发展科技金融为抓手，鼓励地方政府就发展科技金融开展良性竞争，引导经济资源流向科技创新领域，培育经济发展新动能，激发经济活力。从风险匹配角度看，总结地方经验与新模式的意义在于：总结地方经验是从地方的实践探索中总结出规律性认识，减少科技金融发展中的不确定性；同时，构建新模式旨在通过激发地方政府的能动性，不断优化科技金融生态环境，降低科技金融供求双方之间的信息不对称程度，提高科技金融供给主体风险偏好和科技企业的风险抵抗能力，进而实现科技金融供需双方的风险匹配。

构建新模式的必要性主要体现在：第一，经济高质量发展亟须新动能。当前，我国经济发展面临的内外部不确定性明显上升，经济高质量发展亟须培育新动能。一是人口结构发生深刻变化。人口是驱动长期经济增长最重要的因素之一，现阶段我国人口结构发生了深刻变化，对经济造成长期负向冲击。新生人口持续下滑。1950—2022 年，我国总和生育率从 6 降至 1.09，位居全球人口过亿国家中的最低水平。2023 年出生人口 902 万人，人口自然增长率为 -1.48‰，连续两年出现人口负增长。劳动年龄人口萎缩。我国 16—59 岁劳动年龄人口在 2011 年达到峰值 9.2 亿人后开始下降，2022 年下降至 8.76 亿人。老龄人口迅速增加。2001 年我国老龄人口（65 岁及以上）占比首次超过 7%，进入老龄化社会。2022 年末，全国老龄人口 20978 万人，占总人口的 14.9%。二是地缘政治博弈影响持续。一方面，以美国为首的西方国家推动脱钩断链，对我国与主要经济体之间的贸易造成明显冲击。2023 年我国对美国的商品出口总额同比下降 13.1%，是自 1995 年有记录以来的最大跌幅。另一方面，国际局势动荡不安，世界经济发展面临的不确定性增加，整体复苏乏力，造成我国外需不稳。2023 年，我国货物和服务净出口拉动经济增长 -0.6 个百分点，对经济增长的贡献率为 -11.4%。第二，传统地方政府竞争模式面临瓶颈。改革开放以来，以"为增长而竞争"地方政府竞争模式（以下简称"老模

式")是推动我国经济增长的重要驱动力。从目前情况看,老模式已经面临较大瓶颈。一是产生较为严重的负外部性,包括地方保护主义、重复建设、生态环境破坏等,与经济高质量发展的要求相悖。随着我国经济由高速增长转向高质量发展,GDP增长目标有所淡化,在此背景下,部分地方政府"躺平"思想严重,地方经济发展缺乏活力。二是与经济结构转型不匹配。随着我国迈入后工业化时代,现代服务业在产业结构中的占比不断提升,人力资本和知识成为生产中最重要的生产要素。人力资本和知识积累不确定性相对较高,且具有较长周期,与之相比,老模式更加注重短期,且注重有形资本而忽略人力资本和知识等无形资本,无法适应经济结构转型需要。第三,实现科技高水平自立自强需要新模式。未来一段时期,中美博弈仍将是国际政治领域主旋律。其中,中美之间在科技领域的竞争尤为激烈,科技能力是决定中美博弈走势的关键。目前我国在科技创新方面还存在明显短板。一是基础研究薄弱。基础研究是整个科学体系的源头,我国科技创新领域存在明显的"重应用、轻基础"问题,特别是缺少从0到1的原创性成果,在一些领域存在"卡脖子"的技术短板。二是技术成果转化存在不足。2020年,中国高被引论文数为3.7万篇,占世界份额为23%,排在世界第2位;而高技术和中高技术产业增加值占制造业增加值的比重排在世界第11位,知识密集型服务业增加值占服务业增加值的比重排在世界第27位,研究成果与企业需求和产业技术发展有较大差距,"重研发、轻转化"问题突出。通过金融手段提升基础研究水平、促进技术成果转化对于实现科技高水平自立自强具有重要意义。第四,新模式有助于减少地方政府竞争的负外部性。在新模式下,地方政府围绕科技金融展开竞争,其产出主要体现为科技创新成果,能够有效避免老模式下存在的地方保护主义、生态环境破坏等问题。与之相反,知识没有界限,一个地区形成的科技创新成果可以在其他地区被快速复制,由此形成正向外部性。

从实现路径来看,构建地方政府竞争新模式可以重点从以下几方面入手。一是对地方科技金融发展中的创新性做法进行总结。比如,在科技金融产品和服务方面,北京积极引导银行机构开发契合科创企业特性的信贷产品,并构建"科创金融产品超市"等一站式服务平台,通过精准对接银企需求,有效提升金融服务的覆盖面与满意度;上海特别设立了知识产权质押融资贷款专项资金,率先开展风险"前补偿"试点工作。

该专项资金专门用于支持科技企业以专利权、新药证书、软件著作权等知识产权为质押物，解决其长期以来面临的中长期融资难题，等等。这些创新性做法对于其他地区都具有重要的参考价值。通过对地方层面的创新性做法进行总结，不断修订和完善国家层面的科技金融发展政策，并向其他地区进行推广。二是探索将科技金融发展纳入地方政府绩效考评指标体系。可以由中央层面加强科技金融发展的顶层设计，从科技金融发展规模、经济效益、社会效益、成长性等方面设计指标，纳入地方政府绩效考评指标体系，并确定相应的权重，作为地方政府绩效考核依据，引导地方政府以科技金融为抓手开展竞争。在实施路径上，可以采取"先试点、后推广"的方式，先选取科技金融发展基础较好的城市进行试点，在此基础上总结经验并进行推广。三是引导地方探索差异化发展路径。从实践来看，不同地区资源禀赋不同，发展科技金融的路径也各不相同。比如，北京科技金融发展依托总部经济集聚优势；深圳科技创新主体活跃，金融机构市场化程度高，其科技金融发展更多依赖市场主体的作用；合肥地处内陆，在科技创新主体和金融资源均不占优的情况下，更多地依靠政府的引导性作用推动科技金融发展；等等。其他地区可以根据自身禀赋特点对上述不同模式进行取舍，为本地科技金融发展提供参照。要鼓励地方结合各自区位特征、产业基础、资源禀赋等，探索适合自身发展实际的差异化、特色化科技金融发展路径，在政策制定方面要为地方探索差异化发展路径预留空间。四是确保地方政府竞争有序。在发展科技金融过程中，也出现一些地区脱离本地发展实际、一哄而上、盲目出政策上项目等情形。这不仅未能有效促进科技创新，反而导致大量资源浪费，催生新泡沫，甚至形成"科技烂尾楼"。因此，在鼓励地方政府开展科技金融方面竞争的同时，加强对地方政府科技金融发展的督导，确保中央和地方相关支持政策落实到位，防止市场主体的政策套利行为。引导各地政府基于自身禀赋探索差异化的科技金融发展模式，防止恶性竞争、重复建设、过度授信等，确保竞争有序。

主要参考文献

吴钧：《宋潮：变革中的大宋文明》，广西师范大学出版社2021年版。

吴军：《全球科技通史》，中信出版集团2019年版。

［德］薛凤：《工开万物：17世纪中国的知识与技术》，吴秀杰、白岚玲译，江苏人民出版社2015年版。

［美］罗伯特·金·默顿：《十七世纪英格兰的科学技术与社会》，范岱年、吴忠、蒋效东译，商务印书馆2000年版。

［英］李约瑟：《中国科学技术史》（第四卷　物理学及相关技术　第一分册　物理学），陆学善等译，科学出版社、上海古籍出版社2003年版。

安同良、千慧雄：《中国企业R&D补贴策略：补贴阈限、最优规模与模式选择》，《经济研究》2021年第1期。

白俊红：《中国的政府R&D资助有效吗？来自大中型工业企业的经验证据》，《经济学（季刊）》2011年第4期。

白俊红、蒋伏心：《协同创新、空间关联与区域创新绩效》，《经济研究》2015年第7期。

白俊红、李婧：《政府R&D资助与企业技术创新——基于效率视角的实证分析》，《金融研究》2011年第6期。

白俊、孟庆玺、申艳艳：《外资银行进入促进了本土企业创新吗?》，《会计研究》2018年第11期。

柏培文、张云：《数字经济、人口红利下降与中低技能劳动者权益》，《经济研究》2021年第5期。

卞元超、吴利华、白俊红：《高铁开通是否促进了区域创新?》，《金融研究》2019年第6期。

蔡宏波、汤城建、韩金镕：《减税激励、供应链溢出与数字化转型》，《经济研究》2023年第7期。

蔡竞、董艳：《银行业竞争与企业创新——来自中国工业企业的经验证据》，《金融研究》2016 年第 11 期。

蔡庆丰、陈熠辉、林海涵：《开发区层级与域内企业创新：激励效应还是挤出效应？——基于国家级和省级开发区的对比研究》，《金融研究》2021 年第 5 期。

蔡晓慧、茹玉骢：《地方政府基础设施投资会抑制企业技术创新吗？——基于中国制造业企业数据的经验研究》，《管理世界》2016 年第 11 期。

曹春方、涂漫漫、刘薇：《知识产权监管与企业集团内部专利转移》，《经济研究》2024 年第 2 期。

曹春方、张超：《产权权利束分割与国企创新——基于中央企业分红权激励改革的证据》，《管理世界》2020 年第 9 期。

陈德球、孙颖、王丹：《关系网络嵌入、联合创业投资与企业创新效率》，《经济研究》2021 年第 11 期。

陈国青、张瑾、王聪、卫强、郭迅华：《"大数据—小数据"问题：以小见大的洞察》，《管理世界》2021 年第 2 期。

陈红、纳超洪、雨田木子、韩翔飞：《内部控制与研发补贴绩效研究》，《管理世界》2018 年第 12 期。

陈林、万攀兵、许莹盈：《混合所有制企业的股权结构与创新行为——基于自然实验与断点回归的实证检验》，《管理世界》2019 年第 10 期。

陈露、刘修岩：《产业空间共聚、知识溢出与创新绩效——兼议区域产业多样化集群建设路径》，《经济研究》2024 年第 4 期。

陈思、何文龙、张然：《风险投资与企业创新：影响和潜在机制》，《管理世界》2017 年第 1 期。

陈晓红：《数字经济时代的技术融合与应用创新趋势分析》，《中南大学学报》（社会科学版）2018 年第 5 期。

代昀昊、童心楚、王砾、邢斐：《法治强化能够促进企业绿色创新吗？》，《金融研究》2023 年第 2 期。

戴静、杨筝、刘贯春、许传华：《银行业竞争、创新资源配置和企业创新产出——基于中国工业企业的经验证据》，《金融研究》2020 年第 2 期。

董涛：《国家治理现代化下的知识产权行政执法》，《中国法学》2022 年第 5 期。

冯根福、温军：《中国上市公司治理与企业技术创新关系的实证分析》，

《中国工业经济》2008年第7期。

冯海波、刘胜：《所得课税、风险分担异质性与创新》，《中国工业经济》2017年第8期。

付雷鸣、万迪昉、张雅慧：《VC是更积极的投资者吗？——来自创业板上市公司创新投入的证据》，《金融研究》2012年第10期。

顾元媛、沈坤荣：《地方政府行为与企业研发投入——基于中国省际面板数据的实证分析》，《中国工业经济》2012年第10期。

郭家堂、骆品亮：《互联网对中国全要素生产率有促进作用吗？》，《管理世界》2016年第10期。

郭玥：《政府创新补助的信号传递机制与企业创新》，《中国工业经济》2018年第9期。

韩峰、阳立高：《生产性服务业集聚如何影响制造业结构升级？——一个集聚经济与熊彼特内生增长理论的综合框架》，《管理世界》2020年第2期。

韩先锋、宋文飞、李勃昕：《互联网能成为中国区域创新效率提升的新动能吗》，《中国工业经济》2019年第7期。

郝项超、梁琪：《非高管股权激励与企业创新：公平理论视角》，《金融研究》2022年第3期。

何大安：《互联网应用扩张与微观经济学基础——基于未来"数据与数据对话"的理论解说》，《经济研究》2018年第8期。

何晴、刘净然、范庆泉：《企业研发风险与补贴政策优化研究》，《经济研究》2022年第5期。

何勇强：《宋代科技成就的历史地位刍议》，《浙江学刊》2022年第1期。

黄群慧、余泳泽、张松林：《互联网发展与制造业生产率提升：内在机制与中国经验》，《中国工业经济》2019年第8期。

吉赟、杨青：《高铁开通能否促进企业创新：基于准自然实验的研究》，《世界经济》2020年第2期。

冀云阳、周鑫、张谦：《数字化转型与企业创新——基于研发投入和研发效率视角的分析》，《金融研究》2023年第4期。

贾俊生、伦晓波、林树：《金融发展、微观企业创新产出与经济增长——基于上市公司专利视角的实证分析》，《金融研究》2017年第1期。

江飞涛、李晓萍：《直接干预市场与限制竞争：中国产业政策的取向与根本缺陷》,《中国工业经济》2010年第9期。

姜军、江轩宇、伊志宏:《企业创新效率研究——来自股权质押的影响》,《金融研究》2020年第2期。

姜锡东、赵喜英:《宋代榷货务的经济职能及其演变》,《河北大学学报》(哲学社会科学版)1989年第4期。

蒋冠宏:《中国产业政策的均衡效应分析——基于政府补贴的视角》,《中国工业经济》2022年第6期。

解维敏、方红星:《金融发展、融资约束与企业研发投入》,《金融研究》2011年第5期。

解维敏、唐清泉、陆姗姗:《政府R&D资助,企业R&D支出与自主创新——来自中国上市公司的经验证据》,《金融研究》2009年第6期。

鞠晓生、卢荻、虞义华:《融资约束、营运资本管理与企业创新可持续性》,《经济研究》2013年第1期。

孔东民、王亚男、代昀昊:《为何企业上市降低了生产效率?——基于制度激励视角的研究》,《金融研究》2015年第7期。

赖烽辉、李善民、王大中:《企业融资约束下的政府研发补贴机制设计》,《经济研究》2021年第11期。

黎文靖、彭远怀、谭有超:《知识产权司法保护与企业创新——兼论中国企业创新结构的变迁》,《经济研究》2021年第5期。

黎文靖、郑曼妮:《实质性创新还是策略性创新?——宏观产业政策对微观企业创新的影响》,《经济研究》2016年第4期。

李贲、吴利华:《开发区设立与企业成长:异质性与机制研究》,《中国工业经济》2018年第4期。

李波、朱太辉:《银行价格竞争、融资约束与企业研发投资——基于"中介效应"模型的实证研究》,《金融研究》2020年第7期。

李常青、李宇坤、李茂良:《控股股东股权质押与企业创新投入》,《金融研究》2018年第7期。

李春涛、宋敏:《中国制造业企业的创新活动:所有制和CEO激励的作用》,《经济研究》2010年第5期。

李春涛、闫续文、宋敏、杨威:《金融科技与企业创新——新三板上市公司的证据》,《中国工业经济》2020年第1期。

李东红、陈昱蓉、周平录:《破解颠覆性技术创新的跨界网络治理路径——基于百度 Apollo 自动驾驶开放平台的案例研究》,《管理世界》2021 年第 4 期。

李汇东、唐跃军、左晶晶:《用自己的钱还是用别人的钱创新?——基于中国上市公司融资结构与公司创新的研究》,《金融研究》2013 年第 2 期。

李俊青、苗二森:《不完全契约条件下的知识产权保护与企业出口技术复杂度》,《中国工业经济》2018 年第 12 期。

李磊、刘常青、韩民春:《信息化建设能够提升企业创新能力吗?——来自"两化融合试验区"的证据》,《经济学(季刊)》2022 年第 3 期。

李林木、郭存芝:《巨额减免税是否有效促进中国高新技术产业发展?》,《财贸经济》2014 年第 5 期。

李林木、汪冲:《税费负担、创新能力与企业升级——来自"新三板"挂牌公司的经验证据》,《经济研究》2017 年第 11 期。

李姝、翟士运、古朴:《非控股股东参与决策的积极性与企业技术创新》,《中国工业经济》2018 年第 7 期。

李万福、杜静、张怀:《创新补助究竟有没有激励企业创新自主投资——来自中国上市公司的新证据》,《金融研究》2017 年第 10 期。

李雪松、党琳、赵宸宇:《数字化转型、融入全球创新网络与创新绩效》,《中国工业经济》2022 年第 10 期。

李云鹤、吴文锋、胡悦:《双层股权与企业创新:科技董事的协同治理功能》,《中国工业经济》2022 年第 5 期。

廖信林、顾炜宇、王立勇:《政府 R&D 资助效果、影响因素与资助对象选择——基于促进企业 R&D 投入的视角》,《中国工业经济》2013 年第 11 期。

林菁璐:《政府研发补贴对中小企业研发投入影响的实证研究》,《管理世界》2018 年第 3 期。

刘金科、肖翊阳:《中国环境保护税与绿色创新:杠杆效应还是挤出效应?》,《经济研究》2022 年第 1 期。

刘秋根:《两宋私营高利贷资本初探》,《河北大学学报》(哲学社会科学版)1987 年第 3 期。

刘秋根:《唐宋高利贷资本的发展》,《史学学刊》1992 年第 4 期。

刘秋根:《中国古代高利贷资本社会价值初探——以宋代为例》,《中国经济史研究》1990 年第 4 期。

刘诗源、林志帆、冷志鹏：《税收激励提高企业创新水平了吗？——基于企业生命周期理论的检验》，《经济研究》2020 年第 6 期。

刘淑春、闫津臣、张思雪、林汉川：《企业管理数字化变革能提升投入产出效率吗？》，《管理世界》2021 年第 5 期。

刘修岩、王峤、吴嘉贤：《城市快速轨道交通发展与企业创新》，《世界经济》2022 年第 7 期。

刘奕、夏杰长、李垚：《生产性服务业集聚与制造业升级》，《中国工业经济》2017 年第 7 期。

柳光强：《税收优惠、财政补贴政策的激励效应分析——基于信息不对称理论视角的实证研究》，《管理世界》2016 年第 10 期。

龙小宁、易巍、林志帆：《知识产权保护的价值有多大？——来自中国上市公司专利数据的经验证据》，《金融研究》2018 年第 8 期。

龙小宁、张靖：《IPO 与专利管理：基于中国企业的实证研究》，《经济研究》2021 年第 8 期。

鲁桐、党印：《公司治理与技术创新：分行业比较》，《经济研究》2014 年第 6 期。

陆瑶、张叶青、贾睿、李健航：《"辛迪加"风险投资与企业创新》，《金融研究》2017 年第 6 期。

罗宏、秦际栋：《国有股权参股对家族企业创新投入的影响》，《中国工业经济》2019 年第 7 期。

罗思平、于永达：《技术转移、"海归"与企业技术创新——基于中国光伏产业的实证研究》，《管理世界》2012 年第 11 期。

毛其淋、许家云：《政府补贴对企业新产品创新的影响——基于补贴强度"适度区间"的视角》，《中国工业经济》2015 年第 6 期。

毛盛志、张一林：《金融发展、产业升级与跨越中等收入陷阱——基于新结构经济学的视角》，《金融研究》2020 年第 12 期。

茅锐：《企业创新、生产力进步与经济收敛：产业集聚的效果》，《金融研究》2017 年第 8 期。

孟庆斌、李昕宇、张鹏：《员工持股计划能够促进企业创新吗？——基于企业员工视角的经验证据》，《管理世界》2019 年第 11 期。

聂辉华、方明月、李涛：《增值税转型对企业行为和绩效的影响——以东北地区为例》,《管理世界》2009年第5期。

聂秀华、江萍、郑晓佳、吴青:《数字金融与区域技术创新水平研究》,《金融研究》2021年第3期。

潘越、潘健平、戴亦一:《公司诉讼风险、司法地方保护主义与企业创新》,《经济研究》2015年第3期。

潘越、潘健平、戴亦一:《专利侵权诉讼与企业创新》,《金融研究》2016年第8期。

彭向、蒋传海:《产业集聚、知识溢出与地区创新——基于中国工业行业的实证检验》,《经济学(季刊)》2011年第3期。

戚聿东、杜博、叶胜然:《知识产权与技术标准协同驱动数字产业创新:机理与路径》,《中国工业经济》2022年第8期。

齐国翠:《〈陶记〉诞生与宋代独特的时代因子之关联》,《文物鉴定与鉴赏》2021年第23期。

潜伟、吕科伟:《宋代科技政策的计量研究——以〈宋史〉本纪中记载科技内容为计量对象》,《科学学研究》2007年第2期。

秦雪征、尹志锋、周建波、孔欣欣:《国家科技计划与中小型企业创新:基于匹配模型的分析》,《管理世界》2012年第4期。

任曙明、吕镯:《融资约束、政府补贴与全要素生产率——来自中国装备制造企业的实证研究》,《管理世界》2014年第11期。

邵朝对、苏丹妮、包群:《中国式分权下撤县设区的增长绩效评估》,《世界经济》2018年第10期。

邵宜航、李泽扬:《空间集聚、企业动态与经济增长:基于中国制造业的分析》,《中国工业经济》2017年第2期。

邵宜航、刘仕保、张朝阳:《创新差异下的金融发展模式与经济增长:理论与实证》,《管理世界》2015年第11期。

申宇、赵玲、吴风云:《创新的母校印记:基于校友圈与专利申请的证据》,《中国工业经济》2017年第8期。

沈国兵、袁征宇:《企业互联网化对中国企业创新及出口的影响》,《经济研究》2020年第1期。

沈坤荣、林剑威、傅元海:《网络基础设施建设、信息可得性与企业创新边界》,《中国工业经济》2023年第1期。

盛斌、王浩:《金融开放、自主创新与企业出口产品质量——来自外资银行进入中国的经验分析》,《财贸研究》2021 年第 11 期。

盛天翔、范从来:《金融科技、最优银行业市场结构与小微企业信贷供给》,《金融研究》2020 年第 6 期。

石晓军、王骜然:《独特公司治理机制对企业创新的影响——来自互联网公司双层股权制的全球证据》,《经济研究》2017 年第 1 期。

宋敏、周鹏、司海涛:《金融科技与企业全要素生产率——"赋能"和信贷配给的视角》,《中国工业经济》2021 年第 4 期。

唐清泉、巫岑:《银行业结构与企业创新活动的融资约束》,《金融研究》2015 年第 7 期。

唐松、伍旭川、祝佳:《数字金融与企业技术创新——结构特征、机制识别与金融监管下的效应差异》,《管理世界》2020 年第 5 期。

唐跃军、左晶晶:《所有权性质、大股东治理与公司创新》,《金融研究》2014 年第 6 期。

陶锋、王欣然、徐扬、朱盼:《数字化转型、产业链供应链韧性与企业生产率》,《中国工业经济》2023 年第 5 期。

田轩、孟清扬:《股权激励计划能促进企业创新吗?》,《南开管理评论》2018 年第 3 期。

汪冲、江笑云:《研发税收激励、企业资格认定与减免可持续性》,《经济研究》2018 年第 11 期。

汪佩洁、蒙克、黄海、黄炜:《社会保险缴费率与企业全要素生产率和创新》,《经济研究》2022 年第 10 期。

王春杨、兰宗敏、张超、侯新烁:《高铁建设、人力资本迁移与区域创新》,《中国工业经济》2020 年第 12 期。

王刚刚、谢富纪、贾友:《R&D 补贴政策激励机制的重新审视——基于外部融资激励机制的考察》,《中国工业经济》2017 年第 2 期。

王海成、吕铁:《知识产权司法保护与企业创新——基于广东省知识产权案件"三审合一"的准自然试验》,《管理世界》2016 年第 10 期。

王兰芳、胡悦:《创业投资促进了创新绩效吗?——基于中国企业面板数据的实证检验》,《金融研究》2017 年第 1 期。

王诗㭎、高廷帆、杨利宏:《创新激励还是创新封杀?——基于大科技平台股权投资市场的微观证据》,《管理世界》2023 年第 9 期。

王姝勋、方红艳、荣昭:《期权激励会促进公司创新吗?——基于中国上市公司专利产出的证据》,《金融研究》2017年第3期。

王艳:《北宋的科技奖励》,《信阳师范学院学报》(哲学社会科学版) 2016年第1期。

王永贵、李霞:《促进还是抑制:政府研发补助对企业绿色创新绩效的影响》,《中国工业经济》2023年第2期。

王昀、孙晓华:《政府补贴驱动工业转型升级的作用机理》,《中国工业经济》2017年第10期。

魏浩、王超男:《外国知识产权保护、产品组合调整与中国出口高质量发展》,《中国工业经济》2023年第6期。

魏浩、巫俊:《知识产权保护、进口贸易与创新型领军企业创新》,《金融研究》2018年第9期。

温军、冯根福:《异质机构、企业性质与自主创新》,《经济研究》2012年第3期。

巫岑、黎文飞、唐清泉:《银企关系、银行业竞争与民营企业研发投资》,《财贸经济》2016年第1期。

吴超鹏、唐菂:《知识产权保护执法力度、技术创新与企业绩效——来自中国上市公司的证据》,《经济研究》2016年第11期。

吴伟伟、张天一:《非研发补贴与研发补贴对新创企业创新产出的非对称影响研究》,《管理世界》2021年第3期。

吴延兵:《企业规模、市场力量与创新:一个文献综述》,《经济研究》2007年第5期。

吴一平、李鲁:《中国开发区政策绩效评估:基于企业创新能力的视角》,《金融研究》2017年第6期。

夏太彪、魏志华、曾爱民、卢沛:《社会保险缴费负担与企业转型升级》,《经济研究》2024年第1期。

熊灵、闫烁、杨冕:《金融发展、环境规制与工业绿色技术创新——基于偏向性内生增长视角的研究》,《中国工业经济》2023年第12期。

徐吉军:《论宋代文明的成就及历史地位》,《浙江学刊》2022年第1期。

徐翔、赵墨非:《数据资本与经济增长路径》,《经济研究》2020年第10期。

徐照宜、巩冰、陈彦名、成程:《金融科技、数字化转型与企业突破性创新——基于全球专利引用复杂网络的分析》,《金融研究》2023年第10期。

许年行、王崇骏、章纪超：《破产审判改革、债权人司法保护与企业创新——基于清算与破产审判庭设立的准自然实验》，《金融研究》2023年第6期。

许宪春、任雪、常子豪：《大数据与绿色发展》，《中国工业经济》2019年第4期。

严成樑、胡志国：《创新驱动、税收扭曲与长期经济增长》，《经济研究》2013年第12期。

杨国超、刘静、廉鹏、芮萌：《减税激励、研发操纵与研发绩效》，《经济研究》2017年第8期。

杨国超、芮萌：《高新技术企业税收减免政策的激励效应与迎合效应》，《经济研究》2020年第9期。

杨金玉、彭秋萍、葛震霆：《数字化转型的客户传染效应——供应商创新视角》，《中国工业经济》2022年第8期。

杨俊、李小明、黄守军：《大数据、技术进步与经济增长——大数据作为生产要素的一个内生增长理论》，《经济研究》2022年第4期。

杨洋、魏江、罗来军：《谁在利用政府补贴进行创新？——所有制和要素市场扭曲的联合调节效应》，《管理世界》2015年第1期。

易信、刘凤良：《金融发展、技术创新与产业结构转型——多部门内生增长理论分析框架》，《管理世界》2015年第10期。

余骁、黄先海、陈航宇：《知识产权保护、技术距离与出口国内增加值率》，《中国工业经济》2023年第6期。

袁航、朱承亮：《国家高新区推动了中国产业结构转型升级吗？》，《中国工业经济》2018年第8期。

张杰：《中国政府创新政策的混合激励效应研究》，《经济研究》2021年第8期。

张杰、毕钰、金岳：《中国高新区"以升促建"政策对企业创新的激励效应》，《管理世界》2021年第7期。

张杰、陈志远、杨连星、新夫：《中国创新补贴政策的绩效评估：理论与证据》，《经济研究》2015年第10期。

张杰、高德步、夏胤磊：《专利能否促进中国经济增长——基于中国专利资助政策视角的一个解释》，《中国工业经济》2016年第1期。

张杰、郑姣姣：《公路基础设施如何重塑中国创新格局——基于地域异质性的微观证据》,《金融研究》2023年第10期。

张杰、郑文平、新夫:《中国的银行管制放松、结构性竞争和企业创新》,《中国工业经济》2017年第10期。

张劲帆、李汉涯、何晖:《企业上市与企业创新——基于中国企业专利申请的研究》,《金融研究》2017年第5期。

张可:《经济集聚与区域创新的交互影响及空间溢出》,《金融研究》2019年第5期。

张同斌、高铁梅:《财税政策激励、高新技术产业发展与产业结构调整》,《经济研究》2012年第5期。

张璇、李子健、李春涛:《银行业竞争、融资约束与企业创新——中国工业企业的经验证据》,《金融研究》2019年第10期。

张玉梅、吴先明、高厚宾:《资源"集聚"与"辐射"视角下国际创新中心的成长机制研究——以粤港澳大湾区为例》,《中国工业经济》2022年第11期。

章元、程郁、佘国满:《政府补贴能否促进高新技术企业的自主创新?——来自中关村的证据》,《金融研究》2018年第10期。

赵健宇、陆正飞:《养老保险缴费比例会影响企业生产效率吗?》,《经济研究》2018年第10期。

甄红线、王玺、方红星:《知识产权行政保护与企业数字化转型》,《经济研究》2023年第11期。

郑江淮、高彦彦、胡小文:《企业"扎堆"、技术升级与经济绩效——开发区集聚效应的实证分析》,《经济研究》2008年第5期。

郑江淮、师磊:《本地化创新能力、区域创新高地与产业地理梯度演化路径》,《中国工业经济》2023年第5期。

郑志刚、朱光顺、李倩、黄继承:《双重股权结构、日落条款与企业创新——来自美国中概股企业的证据》,《经济研究》2021年第12期。

郑志刚、邹宇、崔丽:《合伙人制度与创业团队控制权安排模式选择——基于阿里巴巴的案例研究》,《中国工业经济》2016年第10期。

钟腾、汪昌云:《金融发展与企业创新产出——基于不同融资模式对比视角》,《金融研究》2017年第12期。

周冬华、黄佳、赵玉洁:《员工持股计划与企业创新》,《会计研究》2019年第3期。

周黎安、罗凯：《企业规模与创新：来自中国省级水平的经验证据》，《经济学（季刊）》2005年第2期。

周亚虹、蒲余路、陈诗一、方芳：《政府扶持与新型产业发展——以新能源为例》，《经济研究》2015年第6期。

周燕、潘遥：《财政补贴与税收减免——交易费用视角下的新能源汽车产业政策分析》，《管理世界》2019年第10期。

周泽将、汪顺、张悦：《知识产权保护与企业创新信息困境》，《中国工业经济》2022年第6期。

朱冰、张晓亮、郑晓佳：《多个大股东与企业创新》，《管理世界》2018年第7期。

朱平芳、徐伟民：《政府的科技激励政策对大中型工业企业R&D投入及其专利产出的影响——上海市的实证研究》，《经济研究》2003年第6期。

诸竹君、陈航宇、王芳：《银行业外资开放与中国企业创新陷阱破解》，《中国工业经济》2020年第10期。

诸竹君、黄先海、王煌：《交通基础设施改善促进了企业创新吗？——基于高铁开通的准自然实验》，《金融研究》2019年第11期。

诸竹君、黄先海、王毅：《外资进入与中国式创新双低困境破解》，《经济研究》2020年第5期。

庄毓敏、储青青、马勇：《金融发展、企业创新与经济增长》，《金融研究》2020年第4期。

王政、刘温馨：《新型工业化不断深入推进（推动高质量发展·权威发布）》，《人民日报》2024年7月6日第5版。

汪纯：《宋代商人经营方式研究》，硕士学位论文，南昌大学，2020年。

姚昆仑：《中国科学技术奖励制度研究》，博士学位论文，中国科学技术大学，2007年。

韩鑫：《我国已培育遴选出8批共1557家制造业单项冠军企业》，http://finance.people.com.cn/n1/2024/0515/c1004-40236660.html。

黄鑫宇：《鲍晓晨：工行北分科技贷款不良率远低于分行全部法人贷款平均水平》，https://www.bjnews.com.cn/detail/1719375310168791.html。

唐诗凝、王雨萧：《专精特新中小企业超14万家》，https://www.gov.cn/yaowen/liebiao/202409/content_6976501.htm。

吴霜：《打造矩阵式生态，浦发银行上海分行打造全生命周期科技企业金融服务样板》，https：//www.21jingji.com/article/20240823/herald/68e02c826c900dd1de1cbb217b988352.html。

Aghion, P., and Howitt, P., *Endogenous Growth Theory*, Cambridge and London, MIT Press, 1998.

Aghion, P., R. Blundell, R. Griffith, P. Howitt, and S. Prantl, "The Effects of Entry on Incumbent Innovation and Productivity", *Review of Economics and Statistics*, Vol. 91, No. 1, 2009.

Aghion, P., and P. Howitt, "A Model of Growth through Creative Destruction", *NBER Working Paper*, No. 3223, 1990.

Amore, M., C. Schneider, and A. Zaldokas, "Credit Supply and Corporate Innovation", *Journal of Financial Economics*, Vol. 109, 2013.

Anderson, R. C., and D. M. Reeb, "Founding-Family Ownership and Firm Performance: Evidence from the S&P 500", *Journal of Finance*, Vol. 58, No. 3, 2003.

Ang, J. S., Y. Cheng, and C. Wu, "Does Enforcement of Intellectual Property Rights Matter in China? Evidence from Financing and Investment Choices in the High-Tech Industry", *Review of Economics and Statistics*, Vol. 96, No. 2, 2014.

Angrawal, A., I. Cockburn, A. Galasso and A. Oettl, "Why Are Some Regions More Innovative Than Others? The Role of Small Firms in the Presence of Large Labs", *Journal of Urban Economics*, Vol. 81, No. 1, 2014.

Arrow, K., "Economic Welfare and the Allocation of Resources for Invention", in *The Rate and Direction of Inventive Activity: Economic and Social Factors*, New Jersey: Princeton University Press, 1962.

Ayyagari, M., A. Demirguc-Kunt, and V. Maksimovic, "Firm Innovation in Emerging Markets: The Role of Finance, Governance, and Competition", *Journal of Financial and Quantitative Analysis*, Vol. 46, No. 6, 2011.

Baum, J., and B. S. Silverman, "Picking Winners or Building Them? Alliance, Intellectual, and Human Capital as Selection Criteria in Venture Financing and Performance of Biotechnology Startups", *Journal of Business Venturing*, Vol. 19, 2004.

Benfratello, L., F. Schiantarelli, and A. Sembenelli, "Banks and Innovation：

Microeconometric Evidence on Italian Firms", *Journal of Financial Economics*, Vol. 90, 2020.

Beugelsdijk, S. and Cornet, M., "'A Far Friend is Worth More than a Good Neighbour': Proximity and Innovation in a Small Country", *Journal of Management and Governance*, Vol. 6, 2002.

Block, J. H., "R&D Investments in Family and Founder Firms: An Agency Perspective", *Journal of Business Venturing*, Vol. 27, No. 2, 2012.

Bloom, N., R. Griffith, and J. Van Reenen, "Do R&D Tax Credits Work? Evidence from a Panel of Countries 1979–1997", *Journal of Public Economics*, Vol. 85, 2002.

Bottazzi, L., M. DaRin, and T. Hellmann, "Who Are the Active Investors? Evidence from Venture Capital", *Journal of Financial Economics*, No. 89, 2008.

Bova, F., K. Kolev, J. K. Thomas, and X. F. Zhang, "Non-Executive Employee Ownership and Corporate Risk", *Accounting Review*, Vol. 90, No. 1, 2014.

Bozeman, B., "Technology Transfer and Public Policy: A Review of Research and Theory", *Research Policy*, Vol. 29, 2000.

Branstetter, L., R. Fisman, C. F. Foley, and K. Saggi, "Intellectual Property Rights, Imitation, and Foreign Direct Investment: Theory and Evidence", *NBER Working Paper*, 2007.

Brealey, R., Leland, H. E. and Pyle, D., "Informational Asymmetries, Financial Structure, and Financial Intermediation", *Journal of Finance*, Vol. 32, 1977.

Bruno, Van, P. and Henri, C., "Public Support to Business R&D: A Survey and Some New Quantitative Evidence", *ULB Institutional Repository*, No. 2013/6283, ULB-Universite Libre de Bruxelles, 1977.

Busom, I., "An Empirical Evaluation of the Effects of R&D Subsidies", *Economics of Innovation and New Technology*, Vol. 9, 2000.

Cai, J., Y. Chen, and X. Wang, "The Impact of Corporate Taxes on Firm Innovation: Evidence from the Corporate Tax Collection Reform in China", *NBER Working Paper Series*, No. w25146, 2018.

Calabrò, A., M. Vecchiarini, J. Gast, G. Campopiano, A. De Massis, and S.

Kraus, "Innovation in Family Firms: A Systematic Literature Review and Guidance for Future Research", *International Journal of Management Reviews*, Vol. 21, No. 3, 2019.

Cappelen, A., A. Raknerud, and M. Rybalka, "The Effects of R&D Tax Credits on Patenting and Innovations", *Research Policy*, Vol. 41, No. 2, 2012.

Carboni, O. A., "R&D Subsidies and Private R&D Expenditures: Evidence from Italian Manufacturing Data", *International Review of Applied Economics*, Vol. 25, 2011.

Carlino, G., and W. R. Kerr, "Agglomeration and Innovation", *NBER Working Papers*, No. 20367, 2014.

Catozzella, Alessandra, and Marco Vivarelli, "Beyond Additionality: Are Innovation Subsidies Conterproductive?", *IZA Discussion Paper*, No. 5746, 2015.

Chang, X., K. Fu, A. Low, and W. Zhang, "Non-Executive Employee Stock Options and Corporate Innovation", *Journal of Financial Economics*, Vol. 115, No. 1, 2015.

Chava, S., A. Oettl, A. Subramanian, and K. V. Subramanian, "Banking Deregulation and Innovation", *Journal of Financial Economics*, Vol. 109, No. 3, 2013.

Chemmanur, Thomas, J., Elena Loutskina, and Xuan Tian, "Corporate Venture Capital, Value Creation, and Innovation", *Review of Financial Studies*, Vol. 27, No. 8, 2014.

Chemmanur, T. J., and Y. Jiao, "Dual Class IPOs: A Theoretical Analysis", *Journal of Banking and Finance*, Vol. 36, No. 1, 2012.

Chen, H. L., and W. T. Hsu, "Family Ownership, Board Independence, and R&D Investment", *Family Business Review*, Vol. 22, No. 4, 2009.

Chen, J., Heng, C. S., Tan, B. C. Y., and Lin, Z., "The Distinct Signaling Effects of R&D Subsidy and Non-R&D Subsidy on IPO Performance of IT Entrepreneurial Firms in China", *Research Policy*, Vol. 47, 2018.

Chiang, S., P. Lee, and A. Anandarajan, "The Effect of R&D Tax Credit on Innovation: A Life Cycle Analysis", *Innovation*, Vol. 14, No. 4, 2012.

Chin, J. C., and G. M. Grossman, "Intellectual Property Rights and North-SouthTrade", *NBER Working Paper*, 1988.

Chong, T., L. Lu, and S. Ongena, "Does Bank Competition Alleviate or Worsen Credit Constraints Faced by Small and Medium Enterprises? Evidence from China", *Journal of Banking and Finance*, Vol. 37, No. 9, 2013.

Chu, A. C., G. Cozzi, and S. Galli, "Stage-dependent Intellectual Property Rights", *Journal of Development Economics*, Vol. 106, 2014.

Chua, J. H., J. J. Chrisman, and P. Sharma, "Defining the Family Business by Behavior", *Entrepreneurship Theory and Practice*, Vol. 23, No. 4, 1999.

Clausen, T. H., "Do Subsidies Have Positive Impacts on R&D and Innovation Activities at the Firm Level?", *Structural Change and Economic Dynamics*, Vol. 20, 2009.

Combes, P. P., Duranton, G., Gobillon, L., Puga, D. and S. Roux, "The Productivity Advantages of Large Cities: Distinguishing Agglomeration from Firm Selection", *Econometrical*, Vol. 80, No. 6, 2012.

Czarnitzki, D., P. Hanel, and J. M. Rosa, "Evaluating the Impact of R&D Tax Credits on Innovation: A Microeconometric Study on Canadian Firms", *Research Policy*, Vol. 40, No. 2, 2011.

Czarnitzki, Dirk, and Katrin Hussinger, "The Link between R&D Subsidies, R&D Spending and Technological Performance", *Discussion Paper of ZEW-Centre for European Economic Research*, No. 04 – 056, 2004.

David, Paul A., Bronwyn H. Hall, and Andrew A. Toole, "Is Public R&D A Complement or Substitute for Private R&D? A Review of the Econometric Evidence", *Research Policy*, Vol. 29, No. 4, 2000.

De Massis, A., S. Ding, J. Kotlar, and Z. Wu, "Family Involvement and R&D Expenses in the Context of Weak Property Rights Protection: An Examination of Non-State-Owned Listed Companies in China", *European Journal of Finance*, Vol. 24, No. 16, 2018.

Demertzis, M., S. Merler and G. B. Wolff, "Capital Markets Union and the Fintech Opportunity", *Journal of Financial Regulation*, Vol. 4, No. 1, 2018.

Ding, N., L. Gu and Y. Peng, "Fintech, Financial Constraints and Innovation: Evidence from China", *Journal of Corporate Finance*, No. 73, 102194, 2022.

Dosi, G., L. Marengo, and C. Pasquali, "How Much Should Society Fuel the Greed of Innovators? On the Relations between Appropriability, Opportunities and Rates of Innovation", *Research Policy*, Vol. 35, No. 8, 2006.

Duguet, E., "Are R&D Subsidies a Substitute or a Complement to Privately Funded R&D? Evidence from France Using Propensity Score Methods for Non-experimental Data", *Revue d'Economie Politique*, Vol. 114, No. 2, 2004.

Edmans, A., V. W. Fang, and K. A. Lewellen, "Equity Vesting and Investment", *Review of Financial Studies*, Vol. 30, No. 7, 2017.

Einav, L., and Levin, J., "Economics in the Age of Big Data", *Science*, Vol. 346, No. 6210, 2014.

Ernst, C., K. Richter, and N. Riedel, "Corporate Taxation and the Quality of Research and Development", *International Tax and Public Finance*, Vol. 21, No. 4, 2014.

Faber, B., "Trade Integration, Market Size, and Industrialization: Evidence from China's National Trunk Highway System", *Review of Economic Studies*, Vol. 81, No. 3, 2013.

Feldman, M. P. and Kelley, M., "The Exante Assessment of Knowledge Spillovers: Government R&D Policy, Economic Incentives and Private Firm Behavior", *Research Policy*, Vol. 35, 2006.

Foster, L., C. Grim, J. Haltiwanger and Z. Wolf, "Innovation, Productivity Dispersion, and Productivity Growth", *NBER Working Papers*, No. 24420, 2018.

Glaser, E. L., Kominers, S. D., Luca, M., and Naik, N., "Big Data and Big Cities: The Promises and Limitations of Improved Measures of Urban Life", *Economic Inquiry*, Vol. 56, No. 1, 2018.

Glass, A. J., and K. Saggi, "Intellectual Property Rights and Foreign Direct Investment", *Journal of International Economies*, Vol. 56, No. 2, 2002.

Goldfarb, A., and Tucker, C., "Digital Economics", *Journal of Economic Literature*, Vol. 57, No. 1, 2019.

Gómez-Mejía, L. R., K. T. Haynes, M. Núñez-Nickel, K. J. Jacobson, and J. Moyano-Fuentes, "Socioemotional Wealth and Business Risks in Family-Controlled Firms: Evidence from Spanish Olive Oil Mills", *Administrative Science Quarterly*, Vol. 52, No. 1, 2007.

Goolsbee, A., "Does Government R&D Policy Mainly Benefit Scientists and Engineers?", *NBER Working Paper*, No. w6532, 1998.

Guastella, G., and F. van Oort, "Regional Heterogeneity and Interregional Research Spillovers in European Innovation: Modeling and Policy Implications", *Regional Studies*, Vol. 49, No. 11, 2015.

Guo, D., and K. Jiang, "Venture capital investment and the performance of entrepreneurial firms: Evidence from China", *Journal of Corporate Finance*, No. 22, 2013.

Guo, Di, Yan Guo, and Kun Jiang, "Government Subsided R&D and Innovation Outputs: An Empirical Analysis on China's Innofund Program", *Stanford Center for International Development Working Paper*, No. 494, 2015.

Hall, Bronwyn H., "The Assessment: Technology Policy", *Oxford Review of Economic Policy*, Vol. 18, No. 1, 2002a.

Hall, Bronwyn H., "The Financing of Research and Development", *Oxford Review of Economic Policy*, Vol. 18, No. 1, 2002b.

Hall, B. H., and J. Van Reenan, "How Effective are Fiscal Incentives for R&D? A Review of the Evidence", *Research Policy*, Vol. 29, 2000.

Hardy, B., and C. Sever, "Financial Crises and Innovation", *European Economic Review*, Vol. 138, 2021.

Hellmann, T., and M. Puri, "The Interaction between Product Market and Financing Strategy: The Role of Venture Capital", *Review of Financial Studies*, Vol. 13, 2000.

Helpman, E., "Innovation, Imitation, and Intellectual Property Rights", *NBER Working Paper*, 1993.

Hewitt-Dundas, N. and Roper, S., "Output Additionality of Public Support for Innovation: Evidence for Irish Manufacturing Plants", *European Planning Studies*, Vol. 18, 2010.

Holger, Görg, and Eric Strobl, "The Effect of R&D Subsidies on Private R&D", *Economica*, Vol. 74, No. 294, 2007.

Holmstrom, B., "Agency Costs and Innovation", *Journal of EconomicBehavior and Organization*, Vol. 12, No. 3, 1989.

Howell, A., "Firm R&D, Innovation and Easing Financial Constraints in China: Does Corporate Tax Reform Matter?", *Research Policy*, Vol. 45, No. 10, 2016.

Hirshleifer, D., A. Low, and S. H. Teoh, "Are Overconfident CEOs Better Innovators", *Journal of Finance*, Vol. 67, No. 4, 2012.

Jaffe, A., "Building Program Evaluation into the Design of Public Research Support Programs", *Oxford Review of Economic Policy*, Vol. 18, No. 1, 2002.

Jaffe, A., and Trinh Le, "The Impact of R&D Subsidy on Innovation: A Study of New Zealand Firms", *NBER Working Paper*, No. 21479, 2015.

Jensen, M., and W. Meckling, "Theory of the Firm: Managerial Behavior, Agency Costs and Ownership Structure", *Journal of Financial Economics*, Vol. 3, No. 4, 1976.

Kang, K., and Park, H., "Influence of Government R&D Support and Inter-Firm Collaborations on Innovation in Korean Biotechnology SMEs", *Technovation*, Vol. 32, 2012.

Kerr, W., J. Lerner, and A. Schoar, "The Consequences of Entrepreneurial Finance: Evidence from Angel Financings", *Review of Financial Studies*, Vol. 27, No. 1, 2014.

Klette, Tor Jakob, Jarle Moen, and Zvi Griliches, "Do Subsidies to Commercial R&D Reduce Market Failures? Microeconometric Evaluation Studies", *Research Policy*, Vol. 29, No. 4, 2000.

Kortum, S., and J. Lerner, "Assessing the Contribution of Venture Capital to Innovation", *RAND Journal of Economics*, Vol. 31, 2000.

Lach, Saul, "Do R&D Subsidies Stimulate or Displace Private R&D? Evidence from Israel", *Journal of Industrial Economics*, Vol. 50, No. 4, 2002.

Lerner, Josh, Morten Sorensen, and Per Strömberg, "Private Equity and Long-run Investment: The Case of Innovation", *Journal of Finance*, Vol. 66, No. 2, 2011.

Lerner, Joshua, *The Architecture of Innovation: The Economics of Creative Organizations*, Cambridge: Harvard Business Review Press, 2012.

Levin, Richard, and Peter C. Reiss, "Tests of a Schumpeterian Model of R&D and Market Structure", *NBER Chapters in R&D, Patents, and Productivity*, University of Chicago Press, 1984.

Leyden, Dennis Patrick, and Albert N. Link, "Why are Governmental R&D and Private R&D Complements?", *Applied Economics*, Vol. 23, No. 10, 1991.

Lin, C., P. Lin, F. Song, and C. Li, "Managerial Incentives, CEO Characteristics and Corporate Innovation in China's Private Sector", *Journal of Comparative Economics*, Vol. 39, No. 2, 2011.

Liu, Q., and L. D. Qiu, "Intermediate Input Imports and Innovations: Evidence from Chinese Firms' Patent Filings", *Journal of International Economies*, Vol. 103, 2016.

Love, I., and M. S. M. Pería, "How Bank Competition Affects Firms' Access to Finance", *World Bank Economic Review*, Vol. 29, No. 3, 2012.

Lynch, C., "Big Data: How Do Your Data Grow?", *Nature*, Vol. 455, No. 7209, 2008.

Manso, G., "Motivating Innovation", *Journal of Finance*, Vol. 66, No. 5, 2011.

Mao, C., and C. Zhang, "Managerial Risk-Taking Incentive and Firm Innovation: Evidence from FAS 123R", *Journal of Financial and Quantitative Analysis*, Vol. 53, No. 2, 2018.

Melitz, M., and G. Ottaviano, "Market Size, Trade and Productivity", *Review of Economic Studies*, Vol. 75, No. 1, 2008.

Mukherjee, A., M. Singh, and A. Zaldokas, "Do Corporate Taxes Hinder Innovation?", *Unpublished Manuscript*, 2016.

Nanda, R., and T. Nicholas, "Did Bank Distress Stifle Innovation during the Great Depression?", *Journal of Financial Economics*, Vol. 114, 2014.

Nelson, R., "The Economics of Invention: A Survey of the Literature", *The Journal of Business*, Vol. 32, No. 2, 1959.

Nordhaus, W., "An Economic Theory of Technological Change", *American Economic Review*, Vol. 59, No. 2, 1969.

Ordover, J., "A Patent System for Both Diffusion and Exclusion", *Journalof Economic Perspectives*, Vol. 5, No. 1, 1991.

Parrino, R., A. Poteshman, and M. Weisbach, "Measuring Investment Distortions When Risk Averse Managers Decide Whether to Undertake Risky Projects", *Financial Management*, Vol. 34, No. 1, 2005.

Petersen, M., and R. Rajan, "The Effect of Credit Market Competition on Lending Relationships", *Quarterly Journal of Economics*, Vol. 110, No. 2, 1995.

Roessl, D., M. Fink, and S. Kraus, "Are Family Firms Fit for Innovation? Towards an Agenda for Empirical Research", *International Journal of Entrepreneurial Venturing, Vol. 2, No. 3 – 4, 2010.

Romano, R., "Aspects of R&D Subsidization", Quarterly Journal of Economics, Vol. 104, 1989.

Romijn, H., and Albaladejo, M., "Determinants of Innovation Capability in Small Electronics and Software Firms in South-east England", Research Policy, Vol. 31, 2002.

Rosenberg, N., "Innovation and Economic Growth", Centre for Economic Performance, LSE, 2006.

Schaefer, A., Schiess, D., and Wehrli, R., "Long-term Growth Driven by a Sequence of General Purpose Technologies", Economic Modelling, Vol. 37, 2014.

Sharma, P., J. J. Chrisman, and J. H. Chua, "Succession Planning as Planned Behavior: Some Empirical Results", Family Business Review, Vol. 16, No. 1, 2003.

Tabuchi, T., "Urban Agglomeration and Dispersion: A Synthesis of Alonso and Krugman", Journal of Urban Economics, Vol. 44, No. 3, 1998.

Takalo, T., and Tanayama, T., "Adverse Selection and Financing of Innovation: Is There a Need for R&D Subsidies?", Journal of Technology Transfer, Vol. 35, 2010.

Tassey, G., "Tax Incentives for Innovation: Time to Restructure the R&E Tax Credit", Journal of Technology Transfer, Vol. 32, No. 6, 2007.

Tether, B., "Who Co-operates for Innovation, and Why: An Empirical Analysis", Research Policy, Vol. 31, 2002.

Tian, Xuan, and Tracy Yue Wang, "Tolerance for Failure and CorporateInnovation", Review of Financial Studies, Vol. 27, No. 1, 2014.

Tong, T. W., W. He, Z. He, and J. Lu, "Patent Regime Shift and Firm Innovation: Evidence from the Second Amendment to China's Patent Law", Academy of Management Proceedings, Vol. 1, 2014.

Venables, A., "Equilibrium Locations of Vertically Linked Industries", International Economic Review, Vol. 37, No. 2, 1996.

Wellalagea, N., and V. Fernandez, "Innovation and SME Finance: Evidence from Developing Countries", International Review of Financial Analysis, Vol. 66, 2019.

Wallsten, S., "The Effects of Government-industry R&D Programs on Private R&D: The Case of the Small Business Innovation Research Program", *RAND Journal of Economics*, Vol. 31, No. 1, 2000.

Wei, S., Z. Xie and X. Zhang, "From 'Made in China' to 'Innovated in China': Necessity, Prospect, and Challenges", *NBER Working Paper 22854*, 2017.

Wennberg, K., and G. Lindqvist, "The Effect of Clusters on the Survival and Performance of New Firms", *Small Business Economics*, Vol. 34, No. 3, 2010.

Wu, J., and Liu Cheng, M., "The Impact of Managerial Political Connections and Quality on Government Subsidies: Evidence from Chinese Listed Firms", *Chinese Management Studies*, Vol. 5, 2011.

Zhang, Q., Yang, L., Chen, Z., and Li, P., "A Survey on Deep Learning for Big Data", *Information Fusion*, Vol. 42, 2018.